ヒトはなぜ
うつ病になるのか

世界的発生生物学者のうつ病体験

ルイス・ウォルパート［著］
白上純一［訳］

ミネルヴァ書房

謝　辞

本書の出版に際し、支援していただいた全ての人たちに対して、どれほど感謝しても感謝しきれないほどである。モーリーン・マローニには原稿をタイプしてもらった。最初の原稿は、マーティン・ラッフ教授とヒュー・フリーマン教授に読んでもらい、非常に貴重な多くの助言をいただいた。シンシア・キーには私が原稿を最初から最後まで読むのを聞いてもらい、原稿の改善に協力してもらった。出版社の編集者、ジュリアン・ルース氏とコピー・エディターのロバート・ポッツ氏には、もちろん要となる重要な役割を果たしていただいた。私の代理人のアン・エンジェルはいつも励ましてくれた。そして、本書を書くように最初に勧めてくれた妻のジル・ネビルへの感謝が遅すぎたことは心苦しいほどである。最後に、本書を書くにあたり、うつ病の科学に関する多くの論文や書籍を参照した。それらの著者への感謝の言葉を個々には述べてはいないが、それらの文献が計りしれないほど役に立ったことをここに記しておく。

初版の序

それは我が人生最悪の経験だった。妻ががんで死んでいくのを見ているよりも、もっと恐ろしい体験だった。私は自分のうつ病が妻の死よりももっと恐ろしい体験であったと認めることを恥ずかしく思う。しかしそれはまぎれもない真実だった。それはかつて経験したどのような体験とも全く異質なものだった。普通に使われる言葉の意味での「ひどく落ち込んだ状態」といった感覚とはまるで違っていた。私は文字通りの重病だった。完全に自分の殻に閉じこもり、全てに否定的になり、一日のほとんどの時間を、自殺を考えて過ごした。考えが少しもまとまらず、人を嫌い、一日中ベッドで布団にくるまって過ごした。自転車に乗ることも、所用で外出することもできず、一人にされるとしばしばパニック発作に襲われた。数々の身体症状に見舞われるようになり、まるで火事にでも遭ったかのように全身の皮膚が荒れ、あちこちの筋肉がぴくぴく勝手に動くのを抑えられなくなった。そして、新しい身体症状が一つ増えてゆくたびに、その一つひとつが強烈な不安を引き起こした。たとえば私は、尿が全く出なくなるという恐怖を抱いた。睡眠薬なしでは眠れなくなり、その睡眠薬も二～三時間しか効かず、目覚めたときの気分は眠る前よりも一層悪化していた。私は未来への希望を完全に失い、自分が再び働けるようになることも、回復する可能性もないと確信していた。私は自分がそのうち、気が狂ってしまうのではないかという強い不安を抱いた。

重症のうつ状態になった経験はそれまで一度もなかった。軽度のうつ状態、つまり気分が少し落ち込んだときのいつもの方法はジョギングに出かけることだった。周りにいるジョギング仲間たちに聞いてみても、ジョギングの目的は健康のためというよりも、落ち込みを予防するためであるという点で私の見解と一致していた。その見解は結局、運動がエンドルフィン(1)のレベルを高め、気分を高揚させるという、説得力があり広く受け入れられている科学的根拠が元になっていた。

当時私は一般人向けの精神医学解説本に書いてあるようなことをそのまま信じ、気分の落ち込みを感じたときは、気分を引き上げるような行動をするだけだと冷やかに公言していたことを認めざるをえない。しかし、そのときのひどい落ち込みに対して、ジョギングは全く無効だった。私のうつ病の始まりと進行、およびそれからの回復に関しては後の章でお話しすることにしよう。妻のジル・ネビルは私がうつ病になったことを恥ずかしく思い、同僚たちや友人たちには本当のことを言わず、夫は軽い心臓病を患っていると話していた。彼女はもし本当のことが世間に知れると私の経歴に傷がつくことを心配していたのだ。私がうつ病から回復したとき、私が最も不愉快に感じたことは、うつ病にまつわる不名誉感であり、そして多くのうつ病経験者が、自分がうつ病になったことを恥ずべきことであると感じていることであった。私にとってうつ病は、重い病気ではあっても恥ずかしく思う必要はないと感じられた。そこで私は、自らのうつ病体験を世間に公表するために、*Guardian*（『ガーディアン』）新聞紙上にうつ病についての著作を発表しようと決心した。この試みは驚くほど前向きな反応を引き起こした。患者たち、医師たち、そしてうつ病をもつ人と共に暮らした経験をもつ多くの人々は、うつ病というテーマが、このように隠し立てのない方法で議論されたことを、彼らにとって有益であると感じてくれた。この本は私がこれまでに書いた全ての書物や学術論文の中でも、最も広く読まれ、最も感謝された。人々が私を、いかに勇敢であったかと褒めてくれるたびに、うつ病にまつわる不名誉感が今なおどれだけ強固であるかを実感することができた。実をいうと、私にとっては自分のうつ病体験を公開することは極めてたやすいことだった。なぜなら、大学における私の地位は安定していたので、うつ病体験を公開しても失うものは何もなかったからである。

うつ病から脱出したあと、私は自分を治療してくれた精神科の医師に対し自分を助けてくれたことにお礼を言った。そしてその際に、もし私がものごとを正しく把握しているとすれば、精神科医たちは、うつ病について実際のところ何もわかっていないのではないかと思うが、実際はどうなのかとその精神科医に尋ねてみた。彼女は一部同意してくれた。もちろん精神科医たちは、うつ病の診断や治療、たとえば抗うつ薬のプロザックがうつ病に劇的な回復をもたらすといったことに関しては、かなりの専門的知識や治療技術をもってはいる。しかしそれらの技能は、なぜそれがうつ病の治療に有効なのかがほとんどわからないままに、機械的に使われているのだ。

(1) エンドルフィン(endorphin)は、脳内で分泌される神経伝達物質の一つで、モルヒネ同様の作用を示す。特に、脳内の「報酬系」に多く分布し、快感や多幸感をもたらすと考えられている。そのため脳内麻薬と呼ばれることもある。

ある精神疾患を「理解する」とは何を意味するかは、たとえば「がんを理解する」ことと比べると、はるかにわかりにくいもののように思われる。たとえば、がんは「細胞複製の制御にかかわる特定の遺伝子の変化」という概念で理解できるし、また、「悪性細胞の拡散（転移）」と捉えることもできる。しかし、脳の中でうつ病と関連する化学物質の一つであるセロトニンのレベルの低下がみられ、それが何らかのかたちでうつ病と関連していることがわかったとしても、それだけではまだうつ病の原因の説明としては不十分である。その単純な一種類の分子の濃度のちょっとした変化が、一体全体、どのようにしてうつ病の際に経験されるような、深刻な行動の諸変化をもたらすのだろうか？

うつ病に関しては、「自分で治せる」的な多くの書物があるが、うつ病に関して信頼できる情報を簡単に得られるような書物はほとんどないことがわかった。そこで私はうつ病に関し何がわかっているかを書きとめる目的で、自分でこの本を書くことにした。この本を書く目的は四つある。①うつ病を患う人たちと共に生活し、あるいは共に働く人たちが、うつ病の性質を理解するのを助けること。たとえばうつ病患者は、自分の両親であろうと我が子であろうと、あるいは仲間であろうと、一緒にいることに不安や恐怖を感じるものだということはほとんど理解されていない、②うつ病患者が自分の病気を理解するのを助けること、③うつ病にまつわる不名誉感を取り除くこと、そして何よりも、④この恐しくも悲惨な状態であるうつ病の性質について、自分自身が科学的な言葉で理解しようと試みること。この最後にあげた目的は、個人的な冒険の旅のようなものであった。

私は自分が医師でも心理学者でもないことも、直接の専門的知識をもたない分野に首を突っ込もうとしていることもよく承知している。しかし私には二つの強みがある。一つは生物学の研究者であることだ。私の興味は、胎児が発生するメカニズムであり、遺伝子が細胞の振る舞いを制御し、手足やその他の諸器官を形成していく過程である。したがって私は各種の基本的な生物学的プロセスや複雑なシステムをよく知っている。また科学者として、ある情報が確かな証拠であるかどうかを吟味することにかけては、いささか経験をもっている。

しかし、何より重要なのは、私自身がうつ病を体験していることである。というのは、うつ病を体験したことがないのにうつ病を治療したり、うつ病について何か書いたりする人はみな、歯痛を経験したことのない歯医者みたいなものだからである。

うつ病を抱えることは患者にとってだけでなく、うつ病に苦しむ患者たちと共に暮らす人々にとっても、非常に心をかき乱される出来事となる。うつ病患者は、彼らが恐怖に苛まれ、身体的自由を奪われた病人であるという意味での犠牲者であるに留まらない。この病気は一〇人に一人の割合で発生し、男性よりも女性に二倍多い。うつ病の広がりを考えると、患者たちがこの病気の苦しみに加えて社会的な不名誉というさらなる重荷を背負わされていることは、とりわけ不幸なことである。

医療サービスに与えるうつ病の影響は甚大である。世界保健機関（ＷＨＯ）から出版された最近の報告「世界の病気に対する出費」の予想によれば、うつ病は一九九〇年の発展途上各国にとって、最も重要な健康問題の上から四番目（病気への出費合計額の約三パーセント相当）であったが、二〇二〇年にはこの病気がトップ（出費合計額の約六パーセント相当）になると予想されている。また同期間に、発展途上世界における年間自殺者数は、五九万三〇〇〇人から九九万五〇〇〇人に増加すると予想されている。同報告書は、一九九〇年の発展途上世界の八三〇〇万人のうつ病の症例のうち、治療を受けた患者の割合は一〇％以下であり、先進国におけるこの割合も、おそらくその二〜三倍に過ぎないと推定している。

うつ（depression）にはいろいろな意味があり混乱している。一般的な使い方ではそれは毎日の生活における気分の落ち込みと不安を意味する。しかし本書では、うつを病気として扱う。うつ病によって個人の生活に障害が起こり、個人の活動性が奪われるからである。ウイリアム・スタイロンの『目に見える暗黒』（*Darkness Vissible*）は、うつ病を見事に表現した本である。同書の冒頭で彼は、「重度のうつ病の苦しみは、うつ病を経験したことがない者の想像を絶する苦痛であり、それに耐えられないために、多くの症例でうつ病はその患者を殺す」と明確に述べている。したがって本書が主に扱う対象は患者を働けなくし、あるいは自殺にさえ追いやるような重症のうつ病である。この病気は「大うつ病（major depression）」、あるいは、しばしば「臨床的うつ病」とも呼ばれる。

しかしながら、大うつ病と診断されるようなうつ病と通常の日常的なうつ、すなわち単なる気分の落ち込みとの関係は重要な問題であり、後で詳しく検討する——大うつ病は日常的な気分の落ち込みの単なる極端なかたちだろうか？　それとも両者は、質的に全く異なるものだろうか？といった問題である。

この本の表題は主題と副題の二つの部分から成る。副題はロバート・バートンの有名で記念碑的で、魅力的な、しかし簡単には読めない『メランコリーの解剖学』（*Anatomy of Melanchory*）（一六二一／一六五一）[2]からきている。

バートンはその本の中で、メランコリー状態に関して、その時代に知られていた全ての様相を記録している。彼は人生の大半をオックスフォード大学のキリスト教会に住まい、他の講義も受け持ちながら、主に神学を教えた。彼は医学と科学のあらゆる分野に興味をもっていた。彼はメランコリーについて書くことをライフワークに選んだが、その主な理由は、彼自身がメランコリーに苦しんでいて、それについて書くことで症状が軽減されるかもしれないと期待したからであった。彼は実際、「私はメランコリーについて書くことで自分を忙しくしておき、メランコリーに陥らないようにしている」と書いている。「解剖学」という書名を選んだのは、彼がメランコリーに関する全てを系統的に書き尽くし、また、この分野で知られている全ての権威者によるあらゆる著作を引用し尽くすように試みたことを意味する。バートンはまた、文体にも細心の注意を払った。彼がもし、やはりうつ病患者であったサミュエル・ジョンソン[3]が、心の安らぎを得るために読んだ書物がこの『メランコリーの解剖学』であったことを知ることができたなら、さぞ喜んだことであろう。――実際、サミュエルが起床

（2）一六二一年は『メランコリーの解剖学』の初版、一六五一年は改訂版の出版年である。原文の melancholy は憂うつ、抑うつ症、うつ病などと訳せるが、著者は内容により melancholy、melancholia、および depression を使い分けているので、原文のニュアンスを尊重し、それぞれ「メランコリー」「メランコリア」、および「うつ病」と訳す。なお、これらの使い分け方については、第2章の訳注（3）を参照されたい。

すべき時間よりも二時間も前にベッドを抜けだして向き合った唯一の本がこの『メランコリーの解剖学』であった。

　うつ病に関する論文の数はいまや毎年三〇〇〇報に達しているので、全ての文献を網羅しようとしたバートンと比べれば、多くの文献を調べたいという私の望みは比較的控えめなものにならざるをえない。情報の量は莫大であるが、それでも現在うつ病に関して何がわかっているかを読者が読みやすいようなかたちで要約するつもりである。私は過去と現在のうつ病の経験をみていくことからはじめ、次いで、うつ病の診断の問題点を、西洋社会だけでなく他の文化においてもみていく。人々をしてうつ病に陥りやすくするような諸要素、たとえばうつ病者の遺伝子、人生における悲惨な出来事、幼児期の体験、そして天候との関係までも解明しようと試みる。

　躁うつ病[4]は本書の中心的テーマではないが、固有の特徴をもっている。また、うつ病における悲劇的結末の一つは自殺であることを認識すべきである。そこで私は躁うつ病と自殺にそれぞれ一章を設けてこれらについて論じるつもりである。

　以上に述べたような背景に支えられてはじめて、うつ病を説明するために従来から提供されてきた心理学的および生物学的諸理論について議論することが可能になる。この議論には生命進化におけるうつ病の重要性についての議論も含まれる。うつ病の心理学的説明では、喪失体験[5]と人生の早期の体験の重要性にも焦点を当てる。

　一方、生物学的説明では、「情動」を脳の機能と化学（chemistry）の言葉で理解することが必要となる。その後に、薬物治療や心理療法のようなうつ病の治療方法に関する議論が続くが、その中には、誰に対してどんな治療法が役立つかという分析も含まれる。また、東洋（中国、日本、およびインド）におけるうつ病の治療についても報告し、最後に、科学の進歩と予防的取り組みの両面から未来に目を向ける。

私は数冊の書物にとりわけ大きな影響を受けたが、それらの本には、以下が含まれる。ウィリアム・スタイロンの『目に見える暗黒』（*Darkness Visible*）からは、彼自身のうつ病の説明に関して、ケイ・レッドフィールド・ジャミソンの『業火に焼かれて』（*Touched with Fire*）からは、躁うつ病に関連した創造性やその他の話題に関して影響を受けた。そして、ジョセフ・ルドゥーの『エモーショナル・ブレイン』（*Emotional Brain*）からも影響を受けた。私の方法論はいくつかのアイデアから

（3）サミュエル・ジョンソン（Samuel Johnson：一七〇九－一七八四）は、バートンよりも一世紀以上遅れて生まれた、英国の偉大な文学者にして英語学者。英語辞典を独力で編纂した。この辞典はたとえば、oat（オート麦）に対する、「＝穀物。イングランドでは一般に馬に与えられ、スコットランドでは人が食べている。」といったユニークな定義で知られる。

（4）躁うつ病（manic depression）とは、双極性障害（Bipolar disorder）の古い呼び名で、躁状態とうつ状態の病相を繰り返す精神疾患をいう。うつ病とともに「気分障害」のカテゴリーに含まれるが、うつ状態だけを繰り返すうつ病とは区別される。

（5）喪失体験《そうしつたいけん》とは、近親者や親友たちとの突然の死別、離婚、財産や地位あるいは自らの健康の消失等により、耐えられない悲しみを体験することをいう。

特に影響を受けてきたが、それらにはジョン・ボウルビィの「愛着」と「喪失」の概念、およびアーロン・ベックのうつ状態における認識の基礎論と否定的思考との関連の概念があり、そして医療人類学者で精神医学者のアーサー・クラインマンは他の諸文化圏におけるうつに関して私の眼を開かせてくれた。

主タイトルを『悪性の悲しみ』(*Malignant Sadness*)とした理由は、うつ病の非常に深刻な性質を強調したいためであり、同時に、うつ病患者の悲しみと健常人の悲しみとを対比させるのは、がんの成長と正常な成長を対比させるに等しい、という私の信念を反映したものである。(6) この本が、うつ病に苦しむ人々にとっても、そして彼らと共に生活する人々にとっても興味あるものであると同時に、役立つものとなることを心より願っている。

(一九九九年)

(6)「悪性の悲しみ」という表現は、うつ病の本質を極めて的確に表現する優れた表現であると思われる。しかし、書物の表題としては少し問題がある。この表現が独創的すぎるため、この表題では本書がうつ病に関する本であることがわかる人がほとんどいないと思われるからである。そこで訳書ではわかりやすい表題に変えてある。

再版の序

初版の出版後、うつ病が人々の間にどれほど広まっているかを知る機会が増え、私はそのたびに驚かされた。私が自分のうつ病体験を世間に公開したため、付き合いのある人たちのほとんどが、会話の中で、彼らの親戚や友人、あるいは彼ら自身がうつ病とかかわった経験があると打ち明けてくれたからである。普段は自分自身のうつ病について絶対に語ろうとしなかった人々が、同じような悲惨な体験が私にもあると知って、私との会話をかなり快いものと感じてくれたようである。重症のうつ病になって体験することは、うつ病以外の何かで体験することとは全く異質のものである、とする私の見解を、多くの人々が共有してくれた。彼らはしばしば、「ブラックホール」「異質な世界」「たとえようもない」などといった言葉を用いて彼らの体験を話してくれた。

この本の出版に対する世間の反応は非常に満足すべきものだった。中でも最も嬉しかったのは、読者から直接受け取る手紙と、読者との直接の交流であった。私は受け取った多くの手紙を有り難く思うとともに、感銘を受けた。それらの手紙のほとんど全ては、私がうつ病体験を書いて公表したことを賞賛し、また、彼らが自身のうつ病を扱ううえでこの本が役に立つことがあったと感謝してくれていた。さらに勇気づけられたのは、うつ病患者とかかわる人々が、それまでうつ病患者に対して部外者でしかなかったが、神秘的で理解不能であったこの病気を理解するのにこの本が役に立った、と言ってくれたことであった。また、アドバイスを求める多くの電話を受けたが、それらに応じる資格がない私の反応は常に、「一刻も早く専門家のアドバイスを受けるように」と、彼らを強く説得することだった。

おおいに尊敬する批評家たちからも、いくつかの非常によい前向きな書評が寄せられた。しかし、全ての批評家が前向きというわけではなかった。主な不満は、私が自分自身に関して十分に書いていない、というものと、私が精神分析学的説明に対して敵意をもっていて、生物学的あるいは時に科学的説明に偏りすぎている、というものであった。

うつ病を不名誉とする風潮には、非常に当惑させられた。自分のうつ病をそれだけオープンに語ることに対して、私はしばしば、勇敢であるとか勇気があると賞賛されたが、そのこと自体がうつ病に付きまとう不名誉感を明白に物語っていた。実際には、私には「勇敢さ」など全くなかった。書いたものを世間に発表し、講義をすることは私の毎日の仕事の一部であり、自分がうつ病の経験をもつことを恥ずかしく思う理由は何もないと思っていた。しかしこれは、全くの真実とはいえないかもしれない。なぜなら、うつ病に関して説明する際にはいつも、「自分は心理学的説明よりも生物学的説明を好む[1]」と説明すべきであったのに、それをしなかったからである。

世間の多くの人々にとって、「うつ病」の不名誉は深刻な問題であり、自分がうつ病のために自殺を試みたことは、兄弟姉妹にさえ打ち明けることができなかった、と多くの人々が打ち明けてくれた。未だに多くの人々が、もし自分の状態が勤務先に知られたら自分は職を失うであろうと確信していた。

驚いたことに、中にはうつ病を非常に上手に隠して世間と付き合っている人もいた。ある女性と昼食を共にしながら強い衝撃を受けた。彼女はその体調にもかかわらず驚くほど陽気に見えたが、彼女がどうやってうつ病を隠してきたかを話してくれた。息子と一緒にいるとき、自分が自殺したときにこの息子に残す遺書の内容を組み立てながら、同時にいかに陽気に振る舞えるかを彼女が説明するのを聞いたとき、私は鳥肌が立つ思いをした。

重度のうつ病に陥りながら、抗うつ薬を飲むことを拒否する患者が多いことも繰り返し聞いた。そして世間では、抗うつ薬には習慣性があり、飲んだ者の精神を変化させ、破壊する、という心配が広まっているように思えた。うつ病を化学で解決すること（抗うつ薬を飲むこと）に対し、強い懐疑と敵意が存在している。今もなお、現代の抗うつ薬よりも聖ヨハネ草(2)のほうが世に受け入れられている。理性的考えとはいえないが、もしプロザック(3)が「樹に生《な》るもの」であれば、人々はもっと気軽にそれを飲む気になるだろうと私は確信している。

(1) 著者がここで言いたいことは、「自分にうつ病の体験があることを恥ずかしく思わないのは、うつ病の原因を薬の副作用のような生物学的原因、すなわち自分には責任がないと考えているからであるが、これは自分の偏見かもしれない」ということである。ただし、読者は第8章「うつ病の心理学的説明」、第9章「うつ病の生物学的説明と脳」を読んでからでないと、この文章の意味が十分に理解できないと思われる。
(2) 聖ヨハネ草とは、西洋オトギリソウから得られる古くからの民間うつ病薬。セントジョンズワートともいう。
(3) プロザックはＳＳＲＩ系抗うつ薬の商品名。聖ヨハネ草とともに詳細は第10章参照。

自分のうつ病が純粋に生物学的背景をもつものであり、それは心臓病治療のために飲み続けてきたある医薬品の副作用が原因であるとほとんど私は確信していた。この確信には何らの心理学的根拠もないことに不安を感じてはいたが、私はこの確信に固執していて、自分が宗教改革者でもあるかのように、自分のうつ病体験を公開し、うつ病は不名誉とされるべきではないと主張した。この確信はどことなく自分を心地よく感じさせた。自分のうつ病の原因を生物学的に説明することは、「うつ病になったことに対して自分自身には責任がない」ことを意味していたからであった。私のうつ病の原因が、精神分析家が言うような、「心的外傷後のストレス障害」にあるという診断は全くありそうにないことだった。ただし、このストレス障害という診断は、うつ病の精神病理学的診断の中では唯一の、不名誉とされることのない診断であろう。なぜなら、この診断自体の中にうつ病の原因が含まれており、患者個人にその病気の責任を負わせることができない、外部的で明確な心的外傷という原因をもつと説明しているからである。私にはこのような精神病理学的説明は受け入れられなかったが、自分には責任がないという同じ理由から、私は自分のうつ病が特定の薬剤の副作用によるものであると確信していた。

私は何という大きな過ちを犯していたことか。うつ病から回復した患者のうちで、残りの生涯に再発しない人は一〇人に一人しかいないことを私は知っていて、そのことを自分の本に書いてもいたが、これは自分には当てはまらないと信じていた。しかし、この確信は間違っていた。私が重症のうつ病から回復して、ほぼ四年経過したとき、私は物事が全くうまく進んでいないと感じはじめた。その感じは、最初のうちはあまりはっきりしたものではなかった。当時私は本書を書き終え、続いてＢＢＣ放送での三回シリーズのテレビ放映を終えた直後であった。多分そうした気分の高揚した状態から日常に戻ってきたための、ちょっとした「マタニティブルー」（産後うつ）的なものが起こった、と考えていた。

復活祭の休暇で南アフリカに旅行したが、このときは全てが素晴らしい経験だった。しかし旅行から帰ってきたとき、以前ほど精力的に働けないように感じた。六月に非常に不愉快な尿路感染症を患い、その原因が慢性疲労のせいだと考えられたので、これは感染が起こしたことである、と自分に言い聞かせた。体重が減りはじめ、まるで心気症患者のように、最初は糖尿病か、がんを発症したのではないかと考えて納得しようとした。休暇でクレタ島に出かけたのはよかったが、旅行中は元気がなく、眠ってばかりいた。

旅行から帰ってきたとき、私は多くの予定を抱えていた。九月にはポーランドのクラコウに旅行し、現地で気分が悪くなり、不安に襲われた。表現しようのない落ち込んだ気分が付きまとうようになり、あの不愉快で恐ろしいうつ病の初期を思い起こさせた。聖ヨハネ草を飲む決心をし、軽い吐き気を催しはしたが、気分はややよくなった。

当時たくさんの旅行をしたが、その結果私は徐々に消耗させられた。落ち込みが差し迫っているという感覚が戻ってきたので、前にうつ病になったときに診てもらったことがある認知療法士（訳注：認知療法は心理療法の一種、第11章に詳しい説明がある）に診てもらった。彼女は、私が間近に迫った引退を過度に気にしているのではないかと考えた。二週間に一回、彼女の元に通った。自分の七〇歳の誕生日を祝う大きなパーティーを自分で計画していたが、その当日の朝にも彼女に診てもらった。その次の日に私は講義のためにオランダに旅行し、数日後に疲労困憊して帰国した。そのような生活の中で、ほかにも問題がいくつも出現した。――前立腺が肥大し、夜間でも一時間に一回、トイレにいくために目が覚めるようになり、この問題を解決するために手術を受けることが避けられなくなった。これは心気症患者でなくても悪いニュースだった。

そしてついに毎日早朝四時に目覚めるようになり、その後はどうしても眠れなくなった。この症状はまぎれもなく自分にうつ病が差し迫っていることの明確なサインだった。また朝ベッドを離れることが非常につらくなり、午後になると目を覚ましていることがほとんど不可能になった。徐々に不安に苦しむようになり、聖ヨハネ草を飲むことをやめ、前のうつ病のときに自分を診てくれた同じ精神科医に診てもらった。彼女はこの前のときと同じ抗うつ薬、セロザット（Seroxat）(4)を処方してくれた。

私の落ち込みは続いた。私がもっと優れた作家であったなら、それを記述することも可能かもしれないが、その感覚は一般的な日常生活で感じるものとあまりにも異質なもので、私には描写不可能であった。そうした中、パニック発作に襲われはじめた。冷たくピリピリした痛みが全身の皮膚に広がり、強烈な不安を抱いた。心臓は早くなるよりむしろゆっくりと鼓動するように思われ、やがて自分は気を失うのではないかと思った。ただしこれは、歩きまわることで少しは改善された。この発作にはβブロッカー(5)も役に立った。

この発作は、時には数分間、時には数時間続いた。私のかかりつけの認知療法士は献身的に助けてくれた。彼女は発作を鎮めるための呼吸法を教えてくれたが、何がこれらの症状群を取り去ってくれるかはわからなかった。私が認知療法士に、自分はうつ病ではないが、非常に不安が強い、と言うと、彼女は説得調ではなかったが、うつ病の再発に間違いない、と言った。

私の場合、軽度のうつ状態や気分が落ち込んだと感じる程度なら、運動がいつでも有効だった。そこで一度テニスを試みた。私はこのとき、ほとんどしゃべることもできないほど落ち込んではいたが、組んだ相手が驚くほどうまくプレーできた。私はジョギングもやってみた。しかしジョギングは私を疲労困憊させ、休憩のために体を横にしたとき、非常に奇妙な半睡状態に陥って、自分の思考をコントロールできなくなり、自分が発狂しつつあると感じた――恥ずかしさがより少ない表現をすれば、「正気を失いつつある」と感じた。

認知療法士と精神科医は共に、私が必ず回復すると保証してくれた。しかし私には彼女たちが全く信じられなかった。そのときの私には、以前にうつ病から回復した経験は何の役にも立たなかった。

---

(4) セロザットは一般名「パロキセチン塩酸塩水和物」(Paroxetine Hydrochloride Hydrate)の商品名で、英国のグラクソ・スミスクライン社で開発された選択的セロトニン再取り込み阻害薬(ＳＳＲＩ)である。日本では商品名パキシル(Paxil)で二〇〇〇年一一月に発売された。ＳＳＲＩの中でも最も効力が強いが、副作用も強いことが知られている。

(5) βブロッカーは、「交感神経β受容体遮断薬」の別名で、血圧降下薬の一種である。

前のうつ病体験から私は何も学んでいなかった。一人の友人が、「きみは自分が書いた本を読み直すべきだ」、と強く促してくれたが、嬉しくも可笑しくもなかった。

前のときと異なり、今回は自殺願望を感じなかった。しかし、あたかも自分がずっと発熱のない軽い風邪を引いているような気分だった。ほんの二～三時間なら働きに行けたが、少しでも働いた後はひどく気分が悪くなり、それ以上は働けなかった。これらの症状の少なくとも一部は、抗うつ薬セロザットの副作用だったかもしれない。この薬の副作用には吐き気もあることが知られていた。

一一月、一二月には、いくつもの重要な会合が待ち受けていた。まずドイツで重要な講義が予定されていた。また、自分が副オーガナイザーを務めるロンドン王立協会での集会があり、その後ブラジルで五回の講義をするために小旅行をすることになっていた。これらの行事のどれ一つとして出席できない可能性が徐々に膨らんでいった。講義の義務だけは果たすべきだと考えたが、そのための旅行は考えただけで恐怖を感じさせた。旅行の途中でパニック発作に襲われたらどうすればよいのか？恐怖のあまり、私は全ての約束をキャンセルした。こうして当時多くの人々を裏切ってしまったことに対し、私は今なお申し訳なく思っている。当時、ブラジルへの講義旅行に行けないと感じさせた、そのときの本当の感情を今となっては思い出すことができない。そして重症のうつ病のときの感情を後から思い出すことができないということは、うつ病がもついろいろな特徴の中でも、最も不可解な特徴の一つである。

その後、起き上がるのも困難な日々が続いた。もう一度入院できないかと精神科医に何度も相談し、彼女はこの事態に対処するために入院できるよう手配してくれた。ところが妻は私の事態をより重く受け止めていた。私が認知療法士に毎週診てもらっているにもかかわらず、妻は私の意思に反して、精神分析家(6)にも診てもらうようにと強く主張した。そして彼女は自分で車を運転して私を精神分析家のところへ連れて行った。妻は帰りも私を連れて帰らざるをえなかったが、それは私が自分で運転できる状態ではなかったからであった。私は精神分析用の長椅子に寝転ぶことを拒否し、何回かのセッション（訳注：精神分析家との治療のための面接）では一種のパニック状態にあった。精神分析家は非常に神経質であり、適切な医学的検査を受けるようにと私に忠告したので検査を受けたが、結果は全ての検査項目で異常がなかった。

このタイプの精神分析的治療は私には全く役に立たなかった。それは、精神分析家の考え方には全く科学的根拠がない、と私が信じているという理由だけではなく、他に主な理由が二つあった。一つの理由は、その分析家が、「私の協力がなければあなたは決して回復しない」と言ったことで明らかであった。その彼の言葉には、彼が私を人質にして、何年にもわたり彼のもとに通わせようとする意図が感じられた。このような示唆は不道徳的であり、我慢ならないものに思えた。もう一つの理由は、

(6)　認知療法も精神分析も心理療法に属するが、認知療法士は患者との会話を通じて患者の認識（認知）の歪みに患者自らに気づかせることを目的とする。これに対し、精神分析家は患者に自由な連想や夢について語らせ、その中から患者が忘れている幼児期の不幸な記憶や、隠れた性的欲望など、患者が無意識下に抑圧している感情を意識下に引き出して、それらがうつ病の原因であることを患者に説得する。詳細は第11章に詳しい。

うつ病の原因に関係していた。彼の診断には新しいことは何もなかった。私のうつ病の原因は、私の引退の時期が迫っていて、私がそれまで私を支えてくれていた人々を失うことを恐れており、新たに自分のアイデンティティを支えてくれる別の人々を必要としているからである、と彼は言い張った。そして彼は私が青春期によくある自己崩壊をもう一度繰り返しつつあること、そして私が自分の青春期がどうだったかを正しく記憶していない、とも断言した。私は到底これらの説明を受け入れられなかったが、百歩譲ってその精神分析家の言うことが全て正しいと認めたとしても、なお残るのは次の疑問であった。「では私がそれに対してできることは何なのか?」、彼は私に何を提供できただろうか。一セッションあたり九四ポンド（訳注：当時のレートで約二万円）払って、週に何度か彼の長椅子に寝転んで自由連想をすることを除けば、彼が私に提供できるものは何ひとつなかった。「彼のもとに長期通わないと回復しない」との見立ても、「第二の自己崩壊」の診断も、どちらも私には何の役にも立たないし、受け入れられないものだった。

幸運にもその精神分析家は三週間もの長いクリスマス休暇を取り、その間に私は徐々に回復しはじめた。それは多分セロザットが効きはじめていたせいかもしれない。私にとってこの薬は効力が出てくるまでに少なくとも六週間は飲み続ける必要があったのだ。最初のよい兆候は、一度もパニック発作を起こさない日が何日も続いたことだった。もう一つの重要な前向きのステップは、気の合う友人たちとのパーティーに出席し、その終了時刻までずっと彼らと過ごせたことだった。これは些細なことにみえるかもしれない。しかし、私にとっては大きな出来事であり、自分は回復するのだ、との自信を強めてくれた。クリスマスまでに私は妻や家族と一緒に一日を過ごせるようになり、みなと大晦日のパーティーに出かけ、それを結構楽しんだ。私は徐々に回復し、精神分析家が一月の初めに休暇から帰ってきたときには、十分によくなったと思えたので、もう彼のセッションを受ける気はないと彼に告げた。

認知療法士はもっと協力的であった。彼女とのほうがよりよい人間関係を築くことができた。というのは、彼女は精神分析家が示したような秘密主義的なところが全くなかったからだった。精神分析家は、休暇にどこへ行くかといったことさえ決して言おうとしなかったのだ。一方認知療法士との人間関係はもっとずっとオープンで、親密なものだった。我々は、差し迫った講義のような義務をキャンセルすべきか、キャンセルするならいつそれをすべきか、あるいは講義の準備をするとすればどうやってするか、といった、実務的なことを話し合うことができた。彼女は、休みたければ好きなだけ休んでいい、そしてそのために罪の意識をもつ必要はない、と言って力づけてくれた。彼女は「精神分析家がしばしば逃げ込む隠語」(7)と私が呼ぶような用語を一切使わなかった。私にかかわる一切の問題と、可能性があるそれらの原因について、我々はオープンに話し合うことができた。

その後は一貫した回復傾向が認められ、私は少しだけ、ほんの少しだけだが、躁状態になった。そ

(7)「精神分析家がしばしば逃げ込む隠語」とは、たとえばエゴ、イド、スーパー・エゴあるいはオブジェクト・カセクシスなどの精神分析用語を指すと考えられる。これらの意味は第12章を参照されたい。

れは低用量ながら服用し続けていたセロザットによるものだったかもしれない。精神科医はそれを少なくとも一年間は服用し続けるようにと勧めてくれていたのだ。副作用がほとんどない以上、――性的活動への影響[8]は別として――投薬は正しいことであり、継続すべきことと思われた。

私はこの薬を残りの生涯ずっと飲み続けても構わないと感じていた。もし投薬を続けることでうつ病の再発が防止できるのであれば、抗うつ剤の副作用など取るに足りないことであり、投薬を長期間続けないための納得できる理由はないように思えた。

私は今や、いつまた次のうつ症状を再発するかもしれないという現実に直面している。前のうつ病のとき、実際問題として、何が自分をうつ病から脱出させたのかと問われても、私は「本当のところはわからない」と答えるしかないことを白状せざるをえない。不安が自分の退職が迫っていることと関係している、というストーリーを選択することはできる。しかし、その説明が正しいかどうか、いったいどうすればわかるのか。より重要なことは、説明が正しいかどうかよりも、次のうつ病の発症を避けることである。認知療法と抗うつ剤の投薬が、次のうつ病の発症を完全に予防することは無理だとしても、延期させることはできる、ということは信頼できる全ての証拠が裏づけている。そして私自身についてもそうであったように、他の人たちに強くアドバイスしたいことは、うつ病が疑われたときは一刻も早く専門家に診てもらうことである。

（二〇〇一年）

（8）　セロザットの副作用には、射精障害がある。

改訂版の序

本書のこの前の版（二〇〇一年）から現在までの五年間に、私は三度のうつ症状の再発を経験した。私のうつ病は実に慢性的であった。それらのうつ病の症状はそれぞれに異なっていた。毎朝非常に疲れを感じ、気分もよくなかったが、夕方に向かうにつれて気分は改善した。精神科医は、それがうつ病であり、身体症状化しつつある、と言った。実際私のうつ病は、複数の身体症状を呈しはじめていた。ジョギングの後には極度の疲労を感じた。セロザットの投薬を再開した結果、二～三カ月後によくなった。しかし、一年後の休暇の後に、今度は吐き気を伴ううつ症状が再発した。新しい精神科医は（前の精神科医はすでに引退していた）別の抗うつ剤に変更することを決定した。この時期は気分の悪さも疲労感も非常に強い時期であったが、「エフェクソール」（Efexor）に切り替えることで、まだ少しは心配が残っていたが、約一年もかかってやっとよくなった。よくやった！と思ったが、その状態は長くは続かなかった。膀胱と前立腺のがんの疑いのため、針生検を含む泌尿器の精密検査を受けることになり、元通り、病気と向き合う生活に戻ってしまった。私はポルトガルとニュージーランドでの会合をキャンセルせざるをえなかった。前記のような症状は軽度ながら、今も残っている。

この版の目的は、最近までのうつ病の各分野におけるトピックスの一部を簡単に紹介することにある。特に興味があったのは、抗うつ剤の副作用、うつ病をもたらす可能性があるといわれている複数の遺伝子、免疫とうつ病が関係する可能性、うつ病の進化生物学、および精神衛生に関するリテラシー（説明可能性）を改善するために何ができるか、などである。それらの対象は膨大であり、我々の前途がまだどれほど遠いかを私は知っている。

（二〇〇六年）

ヒトはなぜうつ病になるのか——世界的発生生物学者のうつ病体験

目次

凡例

1. 本書は Lewis Wolpert（2006）*Malignant Sadness: The anatomy of depression.* London: Faber & Faber. の邦訳である。
2. 章内の小見出しは新たに作成し挿入した。
3. 日本の読者に必要と思われる情報を適宜訳注として挿入した。訳注番号は（1）（2）…とし、原則的には側注として示した。ただし、文脈上本文のなかに（訳注：）として入れたところもある。なお、側注に入れるには長すぎる情報は、巻末の「訳者あとがき」に掲載した。
4. 本文で登場する人名に関して、説明が必要と思われるものには欧文名、生年、没年、業績等を追記した。
5. 書名、雑誌名は『』で括って示した。
6. 巻末に索引を設けた。索引項目は日本の読者のために選出したため、原著の索引項目とは必ずしも一致しない。

第1章　うつ病の体験——過去と現在

うつ病とはどのような状態か

　重症のうつ病はとてもこの世のものとは思えない状態である。そのため、もし誰かが自分のうつ病を記述できるとすれば、その人は実は重症のうつ病を体験してはいないと、ほぼ確実に言えるほどである。重症のうつ病とは人を全く無力にしてしまうものであり、実際に自分で体験するまでは、うつ病患者たちの感情を理解することは誰にとっても非常に困難である。重症のうつ病は、「筆舌に尽くしがたい状態」に非常に近く、「通常よりも落ち込んだ精神状態」といった状態ではない。それは全く異質な状態であり、正常な感情とはほとんど共通点がない。うつ病を正確に記述するには、患者の極端に強い苦痛と、改善することは決してありえないという確信の両方の意味を含んだ、新しい特殊な言葉が必要と思われる。我々はこの病気を「落ち込んだ」という表現力に乏しい言葉で表現するのではなく、もう少しより妥当な新しい言葉で扱うことができるはずである。

　大うつ病（major depression）すなわち重症のうつ病は、ヒトを全く無力な状態にしてしまうことから、「臨床的うつ病」とも呼ばれる。この状態はより軽度な気分の落ち込みとは明確に区別されるべきである。患者の多くにみられる気分の特徴は、圧倒されるほどの強烈な悲しみである。この悲しみは、しばしば無力感、脱力感、および全ての物事に対する無関心を伴う。自殺願望が認められることが多く、また、発作的に泣く行動も認められる。さらに、ある者は非常にいらつきやすく、怒り狂うこともあり、睡眠障害も症状である。疲労感と活力の消失も一般的な症状である。重症例では、患者はほとんど動くこともできず、昏睡状態に近くなることもある。また幻覚や妄想を経験することもある。ほとんどの患者に認められる症状は、意識を長く集中できないこと、および決断ができないことである。患者一般に共通するのは絶望感であり、そこには自己を否定的に評価する感情を伴っている。不安がしばしば支配的な感情となり、自身の健康に対する過剰な心配が、うつ病の身体的表現である心気症を引き起こすことがある。どの心気症も一見すると重大な病気の証拠となるような異常な身体的症状を伴っている。

うつ病のもう一つの特徴的な所見は、ほとんど全ての活動に対して興味や楽しみを失うことである。何かよいことが起きたときでさえ、落ち込んだ気分が改善することはありえない。気分の落ち込みが最悪なのは朝方であり、早朝覚醒を伴うのが特徴的である。

メランコリーとうつ病とはごく近い関係にある言葉である。メランコリーは、つい最近までうつ状態を表す言葉として用いられてきた。一般にはうつ病（depression）という用語は、比較的最近になって特定の精神状態を指して使われるようになったと思われているが、実際には一六六五年にベイカーの *Cronicle*（『クロニクル』）紙上で、精神が極度に落ち込んだ者を指して用いられたのが最初である。この言葉は一七五三年に、サミュエル・ジョンソンによっても同様の意味で用いられており、また、ジョージ・エリオットは、『ダニエル・デロンダ[1]』(*Daniel Deronda*)に、「彼女が重症の depression であることを彼は知った」という一文を書いている。

さらに、ウイリアム・スタイロン(訳注：William Styron；一九二五－二〇〇六、米国の作家、回顧録『目に見える暗闇』(*Darkness Visible*)やベストセラー小説『ソフィーの選択』(*Sophie's Choice*)の著者)がうつ病を表現することの困難さを以下のように見事に表現している。

「Depression(うつ病)という言葉は、その病気における気分の本質的な悪性度を表現していない。うつ病は、ナメクジが通った跡にわずかな痕跡しか残さないのと同じように、これまで言葉によって表現されることをすり抜けてきた。また、この言葉の無味乾燥さによって、この病気が手に負えなくなったときの恐ろしい悪性度について一般の人々が理解することが妨げられてきた」。

うつ病の臨床的特徴はドイツ人の精神病理学者エミール・クレペリン(Emil Kraepelin：一八五六－一九二六)の先駆的研究によって一九二一年に次のように見事に記載された。

「うつ病患者は、孤独、表現不可能なほどの不幸、〝運命に見放された存在〟であるという感覚

(1)『ダニエル・デロンダ』は、ジョージ・エリオットが一八七六年に書いた小説で、主人公グエンドレンが自己執着を超える道を探求しようとした過程を物語のテーマとしている。

を味わう。彼は神の存在を疑い、ある種の生気のない、打ち負かされた人間のような態度であらゆる楽しみから遠ざかり、わずかな希望の光さえも失い、苦しみながら足を引きずるように一日一日を過ごす。彼にとっては全てのものが不快である。仲間たちも、音楽も、旅行も、職業的労働も、全てのものが吐き気を催させる。彼が何を見ようと、その暗い面や困難な面しか見えない。彼は自分を取り巻く全ての人々が、以前に考えていたほど善人でも友好的でもないと感じる。そして、周囲の人々に対する一つの失望や幻滅が、次のさらなる失望や幻滅を生み出す。彼にとって人生の目的は存在しなくなり、自分はこの世界に不要な人間であると感じる。彼はそれ以上自我を保持し続けることが困難となり、理由もなく自殺しようとする。彼はあたかも、彼自身の中で何かが崩壊してしまったように感じるのである」。

うつ病患者の不条理な苦しみ

うつ病には何かしら不条理なところがあるように感じられる。なぜなら、重症のうつ病患者たちの感情や思考は、患者が日常の現実とほんの少しでも関係をもとうとしただけで耐えられないほど激しくかき乱されるからである。このような、ほとんど馬鹿げているとさえ思われる状況について、アンドリュウ・ソロモン（訳注：Andrew Solomon：一九六二－、米国の作家、『真昼の悪魔――うつの解剖学』（原書房、二〇〇三）の著者）が *Newyorker*（『ニューヨーカー』）誌上に以下のように書いている。

「私はベッドで寝ているとき、シャワーを浴びようと思った。しかし、それがあまりにも恐ろしくて、身動きできなかった。頭の中でシャワーを浴びる動作の一つひとつをリハーサルして、それには一四のステップがあるとわかった。しかし、その一つひとつの段階が苦痛と困難に満ちたものに思えた。それはあたかもキリストが十字架にかけられる前の一四の立ち止まり場所(2)のように感じられた」。

もちろん彼は、長年にわたって、毎日何の苦労もなくシャワーを浴びてきたことを自身で十分にわかっていた。それでもなお彼はそのとき、誰かが彼のために浴室のドアを開けてくれることを期待したのだ。彼にはスカイダイビングの経験があり、六〇〇〇フィートの高度で強力な風に逆らって飛行機の翼の先端まで移動したことがあったが、そのときの経験のほうが、ベッドから降りてシャワーを浴びることよりも容易に感じられた、と書いているのはとりわけ興味深い。彼にとってはそれほどまでに全てが絶望的であり、あまりにも不条理に感じられたのである。そのとき彼が泣くことしかできなかったのも無理はない。

もし我々に魂《たましい》があるとすれば（正統派物質主義者の私としては我々が魂をもっているとは信じられないが）、役に立つ一つの比喩として、その極端な悲しみのゆえに、「うつ病とは魂が抜けた状態である」と表現することができるだろう。魂が抜けた体と心は、自分自身を除く全てのものに対する興味

（2）西洋の大きな教会には、その両側の壁にキリストが十字架にかけられるまでの情景を描いた合計一四枚の巨大な絵画が掛けられていることがよくある。信者はそれぞれの絵の前で立ち止まってお祈りをする習慣がある。

を失う。「さまよえる魂」の概念は多くの文化に受け入れられており、「空っぽの」という形容詞は、ほとんどの文化において否定的に受け止められている。「魂」という比喩は我々が自身の実在を経験する、その経験の仕方を捉えたものである。「魂」とは、我々の「内的な本質」であり、我々が生活するハードな物質世界とは明確に異なるものとして区別される何かである。「魂」を失えば、我々は「気落ち」してしまい、外界から切り離され、孤独になるしかない。

うつ病の歴史——古代ギリシャ時代

うつ病あるいはメランコリーは、長い歴史、恐らくホモサピエンスほどの古い歴史をもっていることが知られている。どれだけ古い文献に遡ってもそれは登場する。たとえば、メランコリーは旧約聖書にも複数の記載がある。「ヨブの嘆き」を聞こう。

「なぜ悲嘆にくれる人々に光が与えられ、苦しむ魂に命が与えられ続けるのか？　なぜ死を乞い願う人々に死が与えられず、秘宝よりも死を乞い求める人々、死ぬことにより楽しみと喜びを得られる人々に死が与えられないのか？」（ヨブ記 3：20–22）

かつてそうであり今もそうであるように、心の病の原因を超自然的なものに求めることは種々の文化において共通に認められる現象である。古代ギリシャでは、精神病は誤った行為に対して神々が与えた罰としての苦しみかもしれないと信じられていた。初期のキリスト教時代においてもそれは悪魔によって信仰を試すために仕掛けられた試練であるとみなされた。

ただし、メランコリア[3]は、すでに紀元前四世紀のギリシャにおいて、ヒポクラテスの著作に一つの独特な病状として認識されていた。

メランコリアは、食欲減退、意気消沈、興奮、情緒不安定、および恐怖を伴うとされていた。紀元前二世紀において、この病状に関する指導的権威者はガレノス[4]であった。

彼の体液説はその後何世紀にもわたって受け入れられた。病状は「四種の体液」のバランスの崩れとして説明された。――その四つとは、血液、黄胆汁、黒胆汁、粘液であった。――これらがヒトの健康と病気を支配すると信じられていて、メランコリアは黒胆汁の過剰であるとされた。ガレノスによる以下の病状の記載は同時代の他の諸々の考え方とそれなりに調和していた。

「メランコリア患者の振る舞いは一人ひとり全く異なっているが、全ての患者は、恐怖症あるいは意気消沈に分類できるようにみえる。患者たちは人生に欠陥を見いだし、人々を憎むが、全ての患者が死を望むわけではない。（中略）ここでもまたあなたがたは不可解に思うであろうが、

（3）　メランコリアは語源的には古代ギリシャ語の、メラ＝黒、コリア＝胆汁を意味する。なお、原著者は古代史を述べている部分では melancholia を、近・現代の憂うつ症に対しては melancholy を用い区別しているので、翻訳でもこれに従う。

（4）　古代ギリシャの医者。四体液説を唱え、また「医者は自然の召使なり」として節制・訓練を重んじた。ＢＣ二〇〇年頃－ＢＣ一三〇年頃。なお彼の名は原文では Galen（ガレン）であるが、これはギリシャ名の Galenos（ガレノス）の英語表記である。日本語ではガレノスが普通なので、以下ガレノスに統一する。

うつ病患者たちは「死を毛嫌いしながら、同時に死を渇望する」のである」。いささか皮肉なことに、昔の時代には、現代のうつ病に付きまとうような不名誉感が必ずしも存在していなかった。メランコリア的な考え方をすることがむしろ上流階級的な生き方であるとみなされていた時代があった。アリストテレスはメランコリアが創造的芸術家の気質であるとみなしていた。なぜなら、創造性は黒胆汁によって駆り立てられると考えられていたからである。アリストテレスはメランコリアに対する人々の態度に対して何世紀にもわたる影響を与えたが、それは彼が「哲学、政治、詩、芸術の世界で傑出した人物や、古代ギリシャの偉大な英雄たちが、なぜそろってメランコリア的な気質をもつのか？」と問うたからであった。彼はこれらの偉大な人物にプラトンとソクラテスを含めていた。「メランコリアには、いささか狂気を帯びた天才の要素がある」と彼が示唆したため、当時それは一種のうらやむべき心の状態とされた。

うつ病の歴史――中世と近代

しかし、その後四世紀末までに、キリスト教会はメランコリアを心の疲労、あるいは疲労困憊、すなわち治療を要する好ましくない状態を表現する言葉として用いるようになった。メランコリアは、はじめは悲しみと関係づけられ、後に「怠け者の罪」と関係づけられ、怠惰とみなされるようになった。

一三〇〇年代には、怠惰は重大な罪とされたが、その理由は、たとえばそれが修道士をだらしなくさせ、動作をのろくさせたからであった。聖トマス・アキナスにとっては、怠惰は「何らかの善をなすことからの逃避」とされた。しかし怠惰という概念はそれよりもっと複雑であり、その説明は様々で、一部の論者たちは黒胆汁の起源をアダムが禁断の林檎を食べたことに求めた。

一五～一六世紀になって、キリスト教会の力が弱まるにつれて、怠惰はますますメランコリアと強く関係づけられるようになった。バグダッドの一人のアラブの医学著述家が一〇世紀の初めに、メランコリアに関する論文を書き、黒胆汁がその直接の原因であると断定した。彼のこの病気に対する以下の定義は、特筆すべきものであった。「メランコリアとは、患者の魂の中に形成されるある種の意気消沈と孤立の感情である。それは、患者は真実と考えているが、実際には真実でない何ものかによって形成される」。彼はこの病気に苦しむ患者を、「理性を失い、悲しみ続け、意気消沈し、不安と陰うつに沈み込む」と表現している。彼はこの状態が起こる主な原因を「精神の過剰な努力」であるとしている。彼はまた親友や近親者との死別や、財産の喪失がこの病気に及ぼす影響にも気づいていた。

ルネサンス期の先進的な医学著述家であったパラケルススは、メランコリーを狂気の一種とみなしていた。彼のこの病気の治療に関する示唆――「メランコリー患者が意気消沈している場合は患者を楽しくさせる薬剤により再び健康になるであろう」――は、残念ながら誤った治療法であった。

当時科学文献で使用されていたメランコリーという用語は身体中に存在する冷たく乾燥した気質を指していた。この自然に存在するメランコリーが熱によって腐敗すると有害な気質に変わる。メランコリックという用語はまた、黒胆汁が優勢な人物を指しても用いられたが、このような人物は、肉体的虚弱、恐怖症、悲嘆症になりやすいとされた。この状態がさらに悪化すると、患者は強すぎる悲しみ、全てのものへの恐怖、極度の無気力、あらゆる人間に対する嫌悪を伴う精神疾患へと移行することがある。そして、しばしば不適切な食事がその原因であるとされ、有害な気質を排出するため、瀉血療法、温かく湿った空気を吸うこと、気分転換などが強く推奨された。(5)

このメランコリーの概念は一五八〇年代の英国の文学にしばしば登場するようになり、ルネサンス時代の英国においてこの単語は普通に使われるようになった。メランコリーが医学的に認知されたのとは対照的に、メランコリーについてのアリストテレスの見解がまだ生き続けていた。たとえばロバート・バートンは、「メランコリーの人々は他のあらゆる人たちと比べて最も機知に富む人たちである」と、根拠もなく断定している。メランコリーは知性的で創造的な才能を伸ばす、と考えられていたのである。

一方でシェークスピアは、ハムレットを黒衣に身を包み、社交を避け、気難しく、陰気で、自殺思考をもった人物として描いていた。このような性格はエリザベス朝におけるメランコリー的人間の概念と完全に一致していた。劇中のハムレットは次のように語る。

「私は最近、理由は全くわからないが、陽気さを失い、運動する習慣も完全に失った。私の心性はあまりにも重く落ち込んでしまった。この素晴らしき「額縁」である大地は、私にとっては不毛な岬にしか見えない。この最も素晴らしき天蓋、我々を見おろし、全てを覆う雄大な屋根であるこの偉大な天空も、金色の炎で私を焼き焦がすのはなぜか？　なぜ自分が見るもの全てが忌み嫌うべき邪悪な妄想の集団にしか見えないのか？」。

『ハムレット』を書いたシェークスピアに影響を与えた可能性が十分にある同時代のいくつかの文献がある。ローレンスの『メランコリー病談義』(*A Discourse of Melancholicke Disease*)がその一つの典型である。この書はメランコリー患者の悲しみと睡眠障害について記述しているが、患者の悲しみには通常特に理由がないと記されている。

一方、もう一つの文献、バートンの『メランコリーの解剖学』(*Anatomy of Melancholy*)には、体液説がまだその中心に残っている。彼の記述には多くの身体的不調、たとえば頭痛、腹痛、動悸の記載があるが、罪悪感についてはほとんど言及していない。彼は友人や近親者との死別に付随する深い悲しみがメランコリーの原因となりうることに気づいていた。しかし彼は、「メランコリーを定義しようとしただけで、たちまち混乱と矛盾に直面する」と愚痴をこぼしている。彼はメランコリーの定義として、以下を選んだ。

「メランコリーとは、時や場合とは明らかな関係がない一種の老年性痴呆である。患者には発熱が認められず、自分の仲間さえも恐怖し、強い悲しみを抱く」。

彼はメランコリー患者を「決して諦めることなく」カウンセリングした。彼は患者が悲惨なほどに重症であったとしても、もしその患者が助けを求めておりさえすれば、治療は困難ではあっても不可

(5) 瀉血《しゃけつ》療法とは、血管を切って血液を抜く治療法で、ガレノスの体液説が信じられていた中世の欧州で数百年間流行したが、一八三〇年代にフランスのピエール・ルイによって有害であることが証明された。第12章参照。

能ではない、と考えていた。神学者の彼は祈ることと「下剤の使用」を推奨した。

一七世紀後半までに、うつ病の説明は、ガレノスの体液説から、化学とメカニズムによる説明に置き換わりつつあった。後者による説明は、世界を機械論的に解釈するニュートン主義的風潮に影響されて、特に一八世紀に流行した。こうして、たとえばウィリアム・ハーベイによる血液循環の発見は、うつ病の原因に関して循環障害に基礎を置く諸学説を生み、次いで大脳の電気的性質を強調する諸理論を生んだ。しかし、治療面ではまだ一七世紀と同様に、ガレノス的な体液説が続いていた――黒いメランコリー体液を排出するために、瀉血、下剤の使用、嘔吐剤の使用が治療法の大半を占めていた。

作家や詩人によるうつ病の記録

一六九一年にティモシー・ロジャース(6)は、彼自身のメランコリー体験を一冊の本に著した。彼にとってそれは、「あらゆる心身の不調の中でも最悪であり、それはどこまでも気が滅入る感じと、罪の意識を帯びた強い恐怖を伴う、筆舌に尽くし難いほど恐ろしい体験であった」と書いている。彼はしばしば自分の魂が神から完全に見捨てられてしまったと感じ、何度も自殺の方法をあれこれ考えた。

一七三三年に英国エディンバラの医者、ジョージ・ケインは、彼自身うつ病経験者であったが、「英国病」について書いた。その中で彼は、主に重症かつ難治性のメランコリー患者たちに言及しながら、英国の中流および上流階級の少なくとも四分の一の人々がこの病気をもっている状況について書いている。

一七七三年には、英国のウイリアム・クーパーは、メランコリーによって落ち込んだとき、それが自分をほとんど乳幼児のように無力にし、彼もまた「神に見捨てられたと感じた」と書いている。ジョン・ダーンは一七世紀にメランコリーを表現して、次のように書いていた。

「神は、極端な悲しみ、圧倒的な憂うつ、精神的衰弱、陰気、喜びの消失とともに、今日の我々の世界にあるほとんど全ての身体的病気が同時に起こるように仕組んで、事態を一層複雑にした」。

メランコリーに対するこのような見方は、一八世紀の後期まで続いたが、その頃医学的認識に変化が生じ、精神的不調を血液や魂の不調として説明するよりもむしろ、大脳の不調と説明するようになった。

様々なタイプの否定的感情は、うつ病に苦しむ人々に共通するごく一般的な特徴である。この状態では、楽しい経験を思い出すことは困難である。ジョン・スチュアート・ミル（訳注：John Stuart Mill：一八〇六－一八七三、英国の政治哲学者、経済思想家、初期科学哲学者）は、彼の自叙伝に、このような否定的思考と、何も楽しめない状態の経験について以下のように記録している。

「このような心の枠組みにあって、私の心の中に、自分自身に対する以下のような直接的な疑

（6）ティモシー・ロジャース（Timothy Rogers：一六五八－一七二八）は、英国の非国教会派の牧師。自身のうつ病の体験を出版した。牧師でありながら神に見放されたと感じる、うつ病の恐怖を描いている。

問が湧いた。『今のこの瞬間に、お前の人生の目的が全て実現するとしたら、すなわちお前が期待している世の中の仕組みや考え方が、全て希望する通りに実現するとしたら、それはお前にとって非常な喜びであり幸せではないのか？』すると、抑制不能な自意識が明確に次のように答えた。『ノー！』。ここに至って私の心は限りなく落ち込んでしまった。これまで私の人生を築いてきた精神の力が今や完全に消えてしまった。私の幸福の全ては、人生の目的を追求し続けることから得られていた。その人生の目的が私を魅了するのを完全にやめてしまった。人生の目的を失った今、単に生きるための手段にいかなる興味を抱くことができようか？　私には生きていくための理由が何も残されていない。最初私は、暗雲がひとりでに過ぎ去るものと思っていたが、そうではなかった。一晩の睡眠も、生活上の些事に没頭することも、何の効果もなかった。目覚めるたびに、その悲惨な事実に改めて気づかされた。私は自分の中にそのような状態を抱えたまま、あらゆる人間関係に入り込み、全ての職務を果たそうとした。しかし、ほんの数分の間さえ、私を悲惨な状態から離れさせる効果があるものは何もなかった。数カ月の間、その暗雲は厚みを増していった。コルリッジが書いた『意気消沈』（*Dejection*）の一節に、――当時私はまだそれを知らなかったが――自分の状態が正確に表現されていた。

休まることのない悲嘆、空虚、暗黒、荒涼。
気が滅入り、息が詰まり、決して去ることのない苦悩。

出口もなく、救いもない。
言葉も、吐息も、涙も、自分を救いはしない。

私は気に入っていた書物や、自分がいつも活力と生気を得てきた過去の高貴な人物や偉大な人物の著作に救いを求めた。しかし、全ては無駄であった」。

うつ病がいかに広く認められる病気であるかを考えると、英国の小説でうつ病を描いたものは少ないように思われる。たとえば、シャルロッテ・ブロンテの著書『ヴィレット』（*Villete*）に登場するルーシー・ショウや、ディケンズの『偉大なる期待』（*Great Expectatons*）のピップはうつ病を患っていたが、両者とも主人公は時に非常に不幸ではあるがうつ病とは程遠い者たちとして描写されていて、むしろうつ病を誤解させる。おそらく、うつ病はあまりにも悲惨な状況なので、多くの作家たちはそれを描写することを避けてきたと思われる。ただし、うつ病を描いた小説の少なさは、何人もの作家が自身のうつ病体験を描写した詩や小説を残していることで埋め合わせがついている。たとえばジェラルド・M・ホプキンスの、うつ病の苦しみについての次の詩には心がかき乱される。

これ以上最悪のものはない。決してない。
過ぎ去った過去は、波のように連なる苦悩。

そしてこれからも、もっと多くの苦痛が
　野蛮な拷問のように、次から次へとやってくる。
慰めてくれる人はどこに行ったのか？
慰めはどこに行ったのか？
我らの母なる聖母マリアさまは、
　あなたの救いはどこへ行ったのか？
私のうめき泣く声はうねりとなり、長い行列となり、
　集まって群れを作る。
苦悩と世界の悲しみは、古い金床の上で、
　苦痛に顔をしかめながら歌う。
「静まれ、すぐに終われ」と。
憤怒が、金切り声を上げる！
こんなに打ち続く苦しみはもう沢山だ！
いっそ私を殺してくれ！
私の命を終わらせてくれ！
おお！　心よ、心には高い山も、滝が懸かる断崖もある。
恐ろしく切り立った、人知れぬ高さの断崖絶壁がある。

願わくば、誰もそこから吊るされることがないことを！
願わくば、ささやかな忍耐力しかもたない我らが、
　　懸崖や深淵で苦しむときが長くは続かないことを！
さあ！　打ちひしがれた人々よ、
旋風の中に慰めを求めて、
這うようにゆっくりと進もうではないか。
命は死で終わり、一日は眠りで終わるのだから。

フランスの詩人ジェラルド・ネイバルは、彼の詩「見捨てられし者」の中に、うつ病が人を盲目にする力を一言で表現するのに、「黒い太陽」という隠喩を用いている。この詩は次のように始まる。

私は鉛のように不機嫌で、
希望を全て失い、悲嘆に暮れている。
アキテーヌの王子は、その塔が打ち砕かれ、
　　孤独の星は死んだ。
私のきらめくリュートは
　　メランコリアの黒い太陽の重さに耐えかねている。

エドガー・アラン・ポー（訳注：Edgar Allan Poe：一八〇九－一八四九、米国の小説家、詩人、評論家。「アッシャー家の崩壊」「黒猫」「モルグ街の殺人」等、幻想的推理小説で有名）が二〇代の中頃に友人に宛てて書いた手紙には、うつ病に通常付きまとう悲惨で苦悩溢れる気分が次のように表現されている。

「今の気分は全く悲惨です。これまで一度も味わったことがない心のうつ状態に苦しんでいます。このメランコリーの影響から逃れようと苦闘しましたが、全く無駄でした。――周囲の状況がおおいに好転したにもかかわらず、まだ惨めな思いをしていると言っても、あなたなら信じてくれるでしょう。男が効果を期待してこのような書き方をすることはないだろう、という単純な理由からあえてこのような書き方をします。私の心はあなたの前に開かれています（もし私の心を読み取っていただくことがあなたにとって価値があるならば、ですが）。どうか私の心を読み取ってください。私は打ちひしがれていて、なぜこのような状態にあるのか、その理由がわかりません。私に力を与えてください。――なぜなら、あなたにはそれができるからです。でも、助けていただけるならどうか急いでください――さもないと手遅れになるでしょう。すぐに返事をください。そして私に何らかの価値があると言ってください。とにかく生きていくべきだと説得してください。そしてあなたが私の真の友人であることを証明してください。私が何をするのが正しいか、説得してください。あなたはこの手紙を冗談で書いていると思うかもしれませんが、そうではありません。どうか私を哀れに思ってください。なぜなら自分が書いていることは支離滅裂だからです。――しかし私は回復するでしょう。長く続けば（間違いなく）私を破滅させてしまうような、酷い心のうつ状態に苦しんでいることを、あなたにはわかっていただけるはずです」。

同時代の神経科学者、ジョージ・グレーが別の報告をしている。彼は五〇代に重症のうつ病を患い、その病気の一部始終を記録している。彼は「楽しい出来事を思い描くこと」を、「精神的な身づくろい行動」と呼んでいるが、うつ病を「将来の楽しい出来事を思い描くことが絶対にできない状態」、と表現し、以下のように書いている。

「病気の始まりでは、身体的な具合の悪さを感じ、日が経つにつれて精神的身づくろい行動が減っていく。最初は楽観性が優っていて、今は気分が悪くてどうにもならないが、明日になれば気分は良くなるだろうと考える。しかしその明日がやってくると気分はさらに少しだけ悪くなっていて、前日の楽観的考え方には根拠がなかったことを思い知らされる。楽観性ゆえの、この「学んだことを意識的に忘れること」の繰り返しは、何百回も、何千回も繰り返され、ついには全ての楽観的考え方が完全に枯渇する。なぜなら患者は、未来には恐ろしい苦しみ以外に何もないことを（正しく）学習するからである。精神的身づくろい行動をすることは全くなくなり、毎日毎日の一〇〇〇と一回もの出来事が、抱いていた悲観的考えが正しかったことを繰り返し証明する。その結果は、完全な精神的破綻である」。

重症のうつ病については、それを経験した者でなければ、事実上表現不可能であるが、それでも前記のいくつかの記述は、うつ病を患うということが何を意味するかを、ほんの少しではあるが表現しているかもしれない。

ただし前記のような描写は、本質的にうつ病の西洋的見方であって、うつ病が他の文化でどのように経験されているかについては、少しも手がかりを与えてはいない。うつ病は文化が異なればそれぞれの文化で様々に経験されているかもしれない。たとえば文化によっては頭痛や腹痛のような身体症状として感じることが一般的であるかもしれない。このような相違点は、うつ病が全ての文化において共通の特徴をもっているのか、そしてうつ病が果たして単一の病気なのか、という問題を提起することになる。

うつ病患者に付き添う人々

うつ病の経験に関して、最も大きな重要性をもちながら、しばしば無視されるもう一つの側面がある。それは、うつ病患者に付き添う人々に対するうつ病の影響である。彼らが被る苦難についての記録はほとんどない。彼らにとって、その病人のうつ病の明らかな原因が理解できない場合は特にそうであるが、たとえば彼らの連れ合いが、なぜそのような悲惨な状態に置かれていなければならないのかを理解することはしばしば非常に困難である。結局我々はみな、うつ病患者との関係でいろいろな難しい問題に直面したとき、単にうつ病患者が十分に努力をしていないように見えることがあるかもしれない。しかし、うつ病患者を無理やりうつ病の外に押し出そうとすること、すなわちうつ病からさっさと抜け出すように彼らを説得することには効果がない。また結婚は、他のごく親密な人間関係と同様に、うつ病を予防することに役立つかもしれない。しかしその一方で、どんなに緊密で親しい人間関係であっても、うつ病が大きな緊張を強いることもありうる。夫婦間の衝突や配偶者による支えがなくなることは、しばしば状況を悪化させる。さらに、うつ病患者と生活を共にすることが、配偶者を激怒させる可能性もあり、多くの場合、この状況を扱うために、心理学的な援助を求める必要が生じるかもしれない。

ある実験的研究において、健康な被験者が自分の知らないうつ病の患者と電話で話すように求められた。後で被験者にそのときの会話についての感想を聞いたところ、彼らの報告は非常に否定的なものであった。別の研究では、うつ病患者は、接触する相手に対して悪影響を与えることが確認された。うつ病患者が権力の座にあるときは、彼らは権力を不当に行使する傾向があり、非協力的になることもある。反対に権力をもたない人々には、他人を非難する傾向がある。

私自身がうつ病を体験するよりもだいぶ前に、研究室で一人の助手を一時雇用のかたちで採用したときのことを、若干の罪悪感とともに思い出す。彼女は非常に有能であったが、重度のうつ病との境界にあった。彼女が実験室でグループの他の人たちに非常に悪い影響を与えたため、彼女と共同で働くことはおろか、彼女の近くで働くことでさえ、大きな困難が生じた。そこで私は彼女を雇い続けることを断念せざるをえなかった。このように、うつ病患者が経験する体験はうつ病の深刻な性質を明らかに物語っている。

次章では、医療の視点からうつ病をどのようにして診断できるかに話題を移すことにしよう。

第2章　うつ病の定義と診断

うつ病に関連する用語

うつ病は果たして病気なのだろうか？　ほとんどの人間にとって、心臓病やがんについて考えるのと同じような方法で精神疾患を考えることは容易なことではない。それが困難な理由の一つは、我々の思考が、正常な思考であれ異常な思考であれ、全て生物学的な基礎をもっていて、我々の脳の神経細胞の活動の結果であることを常に忘れないでいることが難しいことによる。病気は複数の症候や兆候の組み合わせとして認識されるが、これらの症候群は病気が生み出したものである。うつ病を定義することは極めて難しいことなので、生物学的原因と心理学的原因の区別の重要性を常に心に留めておくことが重要である。

うつ病は気分障害に分類されるが、これは「がん」が細胞の障害であるといえるのと少し似ている（この比喩は細胞について知っている人には役立つかもしれない）。しかし、そもそも「気分」とは何であろうか。「気分」とは何かを理解するための一つの方法は、「気分とは時間的にやや長期間維持される感情の状態である」とみなすことである。ヒトのほとんどの感情は、外部の現象によってヒトの内部に生じる「短期的な感情」である。これに対し「気分」は、特にうつ病などの気分障害における気分は、何カ月にもわたって続く「長期的な感情」を意味している。

気分障害を表すもう一つの用語は「情緒障害」である。気分障害と情緒障害は同じ意味で用いられる。恐怖や悲哀といった感情は、情緒的感情（affective emotions）、すなわち比較的長く続く感情とみなされる。悲しみや落ち込みのような感情は全ての文化に共通している。これらの感情が障害された場合に限って、我々はそれを病気と考える。すなわち、病気を特徴づけるものとして、何らかの病理学的状態がある。うつ病を理解するためには、感情の心理学的および生物学的基礎を理解することが不可欠である。

西欧社会におけるうつ病およびメランコリアの医学的概念は、過去二〇〇〇年の間にかなり変化してきた。これら二つの用語は、時代によって、病名としてだけでなく、気分、気質、あるいは短期間継続する感情を指しても用いられてきた。通常メランコリアと呼ばれていた精神状態の研究の流れの中で、うつ病（depression）という用語が使われはじめたのは、ようやく一八世紀になってからであった。メランコリアという用語は、現代の我々が用いるうつ病、あるいは精神病の概念と比べて、より広い感情の状態を指して用いられてきた。

アメリカ精神医学の父とも呼ばれているベンジャミン・ラスク（Benjamin Rusk：一七四五－一八一三）は、脳の血管の不調が精神病の原因であると考えた。それでも彼の治療法は極端にガレノス派的であった――彼は治療に瀉血療法、嘔吐剤の使用、食餌制限を用いていた。一九世紀の初期までは、我々が今日大うつ病と呼ぶ状態は歴史的にはメランコリアとは診断されず、むしろ心気症あるいは心身症[1]とみなされるか、あるいは他の精神疾患とみなされてきた。そして、メランコリアは長い間、心気症と関連づけて考えられてきた。

古代ギリシャ時代には、メランコリアは胸焼けと胃の痛みを伴う胃の不快感を指して用いられた。ロバート・バートンはメランコリアの諸症状を、「特有のおくび（げっぷ）……腸の発熱……腹痛……理由のない全身の発汗」と表現している。

一九世紀末までに、心気症といえば、「身体の健康と機能に対する病的な不安症を特徴とする状態」とみなされるようになった。今日では、心気症をうつ病と関係づけるのは、うつ病が身体症状化（精神的不調が明白な身体症状として表現されること）した場合に限るとする考え方が合理的とされている。この状態は神経衰弱（neurasthenia）とも呼ばれる。この「身体症状化」は、個人の疲労困憊状態を表現するための隠喩としても用いられてきた。

（1）「心気症」は、体の不調を悪い方向へ過大評価してしまう疾患をいう。たとえばこの患者は、ちょっとした腹痛でも「がんに違いない」という妄想を抱き、何軒も病院をまわったりする。一方「心身症」は、うつ病の身体的表現をいう。たとえば胃潰瘍などの身体的な病気が現実にあり、それが心理的・社会的な原因によるものだと認められる場合をいう。

うつ病という用語の登場

うつ病（depression）という用語が精神的活動の低下を特徴とする精神的不調を意味する用語として登場したのは一九世紀である。一八六〇年までに、「うつ病」は「病気の患者に起こる精神状態の低下」として医学辞書に収録された。この用語は恐らく、うつ病を生理学的に説明できる可能性を示唆するとともに、それまでの説明よりも科学的に聞こえるため、医学専門家によって好んで使用されたと考えられる。クラフト・エビングの『精神医学テキストブック』（*Textbook of Psychiatry*）（1879）は、脳精神系器官の異常に起因するメランコリアについて記述しているが、その原因は栄養の偏りであるとしている。

一九世紀の終わりまでに、うつ病は医学的には「精神的活動の低下、勇気もしくは率先力の欠乏、および陰気な考え方を特徴とする精神状態」、または「合理的に説明できない悲哀感を伴う精神的抑うつ状態」と定義されている。

二〇世紀の初頭にエミール・クレペリンは、有名な教科書『臨床精神医学』（*Clinical Psychiatry*）を著すことによってうつ病に関する考え方に大きな影響を与えた。その著書の中で彼は、うつ病に「躁うつ病」と「躁状態のないうつ病」を含めている。後者の「単極性うつ病」には軽症のうつ病と重症のうつ病が含まれ、前者の「双極性うつ病」は躁病の期間を含んでいるものを指す。本書で扱うのは主として「単極性うつ病」であるが、躁うつ病の存在を認めることは重要である。というのは、「躁」と「うつ」が全く異なる疾患であるにもかかわらず、躁うつ病では同一の患者に両方の症状がともに現れるからである。こうした重要な分類を提案したにもかかわらず、クレペリンが提案した治療法は、安静療法の域を出なかった。彼は患者をその「いらいらの対象となっている人々」から遠ざけ、当分の間ベッドから出ないようにと助言した。友人との交際や観光のような気晴らしは有害であり、避けるように、とも言っている。

二〇世紀前半の米国における著名な精神分析家のアドルフ・マイヤー（訳注：Adolf Meyer；一八六六－一九五〇、元アメリカ精神医学会会長）は、うつ病の治療が適切でないことが、患者に誤った心理学的反応を引き起こすことの影響の大きさを強調した。彼はうつ病の治療とは「患者に提供するサービス」であって、医者が患者に安心感を与えること、および患者の個人的状況に関するよき理解者となることがとりわけ重要であると考えていた。

二〇世紀最初の三分の一の間に、種々のタイプのうつ病の診断と分類、およびそれらと躁病との関係に関し多くの評論が発表され、議論が行われた。たとえば、退行期（初老期）のメランコリアには、定型的抑うつ症状、恐怖、罪の意識、思考の混乱、といった特徴がある。ポール・モビウスの影響を残し、うつ病は内因性うつ病と外因性うつ病に区別された。すなわち、前者は遺伝的欠陥を反映するとされ、後者は生活上の種々の事象に対する反応に起因するとされた。[2]

もう一つの大きな影響力をもった考え方は、ジークムント・フロイトによる、メランコリー[3]と「喪失体験の後の悲嘆」との関係に関する議論であった。彼はメランコリーが何らかのかたちで患者の「対象喪失」に起因するという考え方を示唆した。

すなわちフロイトは、「何らかの意識外の対象を失うことが、何らかの内的喪失をもたらし、これが悲嘆の原因となってメランコリーを発症する」と示唆した。

筆者はこれら初期の研究者たちがうつ病を扱った際の困難さに対して同情してしまう。当時は彼らがうつ病を理解し、治療するための拠り所となる、心や脳に関する科学的な基礎が全くなかったからである。我々は、ほとんどの肉体的な病気に対する科学的な理解が一九世紀の終わり頃にはじまり、科学の応用が患者のために役立ちはじめたのはやっと二〇世紀最初の三分の一が過ぎた頃からという、ごく最近になってからであることを理解し、この事実を謙虚に受け入れなければならない。

うつ病の診断はなぜ難しいか

今日でも、うつ病の診断は難しいが、それは患者があまりにも多様な症状を報告する可能性があるためである。細菌感染の検査や、矛盾のない一定の症状を示す病気、たとえば麻疹やおたふくかぜのような病気の場合には、診断を確定させるための信頼性の高い検査方法がある。しかし、うつ病に関してはそのような検査方法は存在していない。正常な気分の揺れがうつ病に転化する時点を知ることは困難である。うつ状態の様々な様相が連続体をなしていて、異なる診断は単に病変の重症度を反映しているだけなのだろうか？　言い換えれば、様々なうつ病の様相は、一つの統一された「うつ病」という病気の個別の症状を反映しているのだろうか？　たとえば、「精神病性うつ病」と「神経症性うつ病」の区別は、長年にわたって単に重症か軽症かの違いとほとんど差がなかったが、現在では、妄想や幻覚を伴う重症のうつ病だけが精神病性うつ病と呼ばれている。

もう一つの、曖昧さが増してはいるが依然として広く使われている分類は、「内因性うつ病」と「外因性（反応性）うつ病」の区別である。後者では否定的な心理学的影響をもたらす日常の些細な出来事が原因でうつ病が発症するとされる。内因性うつ病は主に生物学的原因から起こるとされる。

西欧社会において、うつ病患者が精神科医に訴える主な症状は、自分は全く無価値であるという確信と、絶望の感情であり、同時に、しばしば自殺願望が含まれる。このような心理的な訴えが一般的である一方、うつ病はしばしば頭痛、胃の不快感、および心拍数の増加などの身体的な症状も伴って

（2）ジークムント・フロイト（Sigmund Freud：一八五六－一九三九）はオーストリアの精神病理学者、精神分析学者、精神科医。精神分析学の創始者。ユダヤ人であったため大学教授になれず、精神科医として開業しながらヒステリーやうつ病の精神病理学的研究を続け、精神分析理論を創始した。人間の無意識が感情や思考に大きく影響することに注目した彼の理論は、実験的裏づけが乏しく、現在では彼の古典的理論をそのまま受け入れる者は少ないが、彼の思想は当時の思想に大きな影響を与え、多くの弟子が彼のもとで学び、オリジナルのフロイト理論を改良し発展させた。第8章で詳しく述べるボウルビィやベック、心理学者のユングはフロイト理論の部分的否定者であると同時に発展者でもある。なお、「フロイド」は英語読みで、「フロイト」が正しい。

（3）英語には melancholia（メランコリア）と melancholy（メランコリー）というよく似た単語がある。本章ではここまで「メランコリア」が使われてきて、ここから「メランコリー」が使われているが、原著者はこれらの用語を使い分けている。メランコリアは古代ギリシャ語由来の名詞で、病名のニュアンスが強く、現代用語のうつ病（depression）に近い。一方、メランコリーは、病名としても使われるが、むしろうつ気分やうつ状態を含む広いニュアンスで用いられることが多い。

いる。患者によっては、些細な日常的動作をするだけでも大変な努力を必要とし、場合によっては動くことさえ困難になる場合がある。

また、うつ病患者には特有の容貌がある。患者の顔は悲しげであり、眼尻と口角が下がり、しばしば泣き顔を呈する。概して顔は悲嘆に暮れた状態で凍りついたように見える。患者は、自分自身が無価値であり、絶望していると語り、しばしば自分が現在の状態に陥ったことに対し自身を責め続ける、という全く非現実的な考えに凝り固まっている。重症例では、時に妄想や幻覚が生じることもある。妄想の例として患者は、はるか遠いところで起きた災害について自分に責任があると信じ込むことがある。うつ病患者たちが自分の精神が狂いつつあると感じることも、ごく一般的である。彼らは助けを求め、運命を嘆くが、何をもってしても彼らを満足させることは不可能である。

うつ病患者の一般的印象は、ひきこもりがちで受動的なことであるが、彼らが常に受動的だと思い込むのはよくある誤解である。なぜなら、患者たちは、実生活上でも、しばしば容易に、怒り、敵意、怒りっぽさなどを示すからである。ある研究によれば、外来のうつ病患者のグループの約三分の一に、心拍数の増加、発汗、および顔面紅潮を伴う突然の怒りの発作が認められた。そのような怒りの発作は、不安症状が強いうつ病との間に特に高い相関が認められた。

うつ病の診断基準とその問題点

うつ病の診断は必ずしも直接的であるとは限らない。症状が多彩であるうえに、信頼できる客観的検査法が存在しないからである。診断は精神科医による患者のインタビューに基づいて行われる。インタビューにより、医学的および精神医学的病歴と、それらの症状の十分なリストが得られる。これらのリストは、診断の標準と比較されるが、その標準は、その時代の精神医学の諸学会に属する精神科医たちが一般的に同意したものである。うつ病の診断のために使われる非常に有力な文献は、『精神疾患の診断と統計マニュアル（第４版）』（*Diagnostic and Statistical Manual of Mental Disorders* （*Fourth Edition*））であり、これは通常、「ＤＳＭ-Ⅳ」と呼ばれる。[4] この書物は、米国精神医学会によって作成されたもので、メンタルヘルスに関する信頼できる情報の最も広範な集積を構築することを目的として、多くのグループが参加して作成された。それは、臨床、教育および研究の場で使用するための精神障害の分類を提供している。初期のいくつかの版は、精神分析学的考え方の影響を強く受けていたが、最新版ではこの偏向はほぼ完全に消失している。また著者たちは、この分類基準が現在のコンセンサスを反映したガイドラインであり、異なる民族や文化的背景をもつ患者に適用する場

（４）原著が書かれたとき、最新のＤＳＭは第４版であったが、二〇一三年五月に一九年ぶりの改訂があり、最新版はＤＳＭ-５である（ＤＳＭの版数は第４版まではそれぞれＤＳＭ-Ⅰ、Ⅱ、Ⅲ、Ⅳと略称されたが、第５版の略称はＤＳＭ-５である）。ただし、うつ病の定義と診断基準は難しく、ＤＳＭ-５の定義も完璧とはいえない。ＤＳＭ-５の日本語訳『ＤＳＭ-５ 精神疾患の分類と診断の手引』は二〇一四年一〇月に出版された。ＤＳＭ-Ⅳからの主な変更点は、たとえば、「自閉症スペクトラム障害（autism spectrum disorder）」という概念が導入されたことである（https://h-navi.jp/column/article/35026307 閲覧日2018年６月10日）。

合は、特に慎重に使用すべきであると強調している。うつ病の分類に使用されるもう一つの主要な根拠は通常ＩＣＤ-10[5]と呼ばれる、世界保健機関（ＷＨＯ）による「病気の国際的分類」である。

ＤＳＭ-Ⅳには様々な異なるタイプのうつ病の分類が記載されているが、この分類法は特定のうつ病と診断するために必須とされる症状のカウント数による分類である。精神科医たちは、症状のチェックリストを参照して、患者を特定のカテゴリーに分類することができる。ＤＳＭ-Ⅳによれば、大うつ病（major depression）の発症と診断するために必須の特徴は、「ほぼすべての活動において、抑うつ気分と興味や喜びの消失が少なくとも二週間継続していること」であり、これに加えて、その二週間の間に、以下の九種類の症状のうちの少なくとも五種類以上が存在している必要がある。

・一日の大半を占める抑うつ気分
・興味や喜びの減少
・明白な体重減少または増加
・不眠または過睡眠
・身体運動のコントロールの低下
・疲労
・自分は無価値であると考える、あるいは罪悪感を抱く
・思考や集中の困難
・死や自殺を考える

大うつ病性障害と、重症度は低いけれど長期間継続する抑うつ状態（気分変調性障害とも呼ばれる）との間の境界線は、うまく定義されたとはとてもいえない。気分の落ち込みからはじまり、軽度のうつ病を経て大うつ病に至るラインは、なめらかとはいえない連続体を形成すると考えられており、医師は患者の状態が、この連続体に沿って、そのどこに位置するかを決定しなければならない。ただし、大うつ病は種類にしても程度にしても、他の種類のうつ病とは明確に異なるものとして区別が可能である。

気分変調性障害に対しては、少なくとも二週間にわたり、ほとんどの日に抑うつ気分が認められることと、その二週間の間に、以下の六種類の症状のうちの少なくとも二種類が認められることが必要である。

・食欲不振または過食
・睡眠困難、または過睡眠
・疲労、またはエネルギーの減少
・自己の価値を低く評価する傾向
・集中困難、あるいは決断できないこと
・絶望感

（5）ＩＣＤ-10は主として政府機関で使用され、医療現場では主としてＤＳＭ-Ⅳ（ＤＳＭ-5）が使用される。

一方、世界保健機関（WHO）によって定められた疾病分類（ICD-10）の基準では、用語「大うつ病」（major depression）を使用せず、その代わりに「抑うつ性障害」（depressive disorder）あるいは「再発性抑うつ性障害」（recurrent depressive disorder）を使用する。軽度の障害は四種類、中等度は六種類、重症では八種類以上の抑うつ症状の存在を必要とする。DSM-ⅣとICD-10の二種類の分類法は、単に症状を列挙したものと大差ないものであるが、両基準で必須とされる症状数が異なることから、うつ病を診断することだけでなく、重症と軽症のうつ病を区別することでさえ、普遍的に受け入れられる基準がないことを示している。

頻繁に使用される有用な基準の一つは、一次障害と二次障害の区別である。各患者の診察時の症状が同じように見えても、経過と必要な治療が異なる場合があるという証拠もある。一次障害とは、主要な障害がはじめて発生した場合、および相対的に正常な期間の後に再発した状態を指す。一方、二次障害とは、他の精神病あるいは精神障害の既往歴をもつ場合をいう。この場合は通常、症状が慢性的であり、軽快する時期や、ほとんど正常に回復する時期がない場合もありうる。関連する他の病気は患者により様々であり、患者は精神科医に、一次うつ病の症状を見せる場合もあれば、たとえば、脳損傷、統合失調症、アルコール中毒や薬物乱用と関連した、二次症状としてのうつ病を示す場合もある。

全てのうつ病患者たちにごく普通に認められる症状に、否定的思考、絶望感、物事がよりよい方向に進むことは決してないという強い確信、および強度の不安があるが、これらがDSM-Ⅳの大うつ病の診断に必須な症状として含まれていないことは驚くべきことである。また、不安は抑うつ性障害の特性としてはリストにあげられておらず、不安障害は全く別個のカテゴリーで扱われている。

これに対し、「単一モデル」という一つの提案がなされていて、不安と抑うつは同じ障害の異なる表現形であると示唆されている。単一モデルでは、障害が進行するにつれて、異なる時期に一方が他方よりも優勢になると考えられており、通常は重度の不安が重度のうつ病に先行するとされている。

不安と抑うつは、しばしば重なって現れるが、それにもかかわらず、両者はおそらく別個の疾患であるという証拠がある。たとえば、不安障害患者は、うつ病患者よりもより頻繁に社会的な不安と社会的不適応を訴える傾向があり、また、自分自身を社交下手な人間であると説明し、批判に対してより敏感である。「全般性不安障害」（generalized anxiety disorder）に分類された患者たちは、多くのイベントや活動に対して過剰な不安を抱き、思い悩まずにいることが困難である。不安障害は常に睡眠障害、集中困難、および疲れやすさを伴っている。不安障害患者たちが心配の対象とするお金や子どもたちや失業の懸念などといった問題に対して抱く不安は、健康な人たちがこれらに対して抱く不安と比較すれば、常に桁外れに大きい。

うつ病の多様性

大うつ病（あるいは重度のうつ病）と、軽度の抑うつ状態（あるいは気分変調性障害）の二種は、診断の中核となる代表的診断名である。しかし、これら二種の障害と、重要な特徴に関して類似した同族の疾患が各種存在しており、これらはそれぞれの特徴的な相違点によって鑑別診断される。「指定子」（specifier）という用語は、同じファミリーに属する異なるメンバーを区別するために使用される特性をいう。このような同族メンバーには、激越性うつ病（agitated depression）、非定型うつ病、あるいはコカインの退薬や過剰な薬物療法のような、薬物乱用の影響によるうつ病が含まれる。DSM-Ⅳにおける気分障害のカテゴリーはこのように広く、「他には分類できないうつ病」、たとえば、出産後（産後）うつ病、喪失体験後のうつ病、季節性うつ病（季節性情動障害）なども含まれている。

子どもの誕生後間もない女性に発症する「産後うつ病」は、特徴が大うつ病性障害と共通しており、母親はかなりの頻度で新生児に関する妄想を抱く。その妄想には、新生児が悪魔の子であるとか、特別な力をもっているとか、あるいは恐ろしい運命を背負っている、といったものがある。妄想が原因で母親が新生児に暴力を振るおうとする場合さえある。そのような女性はしばしば、自分も周囲の全ての人たちも幸せになるべきときに、そのような恐ろしい気持ちを抱くことに対して強い罪悪感を抱く。

気分障害の中には、死別に対する異常な反応がある。正常な反応は通常、悲しみが数カ月間続いた後、特に治療しなくても着実に改善する。しかし、悲嘆症患者はしばしば異常に感情的であり、うつ病を発症した場合に経験するのと同様の症状、たとえば悲嘆、不眠、食欲不振などの症状を発症し、このような症状が二カ月以上も続く。罪悪感、幻覚、あるいは運動機能障害のような症状を伴う場合を除き、大うつ病と診断されることはない。

季節性情動障害（ＳＡＤ）には、一年のうちの特定の季節に限って情動障害の再発を繰り返す特徴がある。たとえば冬季情動障害は、冬季に再発を繰り返す。冬季情動障害の発症は、日光の減少が関連していると考えられている。季節性情動障害の特徴は、活力の低下、過睡眠、および炭水化物への異常な食欲増進を伴い、当然の結果として体重が増加する。

心気症とは、がんなど一つ以上の重大な進行性の病気にかかっているかもしれないと思い続ける状態である。ＤＳＭ-Ⅳではこの病気はうつ病とは全く異なる分類がなされている。心気症患者は、自分の健康に対する心配をいつも抱き続け、心臓の拍動が少し欠滞したといった、ありふれた現象に対してさえ、強い不安を抱く。症状の原因となるような器質性疾患がないことが再確認されても、状況は少しも改善されない。このような状況は、うつ病患者ではかなり一般的に認められる。心気症のように見える状態が本当にうつ病の症状であるかどうかを決定することはしばしば困難であるが、心気症患者が大うつ病である確率は、心気症でない場合の一〇倍高いことが知られている。

うつ病の身体化

いくつかの文化では、うつ病の症状に関して、心理的な「痛み」とは異なる、身体的問題に注意を向ける傾向が強く認められる。一部の者は単純に、「心気症はうつ病の身体症状化である」と考えている。非西洋社会では、精神疾患に付きまとう汚名や恥の感覚が強いために、うつ病の身体症状化が強調される傾向が強く認められる。その一方、西洋社会においては概して、身体症状化したうつ病の存在は過少に報告されてきた。事実、うつ病の診断を行う診療所を訪れた千人の患者を対象としたある研究では、三分の二以上の患者で器質的疾患が全く検出されなかった。一般開業医[6]に診てもらおうとする主な理由が身体的な苦痛であるにもかかわらず、最も一般的な診断は「器質性障害が全くない」という診断である。

しかし、器質的疾患によって引き起こされる症状と、心気症による症状との違いを見分けることは、誰にとっても非常に困難であることを認識しなければならない。身体的な症状の背後にうつ病が隠れていないか、それとも本物の症状、すなわち臓器の病理的変化が原因となって症状が現れているのかを確実に見分けることが重要である。フロイトによってあれほど有名になった代償性の障害、たとえば、感情的な葛藤が失明、難聴、麻痺といった症状に変換される現象が今日では非常に稀になったことは奇妙な事実である。一つの可能性として、フロイトが報告した「代償性」の症例の多くは、実際に身体的障害が存在していたのではないかと考えられる。

また、疲労は長い間うつ病の症状の一つとみなされてきたが、それが慢性疲労症候群（ＣＦＳ）と関係している証拠がある。他の身体的慢性疾患の患者と比べ、うつ病は、慢性疲労症の人々により高頻度で認められ、その症状の予後はより悪い。実際、慢性疲労患者で、うつ病の兆候を示さない者はほんの一部に過ぎないために、慢性疲労症候群をうつ病と区別することはしばしば困難である。さらに慢性疲労症候群の性質に関して、これまで多くの論争があった。慢性疲労の定義は、「許容レベル以上の重症の疲労が六カ月以上続いており、身体的な病気では説明できない場合」である。疲労はうつ病の重要な一症状であり、実際それはほとんど常にうつ病の最も一般的な五つの症状のうちの一つに含まれる。これまで、慢性疲労症候群とうつ病という二つの状態が、どの程度類似しているのか、あるいは両者は全く同一の病気の二つの症状なのかが問題とされてきた。慢性疲労患者は、彼らの障害が心理的な要因に基づくということを、しばしば全く受け入れようとしないが、慢性疲労患者は、うつ病の診断基準に照らせば、最も頻繁に高得点を獲得することがいくつかの研究からわかっている。

小児期および青年期のうつ病

前記の全ての診断基準は、最初は成人用として開発されたものであるが、小児期および青年期のうつ病は、ほとんどの親や学校が考えている以上に高頻度に発生している。複数の研究に共通する結論として、今や三歳の幼児ですら大うつ病を発症することがわかっている。このような子どもたちは慢性的な悲しみを示すが、うつ病と診断するためには、慢性的な悲しみ、および喜びがないことが少なくとも二週間以上、毎日認められることを示す必要がある。しかし、それだけではまだ不十分である。成人の場合と同様、リストにあげられた他の徴候、すなわち、異常な思考、または罪悪感、無力感、

(6)　英国では公的医療はフリーアクセスではなく、機能分担が徹底されており、市民は最初に、自ら登録した一般開業医（General Practitioner：GP、総合診療医ともいう）を受診しなければならない。GPはゲートキーパー役も担っており、救急などの場合を除いて担当GPの許可なく上位医療機関を受診することはできない。GPの手に余るような場合に限り、GPの紹介で大学等の専門医を受診できる。

睡眠パターンの変化、食欲の変化、興味やエネルギーの消失、集中度の低下、のうち、少なくとも四つの徴候が存在していなければならない。家庭、学校または友人との間で最近経験したトラブルの後で発生する可能性がある軽度の気分障害と、大うつ病を区別することは必ずしも常に容易とは限らない。子どもが涙ぐみがちで、塞ぎこんでいたとしても、うつ症状が十分には認められない場合もある。うつ病の徴候と各徴候の強さは子どもたちの年齢や性によって異なるかもしれない。たとえば、五歳から一二歳の間の子どもたちは、一二歳から一六歳の間の子どもたちよりも、悲しみや興奮や睡眠の乱れを余計に示す傾向がある。一方、一二歳から一六歳の間の子どもたちは、感情の落ち込み、絶望、および学校の成績の低下と関係する集中力の低下をより多く訴える傾向がある。「死にたいと思ったことがありますか」と聞かれると、両方のグループは、いずれも「はい」と答える者が多いが、青年と異なり、子どもたちが自殺することはめったにない。

うつ病の自然治癒と再発

大うつ病の前兆となる徴候は通常、数日から数週間かけて徐々に明瞭になる。それらの徴候には不安や他の典型的な大うつ病の徴候が含まれるが、それらの程度は軽度である。一旦大うつ病が確立すると、もし治療しないでおくと、典型的な場合は通常、六カ月あるいはそれ以上症状が続く。発症年齢の平均は二〇代の半ばであるが、症状の継続期間は患者の年齢には関係しない。大部分の症例では完全に正常な状態への回復が認められるので、この六カ月という期間は患者にとっては拷問に等しい苦しい期間ではあるが、うつ病の症状（エピソード）は時がくれば自然に終わる性質をもっている。

米国でも日本でも、大うつ病患者の四分の三以上は医師による治療を受けないが、その理由は主として彼らが医者にかかろうとしないからである。ただし、少数の患者では、大うつ病の症状は二年間、あるいはそれ以上続き、慢性うつ病と診断される。約四分の一の患者では、軽度のうつ状態が何年も続くことがある。大うつ病を経験したことがある患者の約半分は、もう一度再発を経験する。しかも再発は一回では終わらない可能性が高く、三回の再発を繰り返した患者が四回目の再発を経験する確率は約九〇パーセントの高さである。

うつ病の重症度の判定とその限界

うつ病の重症度を評価するためのツールに、患者記入式の各種の調査票がある。この調査票は、一定の人口中のうつ病の発症率と、特定の治療法の成功率を評価するために使用される。広く使用されている調査票に「ベックのうつ病評価表」（インベントリー）がある。これは、たとえば将来に関する思い、悲しみ、睡眠のパターン、セックスに関する興味、自殺願望など、二一項目のそれぞれに対し複数の文章を含む質問があり、患者はその前の週の自分の感情を最もよく説明する文章を一つ選択するように求められる。例として、「悲しみ」と「労働」に関する文章群を以下に示す。

悲しみ

0　私は悲しくない。

1　私は悲しい。
2　私はいつも悲しい。
3　私はあまりにも悲しく、あるいは不幸で、片時もそれらの思いから離れられない。

労働

0　私は以前と同じように働くことができる。
1　私は何かを始めるとき、従来よりも余計な努力を必要とする。
2　私は何かをするとき、懸命に努力する必要がある。
3　私は全く働くことができない。

このような文章群が全部で二一あり、各文章には右の例のように0から3までの数字のスコアが付いていて、最後にこれらを合計して、スコア一六以上が抑うつ性障害があることの指標であり、三〇から六三が重症のうつ病の指標である。

うつ病の分類の目的で広く用いられている、もう一つの尺度に、ハミルトンの基準がある。これは質問者が患者の思いや感情について質問し、回答をランクづけする。質問には、抑うつ的感情だけでなく、不安に関連した質問も含まれている。たとえば患者は、最近、次のいずれかに苦しんでいるか尋ねられる。――振戦、震え、過度の発汗、窒息感または窒息、息切れ発作、めまい、動悸、失神、頭痛、首の背部の痛み、胃の運動亢進あるいは締めつけ感。回答は0から4のスコアで評価され、0は無症状、4は重症を意味する。スコアの合計がうつ病の尺度として使用される。以下に例を示す。

うつ病

これから私はあなたが先月中、どのような気分でいたかをお聞きしたいと思います。あなたは普通の陽気さで過ごせましたか、それとも最近、落ち込んでいる、あるいは元気がない、と感じていましたか？　その気持ちをどのように説明できますか？　気難しい？　落ち込んでいる？　落胆？　悲しい？　どのくらいの頻度で感じますか？　その気分は訪れたり去ったりしますか？　誰か他の人と一緒にいれば気が楽になりますか？　どのくらいの長さ続きますか？　泣きたくなりましたか？　泣けば楽になりますか？　涙も出ないほど悲しいですか？　耐えがたいほど気分が悪いですか？　非常に強い苦痛を感じますか？

０＝存在しないか、または非常に軽度、または時折。患者の気分は正常だったときの感情と比べ、特に悪くない。

１＝軽度。不機嫌な感情が続く、気分の落ち込み、落胆、または類似の状態として記述できる。時折はより強い感情。親しい人と一緒にいれば楽になる。仕事ができる。

２＝中等度。うつ状態が続く、または繰り返す。ふさぎ込む。しばしば泣きたくなり、時折泣くことがある。親しい人と一緒にいてもほとんど楽にならない。

３＝顕著。２より強烈な感情が目覚めている間は一日中続く。頻繁に涙することがある。

４＝重度。深刻な感情が続く。その感情は通常以下のように表現される。涙も出ないほどの、苦痛に満ちた、救いようのない、極端に深刻な、耐え難いほどの、苦しみ悶えるような、終わりのない、など。

罪

あなたは自分自身を低く評価したことがありますか？　過去、あるいは最近の自分の行動に対して、自分自身を責めたことがありますか？　あなたは物事に関して自分に罪があると感じたことがありますか？　あなたは友人たちやご家族を失望させてきたと感じたことがありますか？　あなたは自分の病気に責任があると感じたことがありますか？　どのように責任がありますか？　少しだけですか、たくさんですか？　あなたの状態は自分の行いに対する罰であると感じますか？

0＝存在しないか、または穏やかな気持ち。

1＝軽度。自己に対する低い評価。自分の状態が今ほど悪くなかった過去の行動に対する持続的な後悔の念。

2＝中等度。評価者の判断によれば病的な、より強烈な、あるいはより広範な罪の意識、あるいは自己非難。

3＝重度。患者という一個の存在を構成する様々な側面に対する広範な自己非難、罪悪感、または自身を無価値と思う感情。これは、多くの場合、病気は過去の自分の悪行に対する罰であるという感情につながる。

4＝罪の妄想。確信的で修正不能な病的罪悪感。罪悪感を強調する声の幻聴を伴う場合もある。

もちろん、このような調査票や質問の一覧表には、それぞれの限界がある。なぜなら、それらの質問と回答の両方が、患者の感情や反応を単純化するからである。それにもかかわらず、これらの調査票はうつ病を研究するための貴重な研究ツールとして使用されてきた。またこれらは、医師が行う患者との短いインタビューからは得ることが困難な、診断の客観性を提供することができる。しかし、一人のうつ病患者の病状の全てを前記の質問のような一つの「カプセル」に閉じ込め、特徴づけることが非常に困難であることには変わりはない。医師は、最終的には、うつ病の尺度が刻まれた横軸のどこにこの患者が位置するかを決定し、そうすることで、より適切な治療方法を決定しなければならない。そしてこの決定にあたっては、患者の個人的および社会的諸関係、経済的地位、健康状態を含む患者の状況全般を考慮に入れる必要がある。スタンリー・ジャクソンは、彼の『うつ病の歴史』（*History of Depression*）の最後に次のような洞察力にあふれる記述を残している。

「しかし、我々がうつ病あるいは特定のうつ病患者をどれほど客観的に扱おうと、臨床的うつ病における神経生理学的および神経化学的因子の同定をどれだけ慎重に行おうと、そしてその誰か他の人のうつ病を臨床的うつ病（大うつ病）と診断しようと、他のうつ病と診断しようと、最終的には、彼は一人の仲間として我々のところに戻ってこようとしていることには変わりがない。彼は様々なものを必要としている一方、個人的な喪失、落胆、あるいは失敗について我々が知らない何かを知っている。悲嘆や意気消沈についても知っている。彼らはそのような苦悩の中にあるがゆえに、我々には理解が難しい苦悩に満ちた反応をする可能性を少しは残している。そして、このような苦悩とともにあることこそ、我々がまぎれもなく人間であることの証《あかし》なのだ」。

第3章　躁病

躁うつ病の多彩な症状

躁うつ病は、双極性うつ病とも呼ばれるが、前章で説明した抑うつ性障害（単極性うつ病）とは異なる疾患である。躁うつ病は明白に変化する二種類の気分によって特徴づけられている。うつ状態の相とそれと入れ替わる異常に高揚した躁状態の相である。うつ状態の相は単極性うつ病（訳注：躁状態や軽躁状態を示さないうつ病）とよく似た病状を含むが、躁うつ病をうつ病と根本的に異なる病気にしているものは、うつ状態とは正反対の躁状態である。

セオドア・レトケ（訳注：Theodore Roethke：一九〇八－一九六三、米国の詩人）は自分が躁状態のときに必ず経験した異様なアイデンティティ（訳注：自分が何者であるかの認識）と、それによる異様な体験の神秘的な融合について、次のように書いている。

「ある日突然、気分が非常によいと感じました。そして自分が木や、花や、剣のように尖った草葉や、あるいはウサギでさえも、自分がそれら自身であるときにどう感じるかがわかりました。素晴らしい気分のまま歩き回っていて、レストランの前を通りかかったとき、私は突然ライオンであるとはどういうことかがわかりました。私はそのレストランに入り、調理してない生肉を注文して食べはじめました。周囲の客たちが嫌悪感も露わに自分を見ているのを見てやっと、自分が少しばかり変わった行動をしているかもしれないと思いはじめました」。

ケイ・R・ジャミソン（訳注：K. R. Jamison：一九四六－、米国の精神科医、心理学者）は、著書『不穏な心』（*The Unquiet Mind*）に、彼女自身の躁うつ病の状態を以下のように見事に説明している。

「この種の狂気は、特定の種類の痛み、高揚感、孤独感、そして恐怖感を含んでいます。高揚した状態にあるとき、それは途方もないものです。アイデアや感情が流れ星のように急速に次々と出現し、よりすばらしく、より輝かしいそれらを見つけ出して満足するまではその状態に身を任せるしかありません。恥じらいが消失し、素晴らしく適切な言葉やジェスチャーが突然に次々と生まれます。それらは、他の人々を切実性と確実性をもって魅了する力に満ちています。普段は面白みのない人々でさえも躁状態では興味を抱く対象があります。それは官能的誘惑です。それらは世間に広範囲に存在しており、躁状態では誘惑されたいという欲望に逆らい難くなります。安楽感、充実感、権力感、幸福感、経済的全能感、そして多幸感などの諸感覚は骨身にしみるほど強烈なものでした……」。

躁病の治療のためにジャミソンがリチウムを服用したとき、彼女は前記の高揚感などの感覚を全て失ったように感じた。治療前のあるとき、彼女はロンドンで買い物に夢中になっていて、たまたま目についたペンギンブックスの表紙やタイトルが彼女のそのときの関心を引いたので、数百ポンド（数万円）を費やしてそれらを買った。それらの本の中にはモグラの生物史をはじめとして、二〇種類もの雑多なタイトルの本が含まれていたが、彼女がそれらを買った理由は、ペンギンたちが一緒に暮らすコロニーを作れば素敵だな、と思ったからであった。

彼女はかつてブラウスを万引きしたことがあった。その理由は、支払いの行列に並んでいたとき、自分の前の女性の足が「糖蜜のように」遅々として進まないことに極端にイライラし、もう一分も余計に待てなくなったからであった。

詩人ロバート・ローウェルは彼の躁病体験の一つに関し、彼の発作がどのように病的な熱意に溢れたものであったかを書いている。彼は悪魔と同性愛者に対する抗議の叫びをあげながらインディアナ州ブルーミントンの街を走り回った。彼は高速道路の真ん中で両腕を広げて立っているだけで、車の力を麻痺させ、車を止めることができる、と信じていた。彼は自分が聖霊の生まれ変わりかもしれないと信じていた。彼は、「そのような体験は栄光と暴力性と陳腐さに満ちているが、躁状態から覚めてそのことを知ってしまうことは、一種の堕落を意味するように感じられた」と書いている。

また、ヴァージニア・ウルフ（訳注：Virginia Woolf; 一八八二－一九四一、二〇世紀初頭に活躍した英国の女流小説家、評論家）の夫レナード・ウルフは、彼女の躁病が悪化するにつれて、思考と話す内容の質が劣化していくことを次のように指摘している。

(1)「ペンギンブックス」は出版社名であって、「ペンギンについて書いた本」ではない。

「彼女は部屋に誰か他の者がいるかどうかを全く気にかけず、何を話しかけられても全く無関心で、二日も三日もほとんど休むことなくしゃべり続けました。約一日の間は彼女の話の内容は首尾一貫性がありました。それは乱暴で非常識でしたが、まだ何かを意味していました。しかしその後は、話す内容が徐々にバラバラの単語の単なる寄せ集めとなり、全く首尾一貫性のないものになりました」。

躁うつ病と創造性

最後にもう一つ、ジョン・ラスキン（訳注：John Ruskin：一八一九－一九〇〇、一九世紀ビクトリア朝の英国を代表する評論家、美術評論家、篤志家）によって提供された例をあげる。彼は自分でスペクトルのような視覚と聴覚と自分が呼ぶ、脳の興奮の特定の状態に起因する、視覚と聴覚の異常について、彼自身の体験を次のように書いている。

「私は星たちが互いに急速に動き回っているのを見ました。——そしてロンドンの街の灯りが世界の衝突に向かって、夜の中を一斉に滑っていくのを見ました……。病気を通じて経験したことは、神経活動の全面的高揚による視覚と聴覚の異様な高揚であり、それらが織りなす調和の威力と、そしてその当然の結果としての、交互に現れる失神と恐怖でした。しかし、私はこれらの体験を通じて、ファンタジーやファンタズムの性質について多くのことを学びました。——非現実と現実がどのように混合しうるか、ということは、自分が実際にそれを体験しなければ決して理解できなかったと思います」。

躁うつ病の根本的な性質は動的なものであり、それは映画にたとえることができる。その継続的で急激な変化は、静止写真とは対照的であり、むしろ映画館の銀幕上の動画のようなものである。躁うつ病患者がうつ病から多幸症へ、またはうつ病から躁病へと気分が変化し、再びうつ病へと変化するといったためまぐるしい気分の変化を見せるのを初めて観察する精神科医は、あたかも物語の途中で映画館に入ったような経験を思い出すかもしれない。しかし躁うつ病においては物語がいかなる筋書きをたどろうと、それは一巡するとその出発点に戻ってくる傾向がある。

躁病に関する記述は、古代ギリシャの作家の作品中にも見つけることができる。アレテウスは紀元一五〇年に、躁病が喜びと関連していること、そして躁うつ病患者が市場に行くと、自分があたかも何かのコンテストか技術競技会の優勝者であるかのように、あるいはスポーツ大会の優勝者、あるいは天文学、哲学、あるいは詩の専門家であると信じているかのように振る舞う、と書いている。しかし、躁うつ病すなわち双極性うつ病が、単極性うつ病とは別の障害として適切に認識されたのは、やっと一九二〇年代になってからであった。うつ状態になることがない、単極性躁病に関する報告も少数ある。女性が二倍なりやすい単極性うつ病とは異なり、単極性躁病の発生率に男女差はない。

躁病は、患者の状況や能力とはかけ離れた異常に高揚した気分が特徴的である。患者は明るく楽観的で、その快活さは周囲の人々に伝染することがある。しかし、一部の患者はイライラしやすく、その過敏性が簡単に怒りに変わることがある。気分が高揚と幸福の強烈な感覚を与え、むしろ酔っぱらいの陽気さに似ているように見えることがある。この陽気な気分が急速にうつ状態に切り替わり、笑いが涙に変わることがある。魂《たましい》が天上の高みにある状態が簡単に中断され、うつ症状へと急落することは珍しくない。かなりの躁行動でも、それを見ている周囲の人々には好ましく見えることがあるかもしれないが、それは患者の、自分の能力に対する自信過剰と、その成果に対する過剰な評価がもたらす自信に溢れた行動によるものである。重症例では患者が誇大妄想をもち、自分は偉大な政治家や宗教的な救世主であると信じることがある。彼らには自分自身に対する高い評価を確信させる声(幻聴)が聞こえてくることがある。彼らはまた、特別な力をもつと信じるがゆえに、陰謀に巻き込まれていると信じ込むことがある。彼らのエネルギーは驚異的で、ときには破滅的でさえある。彼らは過剰に饒舌であり、昼も夜もぶっ通しで話し続けることがある。彼らは自分のアイデアを溢れんばかりに説明し続ける。──彼らのアイデアは常に変化し続け、一つのトピックから次のトピックに急速に移り変わる。これらとともに、睡眠時間の減少と、意識の集中が可能な時間の短縮が認められる。より深刻なことは、彼らは自分が異常で社会的に容認できない方法で行動していることに対する意識をもたないことである。彼らの服装は派手すぎたり、ボロボロだったりする。性的欲望が増大し、性的行動が抑制されず、見知らぬ人にあからさまに性的なコメントをすることがある。贅沢は一般的である。──必要でない物品を購入し、他人にお金を配ることさえある。彼らは欲求不満から行動が過剰に積極的になりがちである。躁病の発症期間は数日から数カ月以上続く場合がある。この間、自殺のリスクが有意に増加する。

躁病の診断

躁病の診断は必ずしも容易ではない。その病状は、統合失調症と区別が困難な場合がある。患者が「自分は病気である」とか、「治療を必要としている」と考えることはめったにない。それにもかかわらず、躁状態の症候群は、精神疾患の中では、最も明確に定義されている疾患の一つである。ＤＳＭ-Ⅳにおける基準は、高揚感や興奮性の明確な期間があること、および以下の八つの症状のうち、三つ以上が認められることである。

・過活動
・過度の多弁、あるいは異常に喋りたがること
・アイデアの飛躍あるいは思考の急速な移動
・自尊心や尊大さの増大
・睡眠の必要性の減少
・注意散漫性
・判断力の低下による無分別な行動
・職業的あるいは社会的機能の顕著な障害

躁病は思春期以前に発症することはまれであり、九歳未満の小児では知られていない。最初の発症は通常は三〇歳前である。患者の大多数は、躁状態とうつ状態の発症を複数回繰り返した後で、再発によって双極性障害の発病であることが確認される。彼らの病状は夏の間は最悪となる。

躁病の一つの発症と次の発症との間隔は、発病の初期段階で次第に短くなる傾向がある。一年に四回以上の発症を繰り返した患者は、急速なサイクルの相に入ったとみなされる。この急速なサイクルは、女性に多く発生するといわれている。まれなケースでは、二日おきに躁状態からうつ状態に振動する患者の例がある。さらに極端な場合には、躁病とうつ病、またはその逆の気分の変化が数分おきに発生する場合もある。躁うつ病は専門家や管理職階層により多く認められるが、その理由は、躁うつ病が彼らをエネルギーに満ち、リスクを取ることを恐れないことによる高い創造性を反映しているのかもしれない。

第4章　異文化におけるうつ病

うつ病の診断における西洋至上主義

うつ病の経験はどの程度まで全ての文化に共通しているのだろうか？　うつ病は心臓病やがんのような、全ての文化に共通する病気なのだろうか、それとも文化的な影響が重要な役割を果たしているのだろうか？　これまで説明してきたうつ病の経験、定義および診断は、ほぼ完全に西洋の概念に基づいている。西洋でうつ病を表現するときに使われる用語としては、絶望、不安、自尊心の喪失、および罪悪感が重要視されるが、歴史的には、これらの用語は基本的に白人男性の諸集団における所見に基づいている。したがって、医療人類学者たちに対して、うつ病は全ての人々に一般的な疾患であるか否か、という問題を提起する。うつ病の性質を理解するには、うつ病に関する西洋の経験が他の文化における経験とどの程度まで類似しているかを検討することがどうしても必要である。うつ病の診断のための明確な生物学的指標が存在しないのに、精神科医はどのような根拠に基づいてナイジェリアのヨルバ人を悩ませている症状と、ノバスコシア州（カナダ）の漁師やニューヨークの弁護士を苦しめている症状とが同じ疾患であると確信できるのだろうか？　インドで我慢できることが、ニューヨークでは治療を必要とする病気かもしれないし、バルバドス島では気が変だとみなされることが、ジャマイカでは受け入れられるかもしれない。

西洋における精神的な異常は、悲しみ、高揚感、不安、恐怖など、もろもろの感情を表す言葉を介して表現される。これらの用語は、うつ病を含む情動障害の診断のために中心的な役割を果たしている。精神疾患を説明する場合、一九八〇年代から生物学的説明が支配的になってきたが、その理由は特に、各種薬剤がうつ病や統合失調症のような病気を制御することに成功したためである。その結果、脳の神経生物学を重視する傾向が強くなり、文化的要因の重要性が置き去りにされてきた。この傾向と同時に、西洋文化の伝統や思考様式とは非常に異なる他の多様な文化に対して、西洋の精神疾患の診断基準をそのまま当てはめようとする傾向がますます強くなった。

アーサー・クラインマン（訳注：Arthur Kleinman：一九四一－、アメリカの精神医学者、医療人類学者）は、西洋の基準を他の多様な文化にそのまま当てはめようとする傾向についての彼の評論の中で、異文化横断的な視点から正常と異常をどのような基準で区別するのか、そして異文化では精神障害がどのように経験され、表現され、認識されているか、などに関する根本的な疑問を指摘した。非西洋の諸文化ではおそらく、心と体は一体であるとの信念から、うつ病の身体症状を強調する傾向が強いように思われる。

西洋以外の諸文化の精神疾患に対する西洋人の態度はいくつかの点で大きく変化してきた。異なる諸文化間の精神疾患の比較は、二〇世紀への変わり目の頃に、影響力の強い精神科医、エミール・クレペリンがジャワ島を訪問したことに端を発している。彼はジャワ島の人々がめったにうつ病にならないことを観察し、それが西洋社会との文化的な相違に起因するとは解釈せず、ジャワ人の遺伝子構成が西洋人と異なることに起因すると解釈した。――彼は、ジャワ人たちは、西洋人と比較して精神的に未発達であり、知能的に退化していると信じていた。このような不条理かつ人種差別的な見解は、精神科医J・C・カロザースの主張によってその頂点に達した。彼はアフリカ人の思考はロボトミー手術によって大脳の一部が除去された西洋人の思考と驚くほどよく似ている、と主張した。そして彼は非西洋社会の人々は何の感情的な障害ももっておらず、現代文明に悩まされることがない彼らは「高貴な野蛮人」であって、うつ病に関連した感情を経験することはない、と結論した。こうしてアフリカにはうつ病はまれであるとか、存在しないという見解がまかり通ってきた。ところが現代では、うつ病はアフリカにも高い発症率で認められている。このように、精神疾患に対する人々の態度が大きく変化したために、一部の医療人類学者たちは、精神障害のどのような表現も、たとえそれが他の人にほとんど意味をなさないものであったとしても、それらは個々の患者が状況に対応しようとする意味深い反応であり、したがってそれらの精神障害の表現は個人の文化的背景の影響を強く受けて多様なものになる、と強調する。

異文化におけるうつ病の多様性

異なる文化におけるうつ病は、生物学的にも心理学的にも、基本的な類似性は全くないと、全否定してしまう極端な見解がある。このような誤った見解に対処するための一つの方法は、日常生活の中でほとんどの人々に共通する感情である通常の悲しみと、精神科医が病的であるとみなす悲しみとを、どうやって区別すればよいかを検討することである。非西洋の文化を研究する人類学者の一部は、観察対象の人々の悲しみ、絶望、意気消沈などを臨床的疾患に由来するとは考えない。そのような人類学者は、うつ病患者たちの感情は生物学に基づいておらず、人々が自分の状況や他人たちとの関係を理解するために使用する文化的判断が生み出したものである、と説明する。たとえばパプア・ニューギニアのカルライ人には「うつ病」に相当する言葉がないが、記録例は非常に少ないものの、彼らは悲しみと悲嘆の表情を完全かつ劇的に表現する、との主張がある。また、スリランカでは、絶望は世界の性質に対する仏教徒の観点と合致することから、前向きに評価されている。イラン社会では、悲しみや悲嘆は個人の精神的深さを示すものと評価される一方、うつ病は治療を要する状態と考えられている。正常な行動と異常な行動については、それぞれの文化において独特の解釈がなされるが、狂気に関しては全ての社会は何らかの共通概念をもっているようである。しかし、うつ病に関しては、後者のカテゴリーに収まるかどうかは不明である。

非西洋文化では、「うつ病」に相当する単語や表現を見つけることがしばしば非常に困難である。ヨルバ語（訳注：西アフリカのナイジェリアやトーゴの言語）で意味がうつ病に最も近い表現は「心臓が弱い」または「心臓が休まらない」のようである。感情を心臓やその他の臓器の状態によって表現する傾向は、イランのトルコ系の人々の間でも認められる。また、南アフリカのコーサ人は、悩むとき、それをしばしば「ムビリニ」と表現するが、それは不快感や動悸、および胃の脈動性の動きを意味している。さらに、インドのある精神科医は、うつ病の臨床経験に関して、西洋のうつ病診断システムに適合する多くの患者がそろって「神経の痛み」「頭の中の発熱」、あるいは「心臓内の悲しみ」を訴えるのを聞いた、と説明している。これらはいずれも、西洋のうつ病の診断カテゴリーには合致していない。また、黒人は明確な感情障害としてのうつ病、不安および情動不安定を経験することは少ないようである。一方、オーストラリアの原住民アボリジニの一部は、悲しみや抑うつを表現する豊富な単語のセットをもっている。このように、肉体的な愁訴は、インド、アフリカ、中国のうつ病患者の間でも、より一般的なものとして受け入れられている。

ある人類学者は、一つの文化における病気の分類を他の文化に当てはめることの危険性を強調する目的で、いささか意地の悪いシナリオを提供している。南アジアから米国に来た一人の精神科医を想像してほしい。彼は出身地では「精液減少病」と呼ばれる、体重減少や性的空想のようなある種の問題を生じる風土病に精通していたとする。この精神科医が、この病気の症候群のリストを作り、下手な英語に訳して、米国人の精神科医の教育に使用したと想像してみてほしい。やがて米国内でも多くの「精液減少病」と診断される症例が出てくるかもしれない。果たしてそのような診断に、何らかの正当性や価値があるだろうか？

異文化におけるうつ病の診断の難しさ

誰かの病気に対して何らかの診断を下すとき、どれほど慎重でなければならないかを物語る一つの良い例がある。それは誰かが幻覚を経験したとき、それを理由にその人が精神障害者であると診断してもよいか、という問題である。英国では近親者が亡くなったとき、遺族の約半数が何らかのかたちで死んだ人の幻覚を経験する。また、多くの伝統的な文化では、死者は生きている人々と交信できると普通に信じられていて、たとえばアメリカインディアンは死者が彼らを呼んでいる声を聞くのが一般的である。また、西洋文化におけるうつ病の特徴は罪の意識をもつことであるのに対し、西アフリカでは軽度のうつ病であっても何らかの程度の幻覚が認められる。西洋では、幻覚は通常、統合失調症と関連づけられている。西アフリカのアシャンティ人では、不安は一般的に、自責の念および魔術にかけられたという懸念として表現される。また、ナイジェリアのヨルバ人は、不安状態では魔術にかけられた夢を見ることが一般的である。また、ダコタ州のアメリカインディアンのスー族は、親族が死ぬとうつ病に似た症候群を経験するが、それらの中には死んだ親族が住んでいた住居を訪ねるために旅行する幻想が含まれる。

特定の文化に特有な障害の興味深い例として、日本には「対人恐怖症」[1]という名でかなり一般的に知られている解離性人格障害[2]がある。この患者は他人と会うことや対話することを極端に避けようとする。彼らは、自分の赤面癖や顔や体の想像上の醜さが、他人の感情を強く害すると信じ込み、他人との出会いを過度に恐れる。

異なる文化に属する誰かがうつ状態にあるように見えるとき、どうすればその人がうつ病であると決定できるだろうか？　一つの出発点は、その人の症状によって、普段の生活が破壊されるほどに社会的能力が大きく変化したかどうか、であろう。しかし、この基準によってもまだ、うつ病の診断は困難である。いくつかの文化では、うつ状態は疾患または異常とはみなされないからである。たとえばウガンダの村のある知的労働者は、彼がうつ病だと思った人たち、つまり疲労を訴え働こうとしない人たちについて報告している。他の村人たちはひきこもりになった彼らを何も問題にしなかったが、それは食べ物が豊富にあったからであった。我々の社会では、仕事ができない人たちをそう簡単には受け入れないであろう。

アシャンティ人やヨルバ人などのアフリカ人社会では、欧米の基準によれば当然うつ病と分類されると思われるかなりの数の人々がいるが、このような状態は日常生活の苦難の自然な結果とみなされ

(1)「対人恐怖症」の診断名は、アメリカ精神医学会の『DSM-Ⅳ 精神疾患の診断・統計マニュアル（第4版）』（DSM-Ⅳ）の付録Ⅰ．「文化に結びついた症候群の文化的定式化と用語集の概説」に「Taijin kyofusho」と日本語発音で記されており、日本における特異的な恐怖症であるとの説明がある。

(2)「解離」とは、自分の体験した出来事の記憶や考え、感情、行動の一部を脳が自分の意識から勝手に切り離してしまう現象をいう。軽度の解離は誰でも何かに夢中になっているときなどに日常的に経験される。「解離性障害」とは、記憶の一部分もしくは全部をなくしてしまう記憶喪失や、自分が自分である感覚がなくなる、勝手に体が動いてしまう、感情が制御できない、幻聴・幻視など様々な「解離」症状のために、日常生活や社会生活に支障をきたしてしまう精神疾患をいう。

ている。しかし彼らの状態は、非常に深刻な場合を除いて通常診断も治療もされないことが多い西洋社会における短期の抑うつ性障害と本当にそれほど違うのだろうか？　数字では表現できない症候群と、数字化できる症状群の扱い方に混乱が生じる恐れもある。うつ病の診断のために必要なＤＳＭ-Ⅳの基準による五つの症状が揃っていることは、異文化社会においてはるかに大きな影響をもつかもしれないたった一つの症状の存在と比較して、本当により大きな重要性をもつといえるのだろうか？

非西洋文化におけるうつ病の身体化

うつ病とその身体化に関連する異文化間の比較精神医学研究の中で最も重要な研究は、精神的な抑うつの身体症状による表現の研究であることに疑いの余地はない。抑うつの身体症状化は多くの場合、心身症、あるいは仮面うつ病と呼ばれ、あるいは神経衰弱（症）(neurasthenia) とも呼ばれる。

神経衰弱の診断は、欧米では二〇世紀の初頭から減少している。しかし、同じ頃に中国でウエルカム・ホーム病と呼ばれる疾患がみつかった。この疾患は身体の重要な諸器官の機能の不調和と生命エネルギーの失調という概念に基づいている。この概念は伝統的な中国の医療システムの中で、鍼治療の根底となるアイデアとして容易に取り込まれ、神経衰弱は、「心臓の機能不全」などの臨床亜型に分類された。一九五〇年代に中国の医療機関や精神科の外来患者の八〇パーセントもの多くが神経衰弱と診断された。その後、一九八〇年代にクラインマンは神経衰弱と診断されたこれらの患者の大多数が、現実には重度のうつ病に苦しんでいた、と結論づけた。中国の精神科医たちは、彼らの患者を再検査してこの見解を受け入れたが、その症例の約二〇パーセントはうつ病ではなく、イライラを主とする気分障害であり、神経衰弱と診断することが可能であるとした。

クラインマンは、中国の文化大革命中に深刻な体験をしたある女性の例を紹介している。気難しい夫と結婚した彼女は、死産を経験したあと慢性頭痛、疲労感、めまい、耳鳴りを発症した。欧米の精神科医の診察を受けておれば、彼女は間違いなくうつ病と診断されたであろう。しかし、一九八〇年代の中国の医師は、彼女の気分の落ち込みを中枢神経系のエネルギー不足に起因する神経衰弱と診断した。この症例の場合、抗うつ薬によって身体的愁訴は少し緩和されたが、完治するには家族や仕事の問題が解決する必要があった。医療人類学者の観点からは、精神疾患の経験は社会的関係に深く関連しており、社会的関係から切り離すことはできない。クラインマンが結論したところによれば、うつ病は心理学的、生物学的観点から全ての文化に共通する普遍的な疾病であるが、それはまた、彼らが住む社会と個人との関係の中で把握すべきものである。したがって彼によれば、中国の患者の慢性疼痛および神経衰弱は、うつ病の社会的な表現とみなすことができる。

このうつ病の身体症状化、すなわち「精神的苦痛の身体的痛みへの転化」は、いくつかの文化では医療的援助を受ける必要がある場合に容易に発生する。当時の中国社会は、調和のとれた人間関係の重要性を信じることも、個人の精神的苦痛をあたたかく受け入れることも困難な社会であった。したがって、周囲から非難されるうつ病よりも、その身体化した症状の方が、はるかに受け入れられやすかった。共産党政権下では、精神的な病気はブルジョア精神の現れとみられたため、うつ病は精神障害として容認され難いものであった。したがって、うつ病患者が身体症状化によってうつ病を表現したことは、少しも不思議ではない。

うつ病によく認められる特徴としての身体症状化は、他の非西洋社会でも繰り返し報告されている。ペルー、インド、トルコ、イラクのような国では、不安や抑うつに関連した神経衰弱症の中核的症状として、胃の痛み、頭痛、めまい、エネルギーの欠如が共通している。南インドの精神科クリニックでみられた患者の態度でわかったことは、患者に心理的苦痛が存在してはいたが、患者の半数以上が最も困っている症状としてあげたのは身体的症状であった。しかも、これらの身体的症状は、患者が心理的な障害をもつことを周囲に知られた場合に感じる不名誉感に対する患者の心配が大きければ大きいほどより強くなる傾向が認められた。ある二五歳の男性は、精神的な問題に対する社会的偏見が、結婚に及ぼすであろう悪影響について、次のように説明した。

「自分がこれらすべての問題を抱えていたことを以前から知っていたなら、私は結婚しなかったでしょう。私はそれが私の妹や、私の娘の結婚に悪影響を与えるかもしれないと心配していま す。人々は、私が悲しみのような精神的問題をもっていると噂するでしょう」。

うつ病の身体症状化には他の理由もある。その一つに、貧困のため、ほとんど教育を受けていない患者は、彼らの感情的経験を表現する語学的能力がないために、身体症状をあげる以外に方法がないのではないか、という見方がある。

インドにおける研究は、うつ病の重症度と社会的偏見の間に、確かに正の相関があることを発見した。すなわち、うつ病患者による典型的なコメントは以下の通りであった。

「私は誰にもこの問題を語っていません。なぜなら、それを聞いた人たちは私を悪く扱うからです」「私の病気が続く場合は、私自身は結婚に同意しません」「私はこのことを誰にも教えたくありません。もし教えれば私の隣人の多くは、私を軽蔑するでしょう」。

一方、身体的症状の場合の彼らのコメントは全く異なっていた。

「私は何でも話しています。私の友人は私の問題を知っています」「私が話した場合にだけ、彼らは私を医者に連れて行ってくれるでしょう」「何か隠す必要がありますか?」。

このような違いの理由はおそらく、身体症状については誰が知っていても問題はないが、うつ病関連の病気は隠すべきものであり、公開は危険でさえある、と一般に考えられているという事実を反映している。

うつ病の普遍性

先に述べたように、うつ病は地域や文化に依存して正常な感情にもなり、病気の症状の一つにもなる。頭痛や腰痛などの身体的症状として経験されるうつ病と、絶望として経験されるうつ病とは、同じ原因で起こる病気ではないかもしれない。確かに病気の経験は同一ではない。しかし、心理学的および生物学的に、両方に共通するプロセスが存在する可能性が高い。ＤＳＭ-Ⅳのうつ病の定義によれば、不安と身体表現性障害は異なる病気に分類されているが、発展途上国では、両者の症状を混合して発症する患者が多数存在する。このことから、これらの社会では精神症状と身体症状を分離して扱うことは実情に合わない可能性がある。南インドの精神科医の経験では、身体症状の患者にはマスクされたうつ病があるとみなすよりも、むしろ欧米のうつ病患者では、うつ病が身体障害をマスクしていると考えたほうが正しいのではないか、という疑問が生じる。

精神的な病気に対して異なる態度があることから、我々は次の章で検討されるような異文化での疫学的研究の解釈には一層慎重でなければならない。たとえば、南ヨーロッパのいくつかの文化には、健康や精神的な問題に不満を抱くことを受け入れるための重要な伝統がある。——それは殉教の感覚の存在である。(3)これとは対照的に北ヨーロッパには、質素な生き方を強調し、精神的な問題の存在を開示することは恥辱であるとする伝統がある。非常に身近な問題であるにもかかわらず、それに対して口が重いことは、異文化のうつ病の研究を非常に困難にすることがある。——これは性的な事柄に関して特によく当てはまる。それにもかかわらず、細かいことを見逃さない注意深い態度によって、信頼性の高い研究を行うことが可能である。クラインマンが言うように、精神科医に反対する一部の人類学者の極端な相対主義(4)は、一部の札つきの生物学者の原理主義的な普遍主義と同様に、理不尽なほどに観念論的である。そして私自身の見解は、悲しみなどの感情は普遍的なものであり、その表現は、文化的な要因によって強く影響されるにしても、全ての文化に共通する生物学的基礎がある、というものである。

（3）殉教《じゅんきょう》とは自らの信仰のために命を失ったとみなされる死のこと。ユダヤ教、キリスト教、イスラム教などの一神教信者が、宗教的迫害において命を奪われた場合や、棄教を強制され、それに応じないで死を選ぶ場合などをいう。殉教を認める感覚の存在は、健康や精神的な問題に対する社会の許容の幅が広いことを意味すると著者は考えている。

（4）「極端な相対主義」とは、欧米のうつ病と異なる文化のうつ病には全く共通点がないとする考え方を指し、「原理主義的な普遍主義」とは、逆にそれらの間に全く差がないとする考え方をいう。

第5章　誰が、なぜうつ病になるのか？

私のうつ病体験

うつ病になった人なら誰でも、自分がなぜうつ病になったのか、その理由を知りたいと思うであろう。それは自然なことであり、うつ病の原因は何かという疑問は、別にうつ病に限らず、どのような病気についても生じる疑問であろう。我々は誰でも、自分はなぜ病気になったかを理解したいと思う。自分の病気の診断がつかないとか、病気になった原因がわからない状態は、誰にとっても耐え難いものである。人がいつまでも不確実性に耐え続けることは難しい。

私のうつ病は、心房細動をうまくコントロールできなかった経験からはじまったと信じている。心房細動とは、一般によくある、生命を脅かさない種類の心臓の不整脈である。何年にもわたってうまく働いてきた心臓病薬が効かなくなったため、私はほとんど毎週のように心房細動を繰り返すようになった。心房細動とは、心臓の規則正しいリズムが完全に失われることを意味する。このような状況では誰でも気分が落ち込む可能性があるが、心房細動が危険なのは、心臓のリズムが突然正常に戻った際に、心房で形成されていた血栓が心臓から送り出され、やがて毛細血管を閉塞して、脳卒中を起こした場合だけである。しかし私はすでに心気症患者であるとの診断を受けていたので、無意識のうちに脳卒中の危険性をずっと気にしていた可能性がある。

重要な仕事で南アフリカへ旅行する予定があったので、復活祭が近づくにつれて、ますます不安が強まった。本国から遠く離れた、医学的環境が整っていない異国の地で深刻な病気を発症するかもしれないという幻想にとらわれ、もし必要になったとき、どれぐらい迅速に診察を受けることができるかを確認するために、現地の大学の友人で心臓病専門の医師に電話をかけた。

心臓病薬を変更したところ、朝の不快感と、その後に続く激しい胃けいれんとしか表現できない症状が起こった。私は大学の同僚の医師を説得して、胃のX線写真を撮ってもらったが、どこにも異常が見つからなかった。しかし私の容体は心身ともに悪化したため、旅行どころではなくなった。私は直前になって旅行をキャンセルしたが、医者は私が旅行に行かない理由を何も見つけられなかった。旅行を取りやめたことと、そのことでいくつかの予定訪問先の人々を失望させたという自責の念が私の不安をさらに増大させた。心臓病薬を変更したことにはじまり、次から次へと発生した一連の出来事は、私にとって呪われた運命のように感じられた。この表現は大げさ過ぎると思われるかもしれないが、私には他の表現が思いつかないので、あえてこのように表現するしかない。そして突然、私は全く眠れなくなった。

私はそれまでの人生で、睡眠に問題を感じたことは一度もなかった。ところが今や全く眠れなくなったので、私は睡眠薬を飲みはじめた。テマゼパム（訳注：temazepam、ベンゾジアゼピン系の睡眠薬、抗不安作用もある）は私を少しは楽にしてくれた。しかし、それで得られた睡眠は夢をみない睡眠だったので、私にはそれが自分を麻薬漬けにするかのように感じられた。私は働くことが難しくなっただけでなく、ベッドから出ることさえ難しくなった。朝目覚めたとき、全身が燃えるように熱く、全身にびっしょりと寝汗をかいていた。強い苦痛を感じた私は、古風な表現ではあるが、自分が「潰れてしまった」ことに気づいた。働くことも運動することもできず、普段のように心理的安定を維持することも、自転車に乗ることもできなくなった。友人の精神科医に電話をかけ、彼は私のアパートにやってきて診察し、私が重症のうつ病であると告げ、三環系抗うつ薬（訳注：化学構造中にベンゼン環を両端に、環状構造を三つもつ初期のタイプの抗うつ薬。なお抗うつ薬の種類については第10章に詳しい）を処方してくれた。

偶然だったか意図的だったかは忘れたが、こんなときにいかなる薬にせよ副作用についての説明を読んだことは、私が犯した大きな過ちだった。自分の薬が腎臓毒性をもつという考えに取り憑かれた結果、尿が出なくなるという心配が身体症状となった。私は徐々に排尿困難になり、数日後には夜間に全く尿が出なくなることを心配して、ついに友人の泌尿器科医に自分を入院させてくれるように頼み込んだ。この友人は賢明にも、私を入院させなかった。私は副作用を心配して抗うつ薬を飲むことをやめてしまった。その結果、私の心気症はますます重症になり、全ては全く典型的といえるが、不整脈に対する不安があまりにも強くなった。一〇年ほど前に隣人で親友でもあった人が心臓発作を起こしたとき、私は彼に口移し式人工呼吸（命のキッス）を施したことがあった。その結果、彼の命は病院に行くまではもちこたえたが、彼は病院で死亡した。うつ病の私は想像のうえでそのときの彼の症状を全て引き継いだようだった。それだけでなく、自分の血が絶えず体から抜け落ちて出ていくのを感じ、自分は間もなく死ぬと思った。親しい友人が私の話を聞いて、「抜けた血は一体どこへ行くのかい？」と尋ねてくれたが、私にはその冗談も全く効果がなく、このパニック発作はほとんど毎日のように起きた。私は大学の内科の教授の診察を受けたが、彼の診断では私にはどこも悪いところはなかった。しかしその教授は、彼の同僚の化学的病理学（訳注：日本では臨床病理学に相当）の教授に診てもらうよう勧めてくれた。私には彼のアドバイスは無意味であると思えた。化学的病理学が私の問題を解決してくれるとは全く思えなかったからだ。しかし、とにかくその教授のアドバイスに従って化学的病理学の教授のところへ行き、自分が抱えている問題を説明した。彼は笑い出し、なぜ内科の教授が彼のところに行くように勧めたかを説明してくれた。実は彼も私と同じ病気を抱えていて、しかも彼のほうが私よりもずっと重症だった。何しろ彼は週に何度も病院の玄関に行き、そこに突っ立っていたのだ。その理由は、彼が心臓の発作を起こして倒れたとき、その場所ならすぐに発見され、病院の運搬人が彼を最短時間で救急病棟に運び込んでくれるだろうと期待したからだった。彼の話を聞いた私は、少しは気が楽になったが、それはほんの束の間だけだった。

私のうつ病のケースは、不整脈をコントロールするために飲んでいだ医薬品（フレカイニド）の副作用が原因であると当時思っており、今でもそう確信している。実際にその薬を飲んでいた他の患者がうつ病になったという報告もいくつかあり、また、他の病気のために使用された薬剤が原因となってうつ病が起こる場合があること、たとえば副腎皮質ホルモン剤を投与して、このホルモンの血中濃度が異常に高くなったときに、しばしばうつ病が発症するように、純粋に生物学的原因からうつ病が発症することは疑いのない事実である。私にとってはそれが自分の発病の原因に関する唯一の可能な説明だった。しかし、この説明を受け入れることに異議のある人もきっといるだろう。なぜなら、私が飲んでいたものと同じ薬を、多くの患者がうつ病になることなく飲み続けているからである。

妻のジルは、私のうつ病に関して異なる考え方をしていた。彼女は私が南アフリカ共和国を再訪したことと私のうつ病が関係していると確信していた。というのは、数年前に私の父がそこで殺害されていたからだった。しかし私にとっては妻の説明は無意味に思われた。私は父の死の後に、すでに一度南アフリカを訪れたことがあり、そのときは何もなかったからだ。もちろん自分のうつ病の原因に関し、私が心理学的な説明よりも薬剤原因説をより好んだという理由もある。しかし、真実は両方の中間だったかもしれない。いずれにせよ、心臓病薬と、自分が感じていた健康状態の低下とがともにうつ病の発病の主要な原因であったことは間違いない。そして、これに遺伝的素因が少し組み合わさっていたかもしれない。

これまでの説明の全ては、「逸話」的な説明だけではうつ病の原因を十分に説明できないこと、うつ病の原因をもっと厳密な方法で調べることが不可欠であることを示している。うつ病の原因としてただ一つの原因を考えるのではなく、むしろ一人の人間をうつ病にかかりやすくするもろもろの要因の全ての組み合わせと、うつ病発症の直接の引き金となる外部の出来事の両方を考え合わせることが賢明である。

うつ病の理解に向けた一つのアプローチは、誰がどのような状況下でうつ病になったかを調査することである。少年時代の早期に両親と死別するといった精神的外傷となりそうな体験がある子どもは、その後の人生でうつ病にかかりやすくなるだろうか？　両親による子どもの育て方は、子どもたちがうつ病にかかりやすくなることに関して、どの程度まで責任があるのだろうか？　成人のうつ病は例外なしに、感情がひどく動揺するような生活上の出来事（ライフイベント）がきっかけとなって起こるのだろうか？　それともうつ病の一部は、外部因子の関与なしに、完全に内因的に起こるのだろうか？　うつ病はたとえば過去五〇年間に増加しているだろうか？　あるいは一見増加しているようにみえても、それは単にうつ病がより社会的に注目を集めていることや、診断がより進歩したことを反映しているだけなのだろうか？　これらの疑問に対する回答は、「逸話的説明」によらず、結果が科学的な検証に耐えられるように注意して実施された、多数の個人を対象とする慎重な研究に依存しなければならない。このような研究とは慎重に計画された疫学的研究を意味するが、その実施には多額の費用がかかるため、簡単には実施できない。しかし、我々がうつ病を理解するためにはこのような研究がどうしても必要である。

うつ病の遺伝性

うつ病に関係するかもしれない因子の数は非常に多く、宗教的信念から季節変化までの広範な因子が含まれる。激しい雷雨があると、うつ病で入院する患者が増加するという報告さえある。うつ病の外部因子について考える前に、個人の遺伝的因子がその個人をどれぐらいうつ病になりやすくするかに関してみておく必要がある。

我々の細胞は二組の遺伝子をもっており、そのうちの一組は母親から、もう一組は父親から受け継いでいる。それらの遺伝子は、胚発生中に脳を含む全身を形づくるときに働くだけでなく、我々の生涯を通じて、どの細胞がどのように振る舞うべきかを制御している。遺伝子にそのようなことができる理由は、細胞がどの種類のタンパク質を生産し保有すべきかを遺伝子が制御できるからである。遺伝子によって生み出されたタンパク質こそ、細胞の中の真の魔術師であり、同時に馬車馬のように忠実な働き手でもある。タンパク質は細胞のエネルギーを生成し、細胞を成長・分裂させ、細胞に特別な機能を実行させる。一つの遺伝子は一種類のタンパク質を産生するための単なる暗号（コード）に過ぎない。すなわち遺伝子はタンパク質を作るための情報を含んでいるが、その働きは全く受動的なものである。「受動的」の意味は、特定の遺伝子に欠陥があったり、欠損があると、その結果として、作られたタンパク質に異常があったり、あるいは特定のタンパク質が作られないという意味である。これらのことは細胞の挙動に影響を与え、結果として非常に複雑な影響を生じることがある。したがって、目の色、運動能力、感情的な反応などが人により異なるように、人間の心理的特性が遺伝子の影響を全く受けないとすれば、そのほうがむしろ不思議である。たとえば、ハンチントン舞踏病は、たった一つの遺伝子の欠陥によって引き起こされる精神疾患であるが、非常に深刻な心理学的問題の原因となる。この病気の症状は通常、中年期にはじまり、身体運動が制御不能になり、進行すると認知症になる。約三万種類ある遺伝子のうち、たった一つの遺伝子の欠陥からこれらの全てが引き起こされるのである。

うつ病の遺伝学を理解するうえで最も重要な概念は、「うつ病の遺伝性」である。これは、うつ病に対する脆弱性（訳注：うつ病になりやすい性質）が、どの程度まで遺伝子または環境に原因を求めることができるかを表す尺度である。たとえば「うつ病の遺伝性は五〇パーセントである」といえば、「うつ病になる場合の遺伝子の寄与と環境の寄与が同じ割合であること」を意味する。

うつ病に対する遺伝の影響を知るための一つの方法は、家族歴との関係を調べて、目の色や、あるいはもっと複雑な知性などの特性と同じように、うつ病が遺伝的に継承される証拠があるかどうかを確認することである。その結果、全ての証拠はうつ病の遺伝性が五〇パーセントより大きいこと、すなわち遺伝の影響が環境の影響を上回ることを強く示唆している。このことは、個人のうつ病への脆弱性の半分以上は、彼らがもつ遺伝子によるものであることを意味している。

双子の研究は、うつ病の遺伝的要素を研究するための非常に強力な証拠を提供する。一卵性双生児は同じ遺伝子をもっているため、双子の一方が重症のうつ病になった場合、もう一方もうつ病になる確率は二分の一を超える。一卵性でない双生児の場合は、一方がうつ病になった場合、もう一方もうつ病になる確率は一卵性の場合の半分、すなわち約四分の一の割合になる。双極性うつ病（躁うつ病）の場合は、さらに強い遺伝的相関があり、一卵性双生児の一方が躁うつ病患者である場合に、もう一方も躁うつ病になる可能性は四分の三以上である。一卵性双生児の体や脳が真に同一ではないことを考えると，うつ病における遺伝の役割は明らかに非常に強いといえる。たとえ遺伝子が同一であったとしても，個体発生は常に正確に同じとは限らない。なぜなら，個体発生システムにノイズ的な影響が加わることがあり，また，脳の発達の過程には，ある種のランダムな要素が存在するからである。すなわち，神経細胞の微細な枝の結合には複数の細胞が関与しているが，何十億もの結合の全てが，一群の遺伝子によって完全に支配されているわけではない。さらに，一卵性双生児における発生が同一にならないもう一つの理由として考えられることは，双子の各個体の子宮内の環境が微妙に異なることであり，これが双子の個体発生に異なる影響を与える可能性がある。

うつ病患者の親族は，この病気の高いリスクを有することがわかっている。うつ病患者の親族の約二〇パーセントが，躁うつ病を含む何らかのうつ症状を伴う精神疾患をもっている。両親の両方がうつ病をもっている子どもがうつ病をもつリスクは五〇パーセント以上である。両親の片方あるいは兄弟・姉妹の一人が大うつ病になった場合，残りの兄弟・姉妹の一人がうつ病になるリスクは一般集団の約二倍に増加する。特に，その親族の発病が二〇歳以前であった場合には，そのリスクは約五倍に増える。親や兄弟が躁うつ病である個人が同じ疾患を発症する可能性は一〇倍高くなる。うつ病や躁うつ病を発症している親族の遺伝的距離がもっと離れていれば，これらを発症するとしてもそのリスクは少なくなる。

里子の研究は特に重要である。この種のデータが常に一貫しているとはいえないが，遺伝子と早期の環境の両方がともに重要な影響をもつことが示されている。すなわち、子どもが里親家庭で育てられる場合、里親のいずれかがうつ病であれば、うつ病でない親から里子に出された子どもよりも、うつ病の親をもつ里子のほうが、うつ病を発症する可能性がより高くなる。

うつ病に関連する遺伝子について話題にすることは、誤解を招く可能性がある。なぜなら、それは車のブレーキと事故との関係を論じるのと似ているからである。事故が現実に発生するのは、特定の状況でブレーキが正しく機能しなかった場合である。遺伝子もこれと同じで、もともと正常な機能をもっていた遺伝子が、突然変異や欠損が起きて欠陥をもった場合に個人をうつ病にかかりやすくするが、実際に発病するかどうかは状況（環境）によって異なる。

たった一個の遺伝子が個人をうつ病にかかりやすくする原因であることは全くありそうにない。うつ病に関係する遺伝子の特定が困難である理由は、あまりにも多くの遺伝子がうつ病の発症に関与しているからである。それにもかかわらず、これらの遺伝子を特定することには多大な価値がある。なぜなら、うつ病関連遺伝子の特定がこの病気の性質に新たな洞察を提供する可能性があるからである。もし我々がうつ病に関係する遺伝子を知ることができれば、どのタンパク質に問題があればうつ状態になるのかが理解できるので、どのような細胞の活動プロセスがうつ病をもたらすかを知ることができる。したがって、うつ病の新しい治療法を提供できるかもしれない。

「セロトニン・システム」は、うつ病の原因となりそうな遺伝子を探索するための一つの論理的な根拠を提供している。なぜならそれは、この後で述べるように、うつ病の治療に有効な、選択的セロトニン再取り込み阻害剤（ＳＳＲＩ）の標的だからである。セロトニントランスポーター[1]を構成するタンパク質は、それが神経接合部（シナプス）でのセロトニンの再取り込みに関与しているので、特に注目されている。

一部の人々にとってはストレスの多い経験がうつ病につながり、他の人々では何も起こらない。この理由を明らかにするために、一群の子どもたちを対象として、前向き研究（訳注：将来の一定期間にわたって経過を追跡する研究）が計画された。一〇三七人の子どもたち（五二パーセントが男性）が、二六歳になるまで継続的に評価を受けた。セロトニントランスポーターの活性度を制御する複数の遺伝子の領域のＤＮＡの長さには違いがあり、一つの領域は長く、もう一つは短い。これらの制御領域の長さが、ライフイベント[2]の影響で個人がうつ病になる割合に関係していることがわかった。

すなわち、制御領域の「ショート」遺伝子コピーを一つまたは二つもつ個人は、「ロング」遺伝子コピーを二つもつ個人と比較すると、ライフイベントに関連した抑うつ症状、診断可能なうつ病、および自殺傾向の三つの頻度がすべて高かった。ライフイベントは、二一歳の誕生日以後、二六歳の誕

（１）トランスポーターとは特定の物質を細胞内に取り込み、あるいは細胞外に放出するためのポンプ装置をいう。この装置は通常、細胞膜に組み込まれた複数の種類のタンパク質分子から構成されている。
（２）ライフイベントとは、強いストレスを生む生活上の出来事をいう。強烈なライフイベントはうつ病の原因となり、また過去のライフイベントの影響が長期間うつ病への脆弱性となって残り、長期の年月を経て影響が現れることもある。ライフイベントとうつ病の関係については本章の後半で論じられている。

生日の前日までの五年間に発生した事件で評価された。この研究は、有害な事象に対する個人の応答に、たった一個の特定の遺伝子が影響を与える可能性があること、そしてその個人をうつ病にかかりやすくする可能性があることを示す非常に明確な証拠を提供している。

特定の人口集団とうつ病の発生率

特定の人口集団内のうつ病の発生率と年齢分布を調べることにより、うつ病の原因とその性質を理解する手がかりが得られるかもしれない。たとえば、異なる年齢層や男女間でうつ病の分布に違いがあるだろうか？　軽度のうつ病はほとんどの場合、重度のうつ病に移行するだろうか？　最近よく言われるように、うつ病は近年増加しつつあるのだろうか？　非西洋文化におけるうつ病の発生率は西洋文化のそれと違っているだろうか？

ある地域社会において、うつ病の発生率を決定しようとする場合、多くの問題が生じる。問題の一つは、診断の信頼性の高さである。ほとんどの研究は、十分な訓練を受けた面接者が介在して、質問票を用いてインタビューすることにより行われるが、研究の対象となった患者を臨床医が再診断した結果は、これらのインタビュー研究の信頼性が、我々が望むほどには高くないことを示した。これらの困難のため、報告された大うつ病の頻度の数値の間に大きな差があっても別に驚くべきことではない。典型的な発生率の数値、つまり一定の人口中に占める重症のうつ病患者の割合は、任意の一時点では、米国とヨーロッパでは約三パーセントであり、期間を過去一年間に広げると有病率は約七パーセントとなる。いくつかの研究では、生涯の間に大うつ病の発病体験をもつ人々の割合は人口の約一〇パーセントであるが、別の研究では約一五パーセントという数字もある。米国における最大規模の研究では、ヒトが自分の一生の間に大うつ病を経験する割合は約六人に一人であることがわかった。このように、うつ病を経験した人や、うつ病患者と密接に関係したことがある人が人口に占める割合は驚くほど高率である。一方、躁うつ病関連の数字はこれよりはるかに低いことがわかっている。

極東におけるうつ病の割合は、一貫して西欧の数字の半分以下である。しかし、日本の大学一年生の学生たちを対象にした二〇〇〇年の調査では、学生の五三パーセントが抑うつ状態を経験したことがあると回答した。これは驚くほど高い数値である。

これらの数値は、成人を対象としたものであるが、子どもはどうだろうか？　子どもの有病率を決定することは、大人の場合よりもさらに難しい。利用可能な数字は、英国では一二歳未満の子どもが重症のうつ病になる割合は約一パーセント、一二歳から一六歳までの青少年では約三パーセントである。うつ病を経験した子どもたちが大人になったとき、彼らは高いうつ病発生率を示す。子どもたちもうつ病に苦しむことがあることを、精神科医たちが受け入れるようになったのは比較的最近のことである。うつ病を経験した子どもたちが大人になったとき、うつ病を発症するリスクは、うつ病経験をもたない子どもたちの約四倍高く、自殺率も高いことがわかっている。

子どものうつ病の診断は、しばしば混乱を伴う。その理由は、非常に多くの場合、うつ病が学習障害や行動障害を伴うために、何が発病の最初のプロセスなのか、何が原因で何が結果なのかの判断が困難なためである。小児期のうつ病の特徴は神経過敏である。小児期には、頭痛から不登校に至るまでの多彩な症状を示す「仮面うつ病[3]」が存在する、という見方もある。

したがって、小児期のうつ病の発生率の推定値が、五〜四〇パーセントと信じられないほど大きなばらつきを示しても、驚くにはあたらない。それにもかかわらず、無関心、無応答、食欲異常、睡眠障害などの抑うつ症状は、その気さえあれば年齢とは無関係に観察できる。うつ病性障害をもつ子どもたちの多くが、診断が困難であるという理由で治療されずに放置されている可能性がある。

うつ病は増加しているか？

ほとんどの人が自分たちの人生の何かの時点で、気分の落ち込みを経験する。ときにはそれがうつ病の発症に近いところまで進行するが、その人の日常の機能を停止させることなく、それ以上進行しないこともある。そこで疑問となるのは、軽度のうつ状態と重症のうつ病との関係である。これらは非常に近い関係にあり、軽度から重症に移行するのが普通なのか、それとも、重症のうつ病は軽度のうつ状態とは全く異なる状態であって、簡単には移行しないのかは重大な問題である。たとえば米国では約一〇人に一人という多くの人々に、彼らの生き方に何らかの影響を与えるような抑うつ症状が認められる。しかし彼らの症状がうつ病であると診断するために必要十分な条件を満たしていないために、臨床的うつ病とは診断されていない。このような軽度のうつ状態を示す人たちは、重症のうつ病の家族歴をもつ可能性が高く、また彼ら自身も重症のうつ病になるリスクが高い。すなわち、全ての証拠は、軽度のうつ状態と重症のうつ病には連続性があるという見方を支持している。ただし、この問題に関する私自身の「偏見」を述べるならば、自分の経験からすれば、たとえ連続性があったとしても、重症のうつ病と軽度のうつ状態には類似点がほとんどないように思われる。

いくつかの報告は、うつ病の発生率が過去三〇年間に増加しており、この傾向はその後も続いていることを結論づけている。しかし、これらの報告の信頼性は果たして高いだろうか？　そして、もしこれが真実ならば、うつ病の増加の原因は何であろうか？

原因が何であれ、我々は遺伝的要因を割り引いて考える必要がある。なぜなら、人類の遺伝子プールは、そう短期間には変化しないからである。うつ病の発生率に変化がみられるというデータは比較的最近になって、つまり一九七〇年以降に得られたものであって、犯罪発生率や麻薬使用率などの異常行動の問題とは異なり、うつ病発生率をモニターするシステムはそれ以前には存在しなかった。これらのデータは、大規模な調査によって、現在と過去に個人がうつ病性障害をもつ頻度を、最初に発症した年齢ではなく、症状が確立した年齢を調査したものである。しかし、最近の数十年にわたるう

(3)　仮面うつ病とは、具体的な身体症状を主な症状とするうつ病の一種をいう。通常のうつ病では長期の気分の落ち込み、不眠、食欲低下、意欲や集中力の極度の低下、強度の悲観や自責、自殺念慮などの精神症状を主とするが、仮面うつ病では、頭痛、めまい、視覚異常、聴覚異常、肩こり、背部痛、口渇、胸焼け（腹部不快感）、腹痛、下痢、便秘、心悸亢進、不整脈、胸部圧迫感、呼吸困難、頻尿、性欲減退、月経不順、腰痛、ほてりなどの身体的症状が強く現れ、通常のうつ病にみられるような心理的症状は目立たない程度に隠される。

つ病の発生率の増加の証拠は慎重に扱う必要がある。なぜなら、報告された増加は面接の対象者たちによるうつ病の認知率が徐々に高くなったこと、あるいはまた、うつ病の定義がより広くなったことに原因があるかもしれないからである。さらに、個人の記憶の不確かさを排除できない。それにもかかわらず、様々な国における広範囲の研究の結果は、近年のうつ病性障害の有意な増加を認めている。

近年の驚くべき発見は、うつ病の発生率が若年層において明らかに増加していることである。近年のうつ病の増加傾向は、この若年層におけるうつ病の増加で説明できるかもしれない。うつ病の発症の平均年齢は現在三〇歳未満である。一九五五年以後に生まれた者のうつ病の発生率は、二五歳までが最も高い。双極性障害（躁うつ病）の平均発症年齢は、約二一歳である。

若年層におけるうつ病の増加傾向の原因としては、伝統的な家庭の崩壊や、社会的流動性の増大のような文化的傾向の変化が考えられる。もう一つの原因としては、若者たちが従来にまして未来に高い期待を抱きながら、実現の機会が減少していることが考えられる。

加齢とともにうつ病の発症が増加するとよくいわれるが、この主張に反して、加齢によるうつ病の増加はうつ病の新たな発病ではない可能性がある。なぜなら、六五歳以上でうつ病を発病した患者の約半数は、若い頃にすでにうつ病を経験していたことが明らかにされており、また、三分の一のケースは、おそらく、脳の老化に伴って発症する退行性疾患に起因するうつ症状と考えられるからである。

香港と台湾における精神疾患の大規模研究では、彼らのうつ病の発生率は、米国のような西洋社会に比べてかなり低いことがわかった。これに対し、不安に苦しむ人々の数は、特に香港で高いことがわかった。香港では大うつ病の発生率は約二パーセントであり、不安症患者は約一〇パーセントであった。西洋と東洋でのこのような違いは文化的要因によるものである可能性が高い。中国や他の東洋社会では、家族の絆が西欧社会よりもはるかに大きな役割を果たしている。東洋社会の家族では個人の境界があいまいであり、プライバシーが少ししか存在せず、個人の欲望は家族の共通の利益とバランスが取れたものでなければならないとされている。中国では両親の権威、特に父親の権威が強力である。このように中国の子どもたちは、自分たちの行動が家族の他のメンバーによって判断されることを早々と意識するようになる。その結果、個人の人間関係に過度に神経質になり、危機が発生した場合、不安障害の原因となることがある。西洋社会においては、家族の親密さの弱体化がみられるが、これが子どものその後の人生の個人的人間関係を一層不安定にし、うつ病の原因となる可能性がある。このように、家族や仲間からの共感的な支援が得られないこととうつ病の間には強い相関がある。

戦争経験によるトラウマ（訳注：強烈な精神的ショックや恐怖が原因で起きる精神的外傷）は、特定集団内のうつ病の増加をもたらすことがある。戦時中に強制疎開させられたり、あるいは難民となった子どもたちは、特にうつ病の危険にさらされている。難民キャンプに住むカンボジアの青年たちを観察したところ、うつ症状とともに身体症状や不安症の増加が認められた。また、ひどい危険にさらされた体験をもつクロアチアの子どもたちは、それらの体験について話そうとせず、しばしば身体症状に対する治療を必要とした。湾岸戦争に関与した体験をもつ兵士たちの間では、うつ病の発生率がほぼ倍増した。また、スリランカの内戦でストレスを経験した民間人でも同様の症状の増加が認められた。一九五〇年と一九六〇年の間に混乱と政治的激変があったレバノンのベイルートでも、当時うつ病の劇的な増加があった。

うつ病の発生率の性差

男性と女性の間に認められるうつ病の発生率の差は、最も重要かつ一貫性のある発見の一つである。西洋社会では、女性のうつ病の発生率は男性のそれの約二倍である。その一方、躁うつ病の発生率には男女差がない。ただし自殺率に関しては、女性は男性よりはるかに低いことが知られている。これらの理由は全く不明であるが、これらの数字はアメリカ、プエルトリコ、ベイルート、韓国、ニュージーランドといった多様な文化に共通して認められる特徴である。

男性と女性のうつ病の発生率の違いに関しては、種々の説明が提唱されてきた。その一つに、報告された性差の原因は、女性がうつ病になった場合に男性よりも実際により頻繁に医師の援助を求めることにより、女性の高い発生率が記録されるのではないか、という考え方がある。女性は男性よりも頻繁に診療所を訪れることは事実であるが、それは他の些細な病気を含めて一般的にいえることである。男性と女性の間のうつ病の発生率の違いを確認する重要な証拠は、診療所を訪問する回数に依存するのではなく、多くの人々を対象とした大規模な研究から得るべきである。大規模な研究の結果が、常に女性は男性に比べて約二倍のうつ病の発生率を示すという事実は、女性にうつ病が多い理由を女性がより頻繁に医師に助けを求めるからである、との説明を否定している。

女性の恵まれない社会的地位が臨床的うつ病の原因となることが示唆されている。うつ病の社会的な原因は非常に多くの研究の焦点となっており、多くの場合、「悲惨なライフイベント」という一般的用語のもとに分類されている。しかし、女性にうつ病が多い原因は、女性がこのような不穏なライフイベントを経験する頻度が男性ほどには高くないにもかかわらず、それらを経験したときには男性よりもより強い影響を受けるためであるとも考えられる。このことは、うつ病が生物学的原因だけでなく、社会的原因を含め、あらゆる種類の原因をもつ可能性を示唆している。家で幼い子どもを抱えていること、貧困、そして親友がいないことなどの全てが、女性をうつ病にかかりやすくしている可能性がある。さらに、女性の低い社会的地位、たとえば家庭の主婦の立場も、うつ病の要因として考えられる。他の原因として、女性は男性よりも、うつ病を恥と感じやすいことが示唆されている。また、女性のうつ病と相関する要因の一つは、女性が他の人の前で、あるいは鏡を見るときでさえも、ありのままの自分に直面することを避ける傾向があり、男性よりもうつ病を身体的な恥と感じる傾向が高いことをあげる人もいる。また女性は、精神的苦痛を受ける状況に置かれたときの対処方法として、過剰な自己分析を行い、しばしば泣いたり、自分の感情について友人に延々と話をしたり、あるいは日記に書くといわれている。これらの行動は、男性が同様の問題に対処する場合に、全てを無視し、激しい労働、スポーツ、あるいは飲酒といった気晴らし行動をとるのとは対照的である。

男性と女性の生物学的相違は、うつ病の発生率の性差の原因を説明できるだろうか？　うつ病がX染色体と関連があるという証拠はない（男性はX染色体を一本だけもち、女性は二本もっている）。可能性が高い説明は、女性と男性のホルモン量の違いである。女性は男性よりもエストロゲンのような女性ホルモンに高い濃度や頻度で曝露される。確かに、女性は月経前緊張期に高い頻度で抑うつ症状を示すといういくつかの証拠がある。産後うつ病は、確かにホルモンに基礎をもっている可能性が高い。妊娠に関連したうつ病は、かなり以前から認識されてきた。一八九三年の米国医師会の年次総会で、産後うつ病の原因は、高頻度の授乳と局所（骨盤内臓器）の炎症の両方が脳に作用する結果である、とされた。理解が進むにつれて、このような見解は徐々に否定されたが、この古い見解に対し、自信をもって置き換え可能な新しい見解はほとんど提供されていない。進歩があったのは、産後うつ病がいかに普遍的であるかの認識が高まったことと、うつ病誘発因子がいくつか見つかったことぐらいである。

驚くべきであると同時に憂慮すべき事実は、米国の妊婦が約一〇パーセントもの高率で大うつ病の診断基準を満たしていることである。うつ病の素因となるか、あるいはうつ病を増悪させる要因には、精神的な問題や望まない妊娠が含まれる。子どもの誕生に続き、母親に抑うつ症状の有意な増加が認められる。この増加は出産後の最初の三日以内が最も劇的であるが、増加傾向は出産後二年間も持続することがある。これらの産後のうつ状態は、二種の障害に分類されてきた。産後うつ病と、より多くみられるがより穏やかなマタニティブルーである。これらの状態は、スウェーデン、ブラジル、マレーシア、日本など、様々な国で報告されている。産後うつ病は、通常、出産後の第二または第三週にはじまり、その後、数週間または数カ月の期間にわたってゆっくりと増悪する。共通する特徴は身体的愁訴、特に過度の疲労感である。出産直後の母親に対して社会的支援が得られないこと、希薄な夫婦関係および貧困は、全て産後うつ病の主要な要因になる可能性がある。ストレスの多い人生体験（ライフイベント）は、うつ病の既往歴とともに、母親の産後の抑うつ状態の素因となる。新生児が気難しく、泣き叫び続ければ、それが重要な増悪因子となることがある。そして一度母親が産後うつ病を経験すると、その後の妊娠で再発する確率は約五〇パーセントに高まる。また、妄想や幻覚を伴う精神障害を発症する可能性もやや増加する。

出産前から不安や抑うつ症状を患っている母親は、特に産後うつ病になりやすい傾向がある。女性は自分の子どもの出産が差し迫ってくると、不安を抱くことがある。出産に対して実質的な支援がないことや、あったはずの支援が得られなくなることは、母親がうつ状態に落ち込む確率を高くする。母親が乳幼児に対しあまりにも神経過敏で、多くの否定的な反応を示す場合は、母親にとってだけでなく、生まれてきた子どもにとっても、深刻な悪影響をもたらすことがある。また、このことが後に、子どもの正常な知的発達を阻害することもある。

ある報告では、約五〇パーセントの母親に、軽度の出産後うつ、あるいはマタニティブルーが発症するという。これが過渡的期間となって、後に産後うつ病を発症する女性も多い。主要な症状は出産後の最初の週から認められ、単純にホルモンの変化の結果であると考えられる。症状は急激に変わる気分、涙もろさ、神経過敏によって特徴づけられ、ときには多幸感が認められる。これらは通常、数週間後に消失する。

女性はなぜうつ病になりやすいのか？ 率直にいえば、誰も本当の答えを知らないというべきである。しかし、現象が生物学的基礎をもっていないと信じるのは困難である。

ライフイベントの影響

うつ病は常に個人と社会とのかかわりの中で起こる。人間関係、仕事、貧困、希望、子どもたち、両親などの全ての要素が、うつ病の発症に何らかの役割を果たしている可能性がある。「うつ病の原因は多因子性である」ということは、うつ病の原因を考える際に、その人の人生における様々な出来事の影響の相対的な重要性を丁寧に解きほぐす必要があることを意味している。したがって、多くの研究がライフイベントと個人との関係や社会の中での個人の位置に焦点を当てている。

ライフイベントは、かなり広い概念であるが、短期的な、ときには突然の、ストレスに満ちた外的な変化であって、生起した時期が日付まで特定できるほどに明確なものをいう。ライフイベントには、個人の人生における実質的な変化、たとえば大切な人との死別、転職、パートナーや子どもたちとのトラブルなどが含まれる。このようなライフイベントを識別するための研究は容易ではない。なぜなら、うつ病患者の自分自身に関する見解にも、また彼らと面接した研究者の見解にも、そのまま単純に頼ることができないからである。あらゆる種類の理由から、うつ病患者と研究者の両者の説明がともに偏向している可能性がある。また、研究者の感情移入も完全に排除することはできない。これらの偏向を最小限にするためには、患者との面接の詳細を他の研究者が適切に評価する必要がある。ライフイベントの役割に関する研究のほとんど全ては、女性を対象に行われている。

うつ病の明白な引き金の一つは、大きな損失を伴うライフイベントに起因するストレスである。重度のストレスに曝された個人は、これに適応しようとする。しかし適応に失敗したとき、あるいは適応するための強い緊張が長く続いたとき、うつ病などの「破綻」に至ることがある。うつ病につながるタイプのライフイベントは、ほとんどの場合、何らかのかたちでの喪失、たとえば誰かからの離別、親しい人との死別、あるいは自己に対する評価の喪失と関連している。人をうつ病にする喪失は、結果的にその当人が屈辱感を抱いたときや、欺かれたと感じた場合に特に大きく影響する。一方、気分の変化、たとえば仲のよかった者同士の仲たがいは、それがどれだけ重要であっても、通常ライフイベントとしての要件を満たしていない。深刻なライフイベントに直面した女性の約三分の一はうつ状態になることがわかっている。このことは、ライフイベントがうつ病の発症の引き金として、いかに強力な影響を与えているかを示している。

大切な人との死別は主要な外傷性ライフイベントである。この場合は、その原因が明白であるため、ライフイベントおよび喪失を全般的に理解するための重要なモデルを提供する。親しかった人との死別は、驚くべきことに、重度のうつ病の発症の確率を七倍にも増加させる。死別の影響は最初の二年間に最も明らかであり、初期の激しいうつ状態はその後のうつ病の発症の明白な前兆である。

配偶者との死別は、明らかに非常にストレスに満ちた出来事である。アメリカ人女性の場合、六五歳までに夫と死別することは、そのほぼ五〇パーセントにとって最も一般的なライフイベントの一つとなる。配偶者との突然の死別は、その配偶者が病人でなかった場合は特に、長く続くうつ病の発症の原因となる。病死の場合は対処が比較的容易である。米国のある研究では、多くの女性が配偶者の喪失によって精神的な荒廃を経験するが、一部の女性は明らかに無傷である。さらには、経験によって精神的に強化されることが判明した。研究者らは、このようなストレスの多いイベントが遺族の女性たちに与える影響の強さを決定する要因が何であるかを発見しようと試みた。幸福な結婚であった女性は、不幸な結婚であった女性よりも、夫を失った後にうつ病になりやすいことが報告された。驚くべきことに、過去に精神衛生上の問題を経験した女性は、喪失に対し、より上手に対処することができた。

両親の片方と死別することは、子どもにとってその後の人生におけるうつ病へのなりやすさの主な要因となるだろうか？　当時それがどんなにつらい体験であったとしても、片親の死それ自体が単独で無条件にうつ病の危険因子であると信じる理由はない。真に重要なことは、死がどのように処理され、親を失った子どもたちが必要とする時期にどのような世話や子育てが提供されたかである。とはいえ、早期の母親との死別は、特にそれが一二歳までに起こった場合、女性のうつ病の素因となることを示すいくつかの証拠がある。しかし、双子の女性の研究によれば、両親からの分離がうつ病の可能性を高めたが、心理的な要因よりも遺伝的な寄与が二〇倍以上重要であることが明らかにされた。より重要な問題は、親を失った子どもたちに、代償として何が与えられたか、それが適切であったかである。人生の初期に親と離別することは、確かにうつ病の確率を増加させる。その原因として最も多いのは、家庭不和と、その後の離婚による、片方の親との離別であると考えられる。このことは、戦時中の疎開による親との離別や、寄宿学校に入れられたための両親との離別が、うつ病の発生率に対する検出可能な影響を与えないという知見とも合致している。

死別は例外として、うつ病患者の生活の中で、うつ病の原因となった重要なライフイベントを識別することは必ずしも容易でない。患者の記憶の信頼性は場合によって様々である。たとえば、うつ病の原因をわかりやすく説明しようとして、一つのイベントをより誇張するといった事実の歪みがあるかもしれない。このことは、複数のライフイベントのいずれかの誇張、または過小報告につながる。さらに、うつ病の原因となったライフイベントと、うつ病になった結果として生じたことを明確に区別できないという問題がある。たとえば精神的集中が困難であるために職務をうまく処理できず、職を失ったようなケースでは、うつ病の原因と結果の区別が難しい。

うつ病発症の決定的な原因となるのは、通常、大きな屈辱、欺かれること、または親しかった人との死別のような、深刻なライフイベントだけであるが、一部の女性たちにとっては、妻としてあるいは母親としての自分の立場（アイデンティティ）が失われる恐怖に対して、為す術がほとんど何もなかった経験がうつ病への引き金を引いたライフイベントになっている。そしてこれは、その後に続く長い困難な歴史の一部に過ぎない。たとえば次第に深刻さを増す子どもたちとの関係の問題がうつ病の増悪因子となる可能性もある。他の人々にとっては、投獄や、住宅問題や借金のような新しい問題とうつ病が関係していた。さらに他の人々にとっては、自分のパートナーや信頼していた友人による裏切りのような、大切にしていた信頼関係が失われたことがうつ病と関係していた。失業や財政的困難は、比較的影響が小さいが、屈辱的な解雇の場合はそうはいえない。

うつ病になりやすい性格

自分との関係が間接的な出来事でも、深刻な影響を受ける場合がある。たとえば、冷酷で非協力的な夫をもつある女性は、自分の妹が自分の夫とは正反対の、温かく献身的な夫と結婚したときに、自分の境遇を改めて明確に認識した結果、うつ病になった例がある。また、非常に貧しい住宅に住んでいた一人の女性は、地元の快適な病院に入院して手術を受けた際に手厚く看護され、彼女のそれまでの不幸な状況をより強く認識し、うつ病になったという話もある。

ただし、ここでもまた我々は、もっともらしい説明に過ぎない事例の解釈には慎重でなければならない。前記の例のように、一見些細な、重要でない出来事によってうつ病の引き金が引かれたと想像することは容易ではあるが、このような事例は、本当は内因性うつ病がすでに存在していて、外部の出来事が引き金になって隠れていたうつ病が表面化しただけではないか、という疑いを提起する。

心理的ストレス研究の主要な焦点は、これまで突然のライフイベントに向けられてきたが、これがいささか見当違いであって、慢性的ストレスにもっと多くの注目が向けられるべきであるとの考え方もある。ストレスには急性と慢性の区別があるが、これらの相違は、慢性的ストレスがはるかに長い期間継続することである。前の年にストレスの多い時期があったかと尋ねられたとき、人々は多くの場合、急性ストレスの多いイベントよりも慢性的なストレスを報告した。うつ病患者におけるストレスの研究は、身体的な病気、貧困、夫婦間の揉めごとなどの慢性的ストレスが急性ストレスよりも強力なうつ病の予測因子であることを示している。慢性的なストレスが急性ストレスの感情的な影響を弱めることさえもある。

さらに物事を一層複雑にしていることは、一部の人々が他の人々よりも、ストレスの多いライフイベントをより多く経験するようにみえることがあるという事実である。これは特殊な人たちに関する報告であって、ライフイベントに対する一部の報告者の評価を反映しているだけかもしれないが、たとえそうであったとしても、特定の個人が犯罪者による攻撃、車の事故による負傷、労働災害などの外傷性のイベントを、他の人々よりも多く経験することがあるというかなりの証拠となる報告がある。このような傾向の素因には、彼らのライフスタイル、個性、薬物やアルコール摂取の習慣などが含まれる可能性がある。双子の研究から、ライフイベントの約四分の一が遺伝的素因と関係があることがわかっているので、一部の人々が他の人々よりもストレスの多いライフイベントを経験しやすいようにみえることも、遺伝と関係している可能性がある。

屈辱を受けたり、罠にかけられるといった深刻なライフイベントを経験した女性の約三分の一がうつ病になり、それほど深刻でない程度のライフイベントでも約五分の一がうつ病になることがわかっている。そこで、なぜ一部の者はうつ病になるのに、他の者はそうならないのか、という疑問が生じる。非常にストレスの多い生活にうまく対処する女性も多い。したがって、うつ病になりやすい女性には、その原因が何かあるに違いない。

もう一つ大きな問題がある。それは、うつ病の発症例の約三分の一は、脅威となるような明白なライフイベントが明確には存在しないにもかかわらずうつ病を発症するという事実である。すなわち、このようなうつ病は多くの場合、内因性である可能性がある。一方、大部分の人々は、深刻なライフイベントを経験してもうつ病を発症しない。これは、抑うつ性の性格、すなわち、深刻なライフイベントがあったとき、その人をうつ病にかかりやすくするような性格があることを意味するのだろうか？　うつ病になりやすいと考えられる性格として、人間関係に過度に依存し、常に他人からの励ましや支援を必要とし、ストレスに自分で対処できない人たちが考えられる(4)。しかし、このような表現は、「これらの人々はうつ病になりやすい」ということ以上のことを意味しているのだろうか？

ライフイベントがあった場合のうつ病になりやすさ（脆弱性）に関係する要因は非常に多い。まず遺伝的要因が考えられるが、現段階ではこれについて知られていることはほとんどない。ストレスの多いライフイベントに対する個人の反応に関係する遺伝的要因の役割を示す直接の証拠は、女性の双生児の研究からきている。遺伝的要因は、うつ病が発症するかどうかに重要な役割を果たしている。うつ病に関し高い遺伝的リスクをもっている人、たとえば一卵性双生児の片方がうつ病を発症している場合の残りの一人、がストレスの多いライフイベントの後でうつ病になる確率は、遺伝的リスクが低い者よりも二倍高くなる。

うつ病の社会的要因

ライフイベントに対する個人のうつ病への脆弱性という観点から、人間関係や社会的条件に関連する要因が注目されてきた。これらのうち、家庭外の要因としては失業、家庭内の要因としては一一歳までの母親との死別または長期の離別、否定的な自己評価、社会的支援が得られないこと、などが含まれる。これらの一つひとつがうつ病の独立した要因ではないことは明らかであるが、これら要因の存在は個人が重大なライフイベントにどのように応答するかを予測するのに役立つ。貧困はうつ病の原因に関係づけられているが、それはおそらく対人関係を悪化させることを通じて作用する。

社会的要因は、うつ病性障害の原因として決定的に重要な役割を果たしている。家族はそのようなストレスに対処するための社会的支援を提供できるが、過度に親密な家族関係は、それ自体が重度のストレスの原因になることもある。たとえば、昨日までは支援者であった姑が、今日は一転して強いストレスの原因に変わるかもしれない。

個人がどのような社会的階層に属しているかは、その個人が重度のストレスを受ける可能性と大きく相関している。社会の最も恵まれない最下層に位置する人々は、うつ病に苦しむ率がより高くなる。

(4)　洋の東西を問わず、優れた能力をもち、社会的に顕著な活躍をしながらうつ病になりやすい人々も少なくない。現に著者のウォルパート氏もその一人であると思われる。ところが、彼が先にあげた「うつ病になりやすい性格」は、彼のような社会的に活躍している人々には全く当てはまらない。この点に関しては、巻末の「訳者あとがき」で触れることにする。

一部の研究者は、現在・過去を問わず、うつ病性障害は常に社会環境の直接的反映である、と明言している。ライフイベントの影響は、個人がいかによく世話され、愛され、重んじられるかによって大きく影響される（これら全てをまとめて、「社会的支援」と呼ぶ）。社会的支援の提供者としては、配偶者、パートナー、子ども、両親、仕事仲間、隣人、友人や親戚がある。社会的支援は不幸なライフイベントの影響を和らげるだけでなく、ライフイベントが何ら存在しない場合でもうつ病のリスクを減少させる。したがって、社会的支援がないこと自体がうつ病のリスクを増加させる。

社会的支援の重要性を示す例として、極度に深刻なストレスの驚くべき実例が報告されている。それはブルーノ・ベッテルハイムや、その他の人々の強制収容所における経験に基づいた報告である。彼は次のように語っている。

「自尊心を維持することと、自分の生存本能を破壊しようとする敵を許さない強い精神をもつことが重要である。全ての希望が失われた状況では、人は誰でも、重症のうつ病の餌食になることから逃れられない。全てから見捨てられたという思いが人に死を希求させる。もし誰かが自分の運命について深く心配してくれているというほんの僅かな示唆でもあれば、それが個人を生き延びさせた。誰かが自分を気にかけているという、ほんの僅かなサインがあれば、深いうつ病のあげく、歩く死体のようになった人々を救ったかもしれない」。

新たな困難に直面した場合に、自尊心が低い人ほどうつ病になりやすい。重要なことは、配偶者や恋人が提供する支えである。親密な相手がおらず、自分の問題を打ち明ける機会がないことが、うつ病への脆弱性を著しく増大させる。夫や恋人を失望させているという思い自体がうつ病の増悪因子であるが、この状況は家族や親しい友人などと密接な関係をもつことによって部分的に緩和される。このように、女性に新たな困難が生じたときに、親しい人々が存在することによって支えられることもある。しかしその反対に、女性が新しい困難に直面したときにパートナーが彼女を見捨てたような場合は、親しかった人の存在は物事を非常に悪化させるリスクとなりうる。既婚女性は夫のサポートを期待できるが、そのサポートが期待と大きく食い違い、夫から彼女の気持ちに沿わない乱暴な扱いを受けた場合、彼女が夫のサポートを期待したことが誤解であったことに気づくことが喪失感に変わり、うつ病を悪化させる。

子どもに対する親の影響

これまでのところ私は、うつ病に対する脆弱性に関係する要因として、主に子どもの頃の経験の役割を取り上げてきた。しかし、子どもの頃の経験とその後のライフイベントの影響とを関係づけることは極めて困難なことである。なぜなら、子どもたちの幼少期の経験を高い信頼性をもって観察したあと、その同じ子どもたちが成人してから経験するライフイベントの影響を観察した研究がないからである。したがって子どもの頃の出来事については患者の記憶に頼るしかないが、記憶がどれほど意味深い内容であったとしても、常に信頼できるものではない。それにもかかわらず、多くの場合、子どものうつ病やその他の精神疾患に親が果たす役割は大きい、としばしば主張されてきた。悪い子育ては、本当にうつ病の主要な原因になるのだろうか？　このような見解は「母親から十分な満足が得られず、早期に母親に失望した子どもたちが成人後にうつ病を繰り返す」と確信する精神分析家たちによって、非常に強力に喧伝されてきた。しかし、彼らの信念は、しっかりした証拠に裏づけられたものではなく、ドグマ（教義）に基礎を置くものである。このような信念は歴史的に、精神分析家たちが精神分析中に得られた患者たちの「物語」を再構成して得られたものに過ぎない。このような状況では、証拠が最も重要であり、そのためには全ての因子を考慮し、対照群を置いた注意深い調査研究が必要である。

ジョン・ボウルビィは、彼自身精神分析家でありながら、精神分析時に患者から提供された説明から離れて、乳幼児を直接観察する研究を開始した。その結果彼は「愛着理論」（attachment theory）を確立した。その過程で彼は、両親には二つの積極的な役割があると考えた。その一つは子どもたちが必要とするときにその要求に応えることであり、もう一つは、子どもたちがトラブルに巻き込まれないように介入することである。その反対の「悪い子育て」には、親が子どものトラブルに愛情をもって対応しないこと、子どもを拒否すること、子どもへの応対に一貫性がなく、子どもにとって親の行動が予測不可能なこと、あるいは過保護などが含まれる。

一般的にいえば、小児期に逆境にさらされると成人後に精神障害をもつ可能性が増加する。妊産婦ケアの不足や家庭内暴力の存在が子どものうつ病の素因であることは、最も一貫性のある証拠が示している。夫婦間の不和や離婚も、子どものうつ病の素因となる場合がある。

子どもに対する親の影響を最も明確に示した研究の一つは、大人になってからうつ病になったことがある親から生まれた子どもたちを成人するまで追跡した研究である。このような子どもたちは、うつ病になるリスクが三倍高く、最初のうつ病発症のピーク年齢は一五歳から二五歳までの範囲であった。うつ病の親をもった子どもたちは、うつ病でない親の子どもたちよりも大うつ病および不安障害がともに高率に認められた。親がアルコール関連問題を抱えている場合にも、その子どもたちの間に同じ傾向が認められた。

親による子どもの明白な拒否または無視、家族からの暴力的な扱い、あるいは性的虐待は、成人後の任意の一年間でうつ病を発症する機会をおよそ二倍にする。拒否または無視がそれほどひどくない場合でも、子育ての質とその後のうつ病の発症の間にも何らかの相関が認められたが、この場合の相関性はそれほど高くはなく、一貫性もなかった。うつ病患者のグループは、男女を問わずうつ病の期間に、子ども時代の不快な経験を思い出したことを報告した。子どもの頃に苦労を経験したことがある若い成人は、そうでない場合よりも高い抑うつ傾向を示し、社会的に恵まれない場合はこの傾向がさらに増大する。ただし、子育ての良し悪しの尺度は通常、患者たちが子どもだった頃の記憶の記述に基づいている。そして、うつ病の本質は全てに否定的になることなので、うつ病患者が彼らの両親の子育てについて報告するときも否定的に報告する可能性が非常に高いと考えられる。人が何を必要とするかについては、偏った報告を避けるために、継続的な研究が必要である。親が専制的であること、過保護、一貫性のない子育て、そして無視（ネグレクト）などをうつ病の原因と決めつける場合、証拠のほとんど全ては逸話的な記憶に基づいており、注意して扱う必要がある。それにもかかわらず、子育てのスタイルがうつ病の発症に影響することがあるとするいくつかの証拠がある。愛情に欠けた親の子育てと子どもの不安障害は関連があるが、うつ病との関連は少ないとされている。成人の生活の中のこれらのうつ病の要因を過小評価してはならないが、早くして親を失ったことの影響は、その後の保護者との親密な愛情の絆によって打ち消される。

職業とうつ病

職業とうつ病の関係に関する情報は不足している。たとえばサッカー選手や兵士たちがうつ病になる確率はどのぐらいか知りたい人もあるだろう。スペインの男性および女性のトップスポーツ選手たちを対象とした研究によれば、彼らのうつ病の発生率が一般人よりもはるかに高いことがわかった。ダンサーの間でもうつ病の発生率が非常に高いようにみえる。

ある特定の職業については、同業者たちのうつ病発生率に関する信頼度の高いデータがある。それは医師である。医師の精神疾患のうち、約五〇パーセントがうつ病に関連しており、女性医師は特にその傾向が高い。新人の医師たちの約三分の一がうつ病に苦しんでいる。これと対照的に、一般開業医は二・七パーセント、管理職の医師は六パーセントのうつ病発生率を示した。医師のうつ病発生率がこれほど高い原因はわかっていないが、職業と個人的生活との両立の困難さの程度はうつ病発生率と正の相関がある。すなわち、医師は困難な決定に対し一人で責任を負わざるをえない職業であり、また、患者に適切な医療を与えてきたかどうかを問われる職業的な緊張状態に常に置かれている。そして、過度の自己批判はうつ病の主要な原因となる。

しかしここでもまた、性格の違いとそれまでの経験が重要である。英国のホワイトカラーの公務員を対象とした研究では、雇用不安と軽度な精神障害の間に強い関連があることがわかった。男性における異なるうつ病発生率を説明するために、職業は最も重要な因子である。女性にとっても抑うつ症状の異なる発生率を説明するために、仕事と物質的な不遇は、やはり重要な因子である。職場と家庭の環境をうまく制御できないことは、うつ病や不安症の発症に影響を与える。中年の英国の公務員におけるうつ病の発生率の違いのほとんどは、仕事における判断の自由度と意思決定権限を含む、仕事の特性によって説明できる。

宗教的信念とうつ病

宗教的信念とうつ病との間に相関関係があるだろうか？　証拠はしばしばむしろ逆説的である。米国における六五歳以上の人々を対象とした研究によれば、教会に頻繁に通う人々のうつ病発生率はそうでない人々の約半分であるという報告がある。オランダの研究でも宗教にかかわる人々の間のうつ病発生率は低いと報告されている。また、多数の宗教団体において、教会のミサのような宗教的な集まりに参加できない信者は抑うつ症状が増加することが認められている。特にカトリック教徒の場合にその傾向が高いという指摘もある。ある米国の研究では、ユダヤ人はカトリック教徒、プロテスタントおよび他の非ユダヤ人よりもうつ病の発生率が高いことが判明した。うつ病の発生率の男女比は一般に女性が男性の二倍高いとされるが、非常に不思議なことに、ユダヤ人では両性の間に発生率の差がないことが示されている。いささか謎めいているが、これはユダヤ人の間ではアルコール依存症率が低いことと関連があるという証拠がいくつかある。キリスト教団体の中では、ペンテコステ派は他の団体に比べて約二倍のうつ病発生率を示した。そして、もう一つの驚くべき情報は、絶対平和主義を実践し、敵意と攻撃から開放された生活を送っているはずのオールド・オーダー（保守派）アーミッシュのうつ病発生率は、平均よりも三倍高いという事実である。

他の病気とうつ病

生命を脅かす病気、あるいは終末期の重症患者のうつ病発生率は高くなるだろうか？　エイズ患者の約一〇パーセントが抑うつ症状を示し、自殺率は一般人に比べて五〇倍も高いことが報告された。心臓発作を起こした患者では、発作後の最初の数週間のうつ病の発生率が四〇パーセントと極めて高く、また、うつ病の患者たちはそうでない病気の患者よりも、六カ月以内に死亡する危険性が三〜四倍高いことがわかった。がんと診断された患者は、五人に一人という高い割合でうつ病性障害を発症する。これはおそらく、将来が不確実であるだけでなく、将来をコントロールできないことが原因と考えられる。しかし、終末期の重病患者が全員うつ病になるわけではない。

それでもなお、うつ病は重症の肉体的な病気よりも、もっと悪い病気であるようにみえる。一九八二年に王立一般開業医協会の年会長であったジョン・ホルダー博士がインタビューに答えて、彼自身が別々の機会に経験した三種の病気、すなわち腎臓結石、心臓発作、および重症のうつ病の苦痛の相対的な強さを比較して、次のように語っている。

「もしも私がこれらの三つから再びどれか一つを選択しなければならないとすれば、うつ病の苦しみだけは絶対に二度と味わいたくありません。その痛みは冠状動脈性疼痛と驚くほどよく似ており、驚くほど物理的な感覚であり、あまりにも破滅的でした。しかも、その痛みは他の疼痛のように、治療してもすぐには緩和しませんでした。うつ病による疼痛は、生命を脅かしさえします。その疼痛は自分の身体の一部分に起こるものではなく、全身性の疼痛でした。それは自分の欲望も、希望も、自分が何をすべきかを決定する能力も、考えたり感じたりする能力をも、全てを完全に麻痺させる全身性麻痺の一つの典型であり、残されたものは苦痛と悲嘆だけでした」。

それほど激しくない疾患自体も、うつ病を引き起こす可能性があるが、それは検出されにくい可能性があり、身体的な病気の患者におけるうつ病の発生率のデータには大きなばらつきがある。関節リユーマチ患者の約二〇パーセントが大うつ病を発症しており、単独ではうつ病と診断されないものの、約八〇パーセントの患者が活力不足や不眠症を報告した。血液透析を受けている腎臓病患者は、約一〇パーセントがうつ病であったが、この数値は慢性疾患をもつ患者に共通する数値のようである。嚢胞性線維症（訳注：cystic fibrosis、白人に多い遺伝性疾患。難病に指定されている）の患者は、うつ病の発生率が平均よりも高いと予想されるが、その証拠はほとんどない。皮膚病は人々が医者にかかる最もありふれた理由の一つであり、自分の身体に関するイメージの心理的な重要性を考えると、皮膚病患者が特に高いうつ病発生率を示しても不思議はないが、そのような傾向がないのは驚くべきことである。しかしながら、アトピー性皮膚炎患者の一部は、うつ病との関連性が認められている。多発性硬化症（訳注：multiple sclerosis、中枢神経の脱髄による多彩な感覚・運動障害を示す原因不明の難病）患者の間では、多幸症が一般的であるが、約一〇パーセントがうつ病に苦しんでいる。頭痛、特に片頭痛とうつ病との間には明確な関連性がある。脳卒中患者は、発作の前に約一〇パーセントのうつ病発生率を示した。脳卒中後のうつ病の発症と左前頭葉の脳病変の存在との間には関連がある。頭部への打撃のような外傷性脳損傷も、うつ病の原因となることがある。慢性疼痛とうつ病は関連があると思われるが、どちらが原因かは不明である。

季節性うつ病（季節性情動障害）

季節性情動障害（ＳＡＤ）はヒポクラテスによって紀元前四〇〇年もの昔に認識され、ギリシャやローマの医師が患者の目に太陽光を当てることで、この種のメランコリーを治療した証拠がある。より最近では、前世紀の終わりに北極探検に同行した医師が、訪問した極地のイヌイットおよび遠征隊のメンバーたちの両方に、太陽光がないことの深刻な影響があったことを指摘した。彼らの症候群として疲労、性欲減退、抑うつ症状が一般的に認められると報告書に記載されている。

北半球の緯度の高い地域では、日光の不足が原因の季節性情動障害（ＳＡＤ）の発生率の増加が注目されている。この病気は、日が短くなり、暗い時間が増えるにつれて増加し、症状も悪化する。また、患者が北方に移動すればするほど、また日光が入らない部屋で仕事をする時間が長くなるほど症状が悪化する。緯度が最も高い地域に住む人々の中で、ＳＡＤを経験する人は五パーセントに過ぎないが、より穏やかな気分の変調を経験する人々の比率はもっと高くなる。うつ病の発生率の季節変動は十分に確立されているが、うつ病がどの季節に最も高くなるかに関しては、明確な証拠はない。一般的に、北半球においては、より北に行くほどうつ病は冬に最も多く発生していると考えられているが、これと矛盾する研究もある。しかし、女性は男性よりも冬季うつ病になりやすく、発症年齢はおよそ二〇〜三〇歳であることがわかっている。ワシントンのある調査では、ほぼ一〇パーセントの女性が、本格的なうつ病ではないものの、冬の影響を受けた季節性抑うつ症状を発症する。他の調査でインタビューされた者の半数以上は、気分の季節変化を報告した。

一部の患者は毎年、一年の同じ時期にうつ状態になる。それは特定の季節に関係する場合もしない場合もある。ある女性は毎年、感謝祭の前日になるとボストンのある病院に来て入院を希望する。そのとき彼女は一見どこも悪いところはないようにみえるが、入院後二四時間以内に間違いなく重度のうつ病を発症する。彼女の病状が非常に高い一貫性を示すことから、もし適切な研究方法がわかってさえいれば、彼女はうつ病を理解するためのほとんど理想的なモデルになるはずである。そのように考えた一人の若いインターンが彼の生涯を捧げて彼女のうつ病を研究しようとする誘惑に駆られたほどであった。

私が初冬のある日、フィンランドを訪れたとき、ヘルシンキの多くの住民はかなり陰鬱に見えたが、ついに雪が降りだしたとき、彼らは救われたように見えた。一一月後半の冬の日は昼間が短くて暗く、雨が陰鬱さを増していた。全てを明るくしたのが雪の到来であった。雪が降りだしたとき、人々の歓声さえも上がった。やがて積雪によって人々はスキーを履いて働きに行けるようになった。新聞は、冬のうつ病が蔓延していることを報告し、教師や科学者の三分の一は、SADの兆しを見せていた。私のホストは研究室に太陽灯を備えていたが、結果は希望がもてるもので、点灯によって人々はより多く会話するようになった。町の中心部にあるファッショナブルな「カフェ・エンジェル」も、窓側のテーブルのそばに、太陽灯を備えつけていた。ただし、それらの約半分しかオンになっていなかったが。

SADは、フィンランドでは他のヨーロッパ諸国に比べてはるかに高率に起こるだろうと誰でも思うであろう。しかし、これは事実ではないようだ。地元の精神科医は、SADの発生率はヨーロッパ諸国のどの国でもほぼ同じであり、人口の約一ないし二パーセントであって、この「ヨーロッパ諸国」にはスペインやイタリアも含まれていると私に保証した。しかしながら、疾患の重症度には差があった。女性は男性よりもはるかにSADになりやすく、ときには五～一〇倍多いことがほとんどの研究で認められている。

これらの研究は、多くのイベントがうつ病の引き金となることを示している。うつ病の多くは喪失と関係しているが、どれも唯一の原因ではない。うつ病の原因は人々の社会環境や過去の経験の文脈の中で検討されるべきであり、少なくとも彼らの遺伝子構成だけを問題にしてはならない。中には高度に内因的であって、明白な引き金が存在しないうつ病が存在する可能性もあるが、うつ病の発症は複雑なプロセスのネットワークの結果である。したがってうつ病の発症には種々の経路があると考えられる。残念なことに、予後の一つは患者をしばしば自殺へと導く。

第6章　うつ病と自殺

うつ病は致命的である

うつ病はしばしば致命的である。うつ病患者の自殺願望はあまりにもありふれており、驚くほど多数——重症のうつ病患者の約一〇人に一人——が実際に自殺する。もっと高い数字をあげる人もいる。躁うつ病の自殺率はさらに高く、一〇パーセントと二〇パーセントの間にある。

私のうつ病が最も重症だったとき、私は自殺以外のことはほとんど何も考えられなかった。生物学者でありながら、私は自分が自殺してしまうことを食い止める方法を何も思いつかなかった。それ以上の苦痛に耐えられなかった私は、そのとき自分が入手できる薬のうち、何を使えば自殺できるかを考えた。そして処方された自分の心臓病薬や睡眠薬を自殺に使うために備蓄しはじめた。しかし、これらで確実に自殺できるかどうかに確信がもてず、自殺に失敗してもっと悲惨な結果になるのは嫌だとも考えた。入院していた病院では、私の病室は七階にあり、広い窓があった。その窓は開閉できないように作られていたので、私は椅子で窓をぶち割って、そこから飛び降り自殺することも想像した。しかしもともと臆病な性格の私には、ビルの七階から飛び降りる勇気が出るとは思えなかった。私は列車に飛び込むことも考えた。しかし、生来の臆病と、列車に轢かれる苦痛を想像すると、やはり実行は無理と思えた。自分のベッドの横にボタンがあって、それを押せば苦痛なしに死ねたらどんなにいいだろうと想像し、そんなボタンが実際にあれば自分は確実にそれを押すだろう、と思った。日中、病院から自宅に戻っていたとき、部屋を突っ走ってガラス戸を頭で壊し、壊れた窓ガラスで自分の喉を切断することを繰り返し想像した。実際にそうすることを思いとどまらせたものが何であったと思われるだろうか？　妻はそのような私の自殺願望を知って激怒し、私の自殺は彼女と我々の子どもたちに耐えられないほどの苦しみを与えるだろうと言った。彼女は、たとえ私の今の悲惨な状態がこの先一年間変わらないとしても私を支え続ける、と言ってくれた。幸いにも私は彼女を信じることができ、そして私の緩やかな回復がはじまった。

うつ病患者が自分自身を傷つけ、自殺したくなる理由には、どうしようもない無力感、耐え難い苦痛、極度の気分の悪化など各種の要因が混合している。うつ病患者の多くは自殺願望をもつ。――たとえば、真に驚くべきことに、青年期のうつ病患者の約半数は、週にほぼ一度は自殺したくなるといわれる。しかし、自殺願望を抱くこととそれを実行に移すことの間には大きな隔たりがあり、それを実行に移す者は少数である。自殺は常にうつ病に関連づけられるわけではなく、統合失調症やアルコール依存症でもかなり高率に自殺がみられる。また非西洋文化においては、西洋とは全く異なる理由により、驚くべき条件下で自殺が実行される。

詩人や作家たちの自殺願望

多くの詩人や作家が彼らの自殺願望について書き残している。たとえばシェリー（訳注：Percy B. Shelley：一七九二‐一八二二、英国のロマン派詩人）は次のように書いている。

もしできることならわたしは、
ひどく陰鬱な野生の木の木陰に
疲れたからだを横たえ、
生け贄となったわたしのひからびたからだに
絶え間なく燃え上がる炎を消そうとするだろう。
そしてわたしは目を閉じて夢をみる。
そして乞い願うだろう。
もしそれで苦痛から逃れられるならば
どこか遠くの平野に行って
そこでわたしの命を終わらせることを。
わたしは乞い願うだろう。
乾いていく心の狂気について
冷たい細い指で書くことを

その地で終わらせることを。

トルストイが五〇歳の頃、宗教的な転向の前に自殺の危機を経験し、それを『我が告白』(*My Confession*)に、以下のように記録した。彼が自分は健康で幸せだったと書く一方で、自殺願望について書いているのは奇妙であるが、それはまさしく、うつ病にみられる逆説的な特色の一つである。

「真実は以下の一言に尽きる――「人生は私にとって無意味である」。毎日の人生が、そしてその中の全ての出来事が、私を断崖の縁に導いて行った。そこに私の最終的な破滅が待ち構えているのを私は明瞭に知っていた。立ち止まることも、引き返すこともできなかった。私を待ち構えているものが自分の死と一切の消滅であることを目を閉じて見ないようにすることも不可能だった。健康で幸せな男だった私は、もはや生きていくことはできないと思い、抵抗できない強い力が私を墓場に引きずっていくのを感じていた。私自身が自殺したいと望んでいるかどうかは必ずしも明らかではなかったが、生き続けることから私を引き離そうとする力は、自分のどのような願望よりも強く、より確かで、私に対して圧倒的で全面的な影響力をもっていた。それは以前に、私を生きることに結びつけていた力が、今度は逆の方向に作用する力に変わっただけのように感じられた。自殺のアイデアはごく自然にやってきた。それは以前に私の人生をよりよくしようとする願いと全く同じような力をもっていた。自殺は私にとってあまりにも魅力的だったので、自分が急いで自殺してしまわないように、私は一種の自己欺瞞を演じざるをえなかった。私が急いで自殺することに消極的であった理由はただ一つ、まず自分の思考の混乱を一掃しようと決心したからであった。思考の整理が終われば、いつでも自殺できると思えた。私は巧妙だった。まず紐を離れたところに隠した。その理由は、急にその紐を使って、書斎の書棚の間にある金具で首吊り自殺を実行する誘惑に駆られないようにするためだった。私は毎晩、脱いだ衣服をその金具に吊るしていたのだ。それから私は銃を携帯するのをやめた。それがあまりにも簡単に私の命を奪う手段を提供すると思ったからだ。私には自分が生と死のどちらを本当に望んでいるのかわからなかった。私は生きることを恐れていたが、それでもなお、人生にまだ何かを期待していたのだ」。

詩人アン・セクストン（訳注：Anne Sexton：一九二八－一九七四、米国の詩人）は、躁うつ病に苦しみ、四六歳で自殺したが、彼女は『死に至る病』（*Sickness Onto Death*）と題する以下のような素晴らしい詩にその苦痛を書き残した。

神はわたしから出て行かれた。
海が干からびたサンドペーパーになってしまったかのように、
太陽が地面を掘った排泄穴になってしまったかのように、
神はわたしの指をすり抜けて行ってしまわれた。
人々は石になった。

わたしの体は羊のあばら肉になり、
あてもなく食肉処理場をさまよった。

絶望したわたしに誰かがオレンジをくれたが、
わたしは一つも食べられなかった。
神はオレンジの中におられたが、
わたしは自分のものでないものには
触れることができなかった。

司祭がやって来て、
神はヒトラーの中にさえおられると言った。
わたしは彼を信じなかった。
もし神がヒトラーの中にもおられるのなら、
わたしの中におられてもいいはずだから。

わたしは小鳥の声を聞かなかった。
それらは翔んで行ってしまった。
わたしは無言の群衆を見なかった。

わたしは自分の信仰の証である小皿が、
噴火口の中で砕けているのを見た。

ずっと握りしめていられるものが欲しいと
言い続けるわたしに、
人々は聖書や、十字架や黄色のヒナギクをくれたが、
わたしはそれらに触れることができなかった。

うごめく腸でいっぱいの家のようなわたし、
汚れた祭壇のようなわたし、
神に向かって這いずり寄ろうとしているわたし、
動くこともパンを食べることもできないわたし、
だからわたしは自分で自分を食べる。
一口嚙んで、またもう一口嚙んで、
そして涙がわたしを洗う。
臆病な波が後から後からやってきて、
崩れた波が崩れた波を飲み込む。

そしてイエスはわたしを見下ろして立ち、
わたしが死んでいるのを見てほほえみ、
彼の口をわたしの口に重ねて
わたしに生気を吹き込んだ。
そして隣のベッドの狂気の女に
黄色のヒナギクをくれたわたしの親族や、
兄弟たちにも生気を吹き込んだ。

日本の作家、芥川龍之介は、一九二七年に三五歳で自殺したが、彼の作品『或阿呆の一生[1]』に、次のように書いている。

「それは僕の一生の中でも最も恐ろしい経験だった――僕はもうこの先を書きつづける力を持っていない。こう云う気もちの中に生きているのは何とも言われない苦痛である。誰か僕の眠っているうちにそっと絞め殺してくれるものはないか？」。

自殺率の地域差、年齢差、性差

重症のうつ病患者の五人に一人は自殺を試みる。しかし、死亡原因が自殺であったかどうかを確認することは必ずしも容易ではない。自殺が事故であるように見せかけるために、車を壁に激突させて死のうと考えていた人の例を私は知っている。別のケースでは、ある若い女性が家族に真の原因を気づかれずに自殺するために、バイクに乗る練習をした例を知っている。幸いにも彼女は自殺する前に回復した。

自殺には遺伝的背景が関係していると考えられる。このことは、一卵性双生児の片方が自殺すると、もう片方が自殺する確率が一卵性でない双子の場合よりも高くなることからわかる。米国では、うつ病の若い男性の年間自殺者数は、ベトナム戦争やエイズの死亡者数と同程度の多さだった。

自殺は重症のうつ病よりもさらに強い偏見にさらされている。世界の多くの地域では、自殺は違法行為とみなされており、したがってそのような地域から提出される自殺者数の統計データは信用できない。自殺に関する統計情報を提供している国は、国連加盟国のうちの四分の一に過ぎない。世界保健機関（WHO）は、一九九四年に、約四〇の地域の人口一〇万人あたりの自殺率の数字を示している[2]が、上位に位置するのは、ラトビア、リトアニア、エストニア、ロシアで約四〇人、フィンランド約三〇人、デンマーク、オーストリア、スイス約二五人、フランスとベルギーは約二〇人、ドイツ、

（1）著者は『或阿呆の一生』からの引用としているが、前記の文章は、芥川の自殺直前の遺作『歯車』の最終章、「六　飛行機」の最終節からの引用である。

（2）前記のデータはやや古く、最近のデータではバルト三国やロシアの人口一〇万人あたりの自殺率は三〇人以下であり、前記よりは低くなっている。これらの国がいずれも北極に近く、冬が長いことが注目される。東洋における自殺率については後で論じている。

スウェーデンは約一五人、米国、英国、アイルランド、スペインは約一〇人である。

自殺は一般に男性と高齢者に多い。自殺率は既婚者で最低であり、死別や別離を経験した人々の間で最も高い。自殺のリスクの高い職業には、医師（特に女性の医師）、弁護士、ホテル業、バー、貿易関係者、看護師および作家が含まれる。失業はリスクを増大させる。概してうつ病が男性よりも女性にはるかに多いにもかかわらず、自殺者は男性の方が多い。

興味深いのは、自殺率の民族間の違いである。米国では黒人女性の自殺率が特に低く、中年の黒人女性の自殺は事実上知られていない。黒人男性の自殺率も、白人男性の約半分である。現地調査の対象とされてきたインドの小さな地域における自殺率は、女性が一〇万人あたり約三五人という異常に高い数字を示し、男性の三倍多かった。英国の自殺率は、二つの世界大戦の間は減少したが、一九三〇年代の経済不況時には特に増加した。別のピークが一九五〇年代後半にあったが、その理由はよくわかっていない。男性は車の排気ガスを使って自殺する例が多く、約半分がこれによる自殺であった。一方、女性は抗うつ薬などの薬を使用する傾向がある。自殺例の約三分の二で、本人が自殺の意図を親族などに話しており、ほぼ同率の者が自殺の前の一カ月間に、精神科医に自殺の意図を漏らしていた。

公的な統計によれば、米国では年間約三万二〇〇〇人が自殺する。実際には自殺であっても単なる病死と報告される例が多いことから、実数はおそらくこれよりはるかに多いと考えられる。成功した自殺一件につき、おそらくその一〇〇倍もの自殺の試みがあり、したがっておそらく毎年数百万件の自殺の試みが存在すると推定される。自殺しようとする若者の数は増加している。一件の自殺に対して、少なくとも五人が各種の影響を受けると思われるので、自殺が社会に与える影響は甚大である。
自殺の原因として家庭の荒廃が過小評価されてはならない。米国では毎年、少なくとも六万人の子どもが親族の自殺を経験する。これは明らかに非常にストレスの多いライフイベントになる。親族の自殺を経験した青年は、特にその経験の後一年以内にうつ病を発症するリスクが高くなる。

自殺の理由

ヒトを自殺へと駆り立てるもの何だろうか？　原因は複雑であり、生物学的および心理学的・社会的要因の両方が関与している。自殺者の親族、友人や医療記録から得られた情報を心理学的観点から分析すると、自殺した人々が通常、深刻な精神的障害、特に最も頻繁にうつ病を発症していたことがわかる。うつ病患者が自殺する可能性が最も高い時期は、発病の初期と終期である。自殺の要因としては、うつ病の程度よりも、絶望感の強さが重要な要因であると考えられる。ウィリアム・スタイロン（第1章の訳注を参照）はそのことを以下のように巧みに説明している。

「うつ病にみられる絶望は人間に生息する精神によって病気の脳に仕掛けられたいくつかの邪悪なトリックに起因するものである。その苦痛は灼熱の監獄に投獄されたような極悪非道な不快感に似ている。この窒息するような閉塞状況から逃れる方法がないことから、犠牲者が自らを完全に消滅させることを絶え間なく考え続けるのは当然のことである」。

アルコール依存症患者の大多数にうつ症状が認められる。薬物中毒者およびアルコール乱用者の約四人に一人もの多くの人が最終的に自殺する。うつ病が薬物乱用の原因なのか、あるいはその逆なのかを判断するのは困難であるが、うつ病と薬物乱用に相関があることは確かである。米国における一〇代の自殺者六七人に関する研究では、約四〇パーセントに重症のうつ病が認められ、約三〇パーセントがアルコールや薬物の中毒者であった。同様の結果は、フィンランドの研究でも認められた。青年男性の自殺者には、一般的に両親や片親との別離、親の暴力およびアルコール乱用が認められた。青年の自殺の原因は家庭不和や虐待だけではない。自殺が家族ぐるみで実行される傾向が中程度に認められた。

個人の心理学的諸要因がその個人を自殺に追いやる原因となることは間違いない。エミール・デュルケーム（訳注：Emile Durkheim：一八五八－一九一七、フランスの社会学者、方法論的集団主義の提唱者）は、フロイトの前に行った有名な自殺の研究から、自殺の理由には三種類あると提唱した。第一のタイプ「利己的自殺」は、個人が自分のもてるものを社会に提供し、社会の中での自分の居場所を見つけることに失敗することが原因で起こる。これとは対照的に、第二のタイプ「利他的自殺」は、個人が所属するグループの目標にあまりにも完全に没頭しているときに、グループが掲げるもっともな理由のために、進んで死ぬ場合をいう。第三のタイプ「社会規範とは無関係な自殺」は、たとえば私たちがライフイベントと呼ぶ、近親者との死別のような、全く個人的な事件の結果として発生する自殺をいう。

芸術家のラルフ・バートン（訳注：Ralph Barton：一八九一－一九三一、米国の画家、第一次世界大戦後に活躍し、風刺画を得意とした）が自殺したとき、彼は遺書に次のように予告した。

「私が世を去った後に遺された人々は、私が自殺した理由を理解したいという誘惑に駆られて、あらゆる方法で私の自殺の理由を説明しようと試みるであろう。しかし、私を自殺に追い込んだ決定的に重要な一つの理由が私の精神病であったことは見逃され続けるであろう。私を知っていた人々、および私の自殺を知った人々は誰でも、私がなぜ自殺したかについて異なる説明をするだろう。それらの説明のほとんどは、劇的かもしれないが、それらはみな完全に間違っているだろう」。

自殺の理由は心の病気である。人生の諸困難は、単純なライフイベントを肥大させる。そして本当に自殺に成功した人は彼ら特有の困難を肥大させすぎた結果として自殺したといえるだろう。バートンは、実際に二～三の問題を抱えていたが、一方では彼は確かに非常に魅力的な生活を楽しんでもいた。バートンは、実際に幼児期からうつ症状に苦しんでいたし、自殺の何年も前に、躁うつ病の明確な症状を示してもいた。しかしその一方で、彼は常に優れた肉体的健康を楽しんでいた。これら全ては、彼が普通の人のように労働し、人生の単純な喜びを楽しむことを妨げた。彼は複数の結婚や海外生活を駆け足で経験したが、それらは自分自身から脱出したいと思うあまりの馬鹿げた努力であったと後に彼自身が語っている。自殺は彼にとって、最後に残された唯一の逃げ道であったようにみえる。

西欧社会以外における自殺

人類学者の著作によれば、個人が精神疾患の兆候を全く示すことなく、巨大な社会的圧力の下で自殺する例がよくある。このような自殺は、彼らが文化的に受け入れられやすい様式で彼らの耐え難い苦悩を表現、あるいは処理しているかもしれないことを示唆している。一般に自殺は都市生活や工業化と関連が深いと考えられているが、真実はもっと複雑であり、文化の違いが非常に重要な役割を果たしている。たとえば、一部のアメリカインディアンの高い自殺率は、彼らのアルコール依存症の率が高いことと関連があると考えられている。また、中国は世界でも最も自殺が多い地域の一つであり、自殺率は西洋の約三倍高いと推定されている。中国における自殺の明らかな特徴の一つは、欧米とは反対に、男性よりも女性の自殺が多いことである。特に農村部では、女性と男性の自殺率の比率は四対一である。この問題は中国で人気のある月刊誌に、「なぜ自殺を選ぶのか?」というタイトルの特集記事が連載されたほど大きな話題になった。西洋の自殺は重度のうつ病に関連すると考えられているが、マイケル・フィリップスの中国における研究によれば、従来の概念のうつ病による自殺の比率は自殺全体の半分以下であり、うつ病に代わって最も多い自殺の理由は、耐え難い社会的ストレスが犠牲者を自殺へと導くもので、「合理的自殺」と呼ばれている。女性は冷酷な法律、夫の不実、貧困などに頻繁に苦しみ、農村部では通常、容易に入手可能な殺虫剤を衝動的に飲んで自殺を図る。そして十分な医療サービスが存在しない状態で彼女らは簡単に死亡する。

南太平洋諸島では、男性の自殺が流行し、男性の死亡の主要な原因になっている。若い男性の間で自殺が流行する理由に関する地元民の説明によれば、彼らは社会から強力な非難を受けており、それからの逃避と恥の感覚の表現として自殺すると考えられている。このような自殺の増加は、若者たちの、伝統的な男性社会への参入の失敗や、家族内での衝突の増加に関連しており、このような自殺は復讐と融和の両方の表現とみられている。また、パプア・ニューギニアの女性の自殺の理由は、通常の結婚にもよくある虐待に対する計算された報復とみられている。スリランカは一九九一年に一〇万人あたり四七人という、世界最高の自殺率を記録したが、犠牲者のほとんどは三〇歳未満であり、社会の急激な変化や高い失業率に非難が向けられている。絶望と疎外を抱く若い人たちにとって、先述の中国の例のように殺虫剤に容易にアクセスできる環境が自殺のための便利な手段を提供している。

インドにおける自殺の研究によれば、自殺の原因に、（ハンセン病のような）恐ろしい病気、貧困、恋愛、金銭的損失、受験の失敗などが含まれていた。これらは、全ての社会で自殺の一般的原因になっており、社会的要因の重要性を強調している。しかし、インドの主要医療システム、アーユルヴェーダでは、自殺を重要な臨床イベントとして特定していない。また、ジャイナ教とヒンドゥー教の文化の両方が、一応は自殺を非難するものの、生活環境からの自殺はやむをえなかったと自殺を正当化する。自殺のための正当な理由に、終末期の不治の病が含まれる。

未亡人の伝統的自殺（サティ）は、ヒンドゥー教では理想的な妻の徳目とされている。古典的な風習では、未亡人は死んだ夫の火葬の際に火中に身を投じる。サティは紀元前三〇〇年もの昔から記録されているが、この方法で死んだ女性のうちどれほどが自らの意志で自殺し、どれほどが親族に励まされてそうしたかは不明である。一六世紀に、侵略者に捕虜にされるのを避けるために女性が大量に自殺したという報告もある。また、インドでは二〇世紀に、自殺が政治的な抗議の形態として利用された。

日本社会では伝統的に自殺が受け入れられ、むしろ歓迎されてきたという印象が、欧米では非常に一般的である。しかし、一九五〇年代の日本に比較的高い自殺率が認められたが、それ以後は着実に減少し、現在では多くの欧州諸国に比べても日本の自殺率は高くない[3]。日本に自殺が多いという印象はおそらく、ハラキリ（*hara-kiri*: 切腹）として知られている過去の日本の儀式的自殺という神話の過剰な強調のためと考えられる。現代日本では、自殺は多くの場合、絶望的な状況を解決するための唯一の方法であるとみなされる状況で起こる（これは他の多くの文化においても同様である）。しかし現在の日本では自殺は立派な行為とはみなされておらず、伝統として容認されてもいない。現代の日本では自殺に強い不名誉感が付随しており、精神疾患にも強い偏見がある。自殺後に残された家族は何事もなかったかのように振る舞う。日本における自殺の原因は、他の地域と同様に複雑で多因子的である。ただし、一九八六年に一人の有名な歌手、岡田有希子が飛び降り自殺したとき、後追い自殺が集中的に起こった。彼女の死から二週間以内に三〇人以上の若者が自ら命を絶った。

精神分析理論による自殺の説明

他の人々にとっても同様であるが、精神分析家にとっては特に、自殺についての説明を理論化することが常に課題となってきた。フロイトが『喪とメランコリア』(*Mourning and Melancholia*) でそれに挑戦した。彼は自殺の理由を次のように説明した。

「エゴ(自我)の自己愛があまりにも強烈なために、我々はそれが基本的状態であり、それが本能的生命を生み出していることを認めざるをえない。そして自己陶酔的なリビドーがあまりにも強烈になると、それが生命の危機に由来する恐怖から我々を開放する。しかし、エゴがいかにして自らの破壊に同意できるのかは誰にも理解できない。我々は誰でも、ずっと以前から知っていたし、それは事実であるが、他人に対する殺人衝動を自分自身に向け、自身を殺したいという思いを抱かなかった神経症患者は一人もいなかった。そして、どのような力の相互作用がこの目的を実行に移すことができるのかは、誰一人として説明できていない。メランコリアの分析によりわかったことは、オブジェクト・カセクシス(4)と呼ばれる自己回帰によって、患者が自分自身をオブジェクトとして扱うことができた場合にのみ――すなわち、患者がオブジェクトに対する敵意を自分自身に向けることができた場合にのみ――エゴは自身を殺すことができる、ということである。その自身に対する敵意は、外部世界に対するエゴのオリジナルの反応を表している。このように、自己愛的なオブジェクトの選択からの回帰により、事実上、外部のオブジェクトは解

(3)　日本は一九五〇年代に人口一〇万人あたり約三〇人と高い自殺率を示したが、その後減少し、最近では二〇人を切っている。一方、韓国の自殺率は近年倍増して、三〇人を超え、OECD加盟国中トップを占めている。

消されているが、それにもかかわらずそれは自我よりもはるかに強力であることが証明される。恋愛と自殺とは、二つの対極的な状況であるが、全く異なる理由から、いずれの場合にもエゴはオブジェクトに圧倒されている」。

しかし、エゴの自己愛が基本的な状態であるとか、自殺願望が常に他人に向けられた殺人衝動の反映であるといった考え方を受け入れることは、本当に合理的であろうか？ このような見解はどのような証拠によって支持されているのだろうか？ うつ病の心理学的基礎を検討するときがきたようだ。

(4) オブジェクト・カセクシス（object-cathexis）とは、精神分析学独自の造語であり、自分自身を自分の外部の客観的対象物（オブジェクト）とみなす心理作用をいう。なお、著者による前記のフロイト理論の説明は、フロイトの著書から説明や注釈抜きで引用されているため、極めて難解であるが、著者にはフロイト理論を読者にわかりやすく説明しようとする意図は全くないようにみえる。その理由はおそらく著者がこの後や第8章に書いているように、フロイト理論には客観的な根拠がないと考えているためであろう。実際のところ、フロイトが前記で言っていることは、「ヒトが誰でももっている他人に対する殺人衝動が自分自身に向けられた場合にうつ病患者は自殺する」という単純な仮説である。しかし、フロイトはその根拠を全く述べておらず、根拠の代わりに、「オブジェクト」や「オブジェクト・カセクシス」のような難解な造語を根拠なしに自明の用語として導入することによって、簡単な仮説をわざわざ難しく表現しているように思われる。

第7章　感情、進化、そして悪性の悲しみ

うつ病は理解できるか

デューラーの彫刻に素晴らしい作品がある。一人の女性が地平線上に飾られた言葉「メランコリア」を見つめているかのように、やや困惑した、物悲しげな表情で座っている作品である。私は彼女の様子に驚かない。うつ病を理解することは情けないほどに困難である。人々の心は複雑であり、彼らの行動は遺伝的要素を含む生物としての諸性質と、各自の過去と現在の経験の両方を反映している。これらは全て互いに影響し合うが、それらの相互作用の仕方があまりにも少ししかわかっていないために、うつ病を理解したいと思っても、我々は混乱と絶望のあまり、もうお手上げだと諦めてしまいたくなる。しかし本当に諦めてしまうのはあまりにも悲観的過ぎるだろう。問題の大きさを過小評価してはならないが、うつ病のはじまり、経過、およびその治療に重要な役割を果たしている特定の要因を少しずつ解きほぐすことは可能である。

うつ病を理解するために、近年多くのことが明らかにされてきた「がん」と対比することが役に立つかもしれない。がんは、脳、肝臓、骨および肺を含む多くの異なる器官を侵すことがあるので、進

行性のがん患者は多くの身体的症状を示すことがある。がんの細胞ベースの理解が全くなかった時代にこのような患者を見ると、途方に暮れるしかなかったと思われる。がんの細胞学的および分子的基盤をより明確にしたのは、二〇世紀いっぱいをかけた多くの大規模な研究であった。我々は今、がんは細胞の正常な成長と増殖のプロセスが間違って進行する結果であることを知っている。たとえば、ヒトの消化管の内側を覆う細胞は継続的に交代しており、そのためには細胞の継続的な増殖が必要である。どの細胞がどのような頻度で増殖するかは非常に厳密に制御されているが、これらの制御プロセスが失敗することがある。その結果、異常な性質を獲得した細胞は、頻繁に分裂するようになり、悪性と致死性を獲得することが避けられなくなる。

がんは、たった一個の細胞からはじまる。その細胞は最初、いくつかの小さな欠陥をもつだけであるが、軽度の異常から一連の段階を経て本格的な悪性段階へと進行する。はじまりは細胞増殖と細胞分化に関連する細胞の挙動を制御する複数の遺伝子の変化（遺伝子突然変異）であるが、それらの細胞の子孫はより多くのエラー、すなわち遺伝子突然変異を蓄積する。悪性細胞はやがてもとの場所から他の臓器に転移して、患者にホルモン作用を含む複雑な影響を及ぼす。しかし、がんを理解するための鍵は細胞の制御プロセスが正常に機能しなくなっていることを認識することである。同様に、うつ病の異常性を理解するには、この疾患の根底にある正常なプロセスを理解する必要がある。

もし我々がうつ病を理解しようと思うなら、我々はまず感情を理解する必要がある。私はうつ病を理解するためには、うつ病の病的な悲しみを理解する必要があると信じている。うつ病は感情の障害である。種々の異なる感情の全てに共通する特徴があるとすれば，それら全ては，外部からの情報刺激によって引き起こされた，報酬や危害に関連するいくつかの種類の個人的な応答を表しているということである。たとえば恐怖は，特定の刺激や行為に対して，人がそれを回避したい，またはそれから逃避したいと思うような全てのタイプの感情的な反応の一つのかたちである。

感情の進化論的理解

動物では威嚇を意味する特定の外部刺激が，個体の闘争または逃走のいずれかの応答を引き出すことが知られている。闘争の場合は，前足を上げて直立し，ボクサーのような姿勢をとることがある。逃走の場合は，後方に跳び下がり，金切り声を上げることがある。これらの行動は外部からの刺激が脳の特定の領域に到達することによって引き起こされるが，外部刺激とは無関係に，病的に誘発されることがあり，あるいは抑制されることもある。幸福，恐怖，怒り，悲しみ，嫌悪，および驚きを含む多くの種類の基本的な感情があり，それぞれが瞬間的で，短命で，勝手に起こる特徴的な信号によって生じる。感情と気分の区別を可能にするのはこれらの特性である。気分は満足や抑うつ状態のように徐々に形成され，比較的長めの期間にわたって続く。これに対し感情は，特定の信号によって直ちに引き起こされ，通常短時間で消失するので，気分とは区別できる。悲しみはその継続期間によって，感情でもあり，気分でもある。

全く異なる文化に属する人々でも共通認識が可能な，基本的な感情が存在することには十分な証拠がある。ポール・エクマン（訳注：Paul Ekman：一九三四－、米国の心理学者、感情と表情に関する先駆的研究で有名）は、パプア・ニューギニアの孤立した人々を含む、異なる文化に属する人々に、幸福、悲しみ、怒り、恐怖、嫌悪などの感情を表現する人々の写真を示し、彼らの全てが写真の感情に合った適切なストーリーを何の困難もなく構成できることを示した。これらの感情がそれほど容易に認識できたということは、それらの感情と表情が異なる文化を超えて普遍的であるという考え方を支持している。

進化論的思考方法は、人間の特性としての適応性を重視する。たとえば人間は対象物を細かく操作できるような手と頭脳をもつが、これらの能力を制御するための遺伝子が進化の過程で選択されてきたであろうことは明らかであり、改めて説明する必要はないだろう。しかしながら、この考え方は問題を生じる。たとえば、なぜ我々を病気にかかりやすくする遺伝子が自然選択によって排除されなかったのか、という問題である。しかし、さらに深い研究によって、有害でしかないと思われていた特定の「病気の遺伝子」に、貴重な生き残りのための機能があることが明らかになった。その完璧な例は鎌状赤血球貧血である。この病気は、ヘモグロビン分子の遺伝子突然変異により、赤血球の形の鎌状化をもたらす。この変化は、赤血球の毛細血管内の循環を難しくするため、かなり深刻な循環障害を引き起こす遺伝性疾患である。これは、ヘモグロビンをコードする遺伝子が二本の相同染色体の両方で鎌状変異遺伝子をもつ場合にのみ発症する病気であることがわかっている。変異遺伝子が一方の染色体にしか存在しない場合、その個人はマラリアに対し耐性なので、鎌状赤血球変異をもつことはリスクと利益の両方をもつことになり、この遺伝子変異は進化の過程で生き残った。

最近の進化心理学の考え方は、性的魅力、恐怖、嫌悪感など、様々な人間の感情や行動がどのような適応的な意味をもっているかを理解しようとしている。一つの重要な成果として、妊娠中の女性のつわりが、その嘔吐や吐き気によって胎児を毒素から保護するので、適応的なものであろうという考え方がある。

スティーブン・ピンカー（訳注：Steven A. Pinker：一九五四–、カナダ生まれの米国の実験心理学者、認知心理学者）は、心が本質的に情報を処理するための機械であるとする彼の認知心理学のスキームの中で、感情の適応的機能を捉えようとした。その結果彼は、感情とは個人の生存を支援するための心の適応機能であると考えた。彼によれば、感情の役割は、心の目標をより高いレベルに設定することにある。たとえば、恐怖感は差し迫った危害を回避するという目標をもち、嫌悪感は危険物からの回避を促す。では幸福が果たす適応的な機能は何であろうか？　我々が幸福を追求する理由として最もありそうなことは、もし我々が幸福を達成したとき、我々はよりよく周囲に適応し、より健康的であり、より快適で安全であると感じる可能性が最も高い。したがって幸福は明らかにそれを得るために奮闘するに値する適応状態である。実際、先進国の人々の約八〇パーセントはかなり満足しており、約三〇パーセントは実際に幸福であることを示す証拠がある。しかし、幸福は壊れやすい。他者への羨望が幸福感を低下させることもある。さらに重要なことは、肯定的感情よりも、恐怖や悲しみのような否定的感情が一般により多く認められることである。これは利益よりも損失が人の心に、より大きな影響を与えることを意味する。

普通の健康な人がうつ病をどのように記述しているかに関する研究では、「うつ病」という用語がこの病気を十分に説明していないとの苦情がとりわけ多かったにもかかわらず、ほとんどの人がうつ病と密接に関係する用語として、苦悩と悲しみの二つをあげることがわかった。このように、悲しみを理解することは、うつ病の理解の基本である。悲しみは普遍的な感情であり、普遍的に認められる特別な表情を生み出す。悲しむ人は、まゆ毛の内側の端が引き寄せられて近づき、目の開き方がわずかに少なくなり、ときに下あごがやや前方に押し出され、ブルブル震えることもある。悲しみはしばしば声を上げて泣くことや、すすり泣きを伴う。これらは全て他人に感情を伝達する方法であり、基本的に助けを懇願する表情である。

では悲しみの機能は何だろうか？　悲しみは一般的に否定的な感情とみなされており、どう考えてもこの感情が我々の生活の中で重要な役割を果たしているようにはみえない。しかし、悲しみの機能は何かという問いに対する答えは、「愛着」（attachment）であると考えられる。子どもが母親または保護者との密接な結合を維持するためには、適応的な愛着が必要である。また、母親が子どもと愛着関係をもつことは、子どもの生存を確保し、同時にそれによる彼女自身の遺伝子の保存を可能にするために必要である。愛着はまた、生殖のためのパートナーの生存を助ける。

愛着を確実にする力が悲しみである。幼児が母親を見失ったり、母親から離れたりすることは、必ず幼児に強い悲しみを引き起こすので、幼児は必然的に母親を探し求めねばならなくなる。悲しみのない世界では、両親と子どもたち、あるいはパートナー同士の密接な結合を促進するためにどのような手段が残されているだろうか？　別れても少しも悲しくないとすれば、一人の人間を他の人間と結びつける絆が壊れることからその人間を守るために、一体どのような手段があるというのだろうか？物理的であれ心理的であれ、別離は人間の悲しみの基本的な原因である。

悲しみはまた、重要な目標の達成に失敗することからも生じる。悲しみの重要な特徴は、それが他の諸感情と同様に、適応的に自らの行動を規定していること、つまりそれが個体の生存の可能性をより高めるための行動を具体的に指示することである。悲しみは個人的なつながりを更新し、強化し、損失を埋め合わせるための動機づけになる。ただし死別の場合は、いくら悲しんでも失った人は戻ってこないので、深い悲しみが避けられない。悲しみが愛着または喪失を回復するための駆動力を提供すると考えるのは、飢餓が私たちを動かして何かを食べるように仕向けると考えるのと同様に、不合理な考えではないだろう。食べることは楽しいが、空腹は楽しくないからである。

うつ病はなぜ存在するのか

前記は本質的に感情の進化論的説明であるが、感情を進化論的に説明しようとすれば必然的に一つの難問にぶつかる。それは、うつ病はなぜ存在するのかという疑問である。うつ病は、我々の進化の過程で悲しみがもつ機能と同様に、うつ病になる人々はそうでない人々よりも生き残りやすいといった、適応的に有利な何らかの機能をもっていたのだろうか？　うつ病を進化論的に理解するための主要な試みは、抑うつ状態は私たちが進化的に継承してきた機能の一部であり、何らかの適応的な役割を果たしてきたに違いないとの見解に基づいている。個人がうつ状態にあるとき、その個人の行動は制限される。このことを考えると、研究者たちが注目するうつ病の生物学的機能は、うつ病が個々人の社会的行動、特に社会的な競争に関連する機能を失わせることの中にあると考えられる。

ヒトのうつ病の進化論的起源を説明するための一つの仮説として、社会的競争仮説がある。この仮説では、うつ病が勝利の高揚感とは正反対の、負け戦略と関連づけられている。この仮説によれば、うつ病の機能は、自分の状態が不利なときに、ライバルや上司たちが下位者である自分に対して攻撃的になるのを抑制するための適応であるとみなされている。人間は、性的パートナーや食物を得るための競争において、他の類人猿のような社会的動物と同じく、降伏するためのメカニズムを共有している、との主張がある。降伏は、攻撃者が下位の者に対してそれ以上攻撃的になることを防ぎ、上位者が下位者を受け入れる行動を促す。社会的競争仮説では、「うつ病はグループの支配的なメンバーからの攻撃の可能性を減少させるために、危険な社会的状況で下位者の撤退を促進するメカニズムから進化した」と考える。これは結果的に、社会的な階層化を促進することにより、社会的関係を調整する機能をもつ。

「抑うつ戦略」は三つの主要な機能をもつといわれる。①下位者に無力感を生み出すことによって、下位者が優位者に対し無駄に攻撃的になることを防ぐ、②下位者がもはやライバルへの脅威ではないことを上位者に知らせ、同時に、③下位者に自分が下位者であることを受け入れる気持ちにさせる、の三つである。このようにうつ病は、手加減のない競争によって敗者が被るかもしれない物理的な傷害を受けずに済ませるための儀式的（心理的）な代替物であるという仮説で説明される。ベルベットモンキーの観察から得られた証拠によれば、高位のオスがグループ内の高い地位を失ったとき、背中を丸めて縮こまり、体を揺り動かし、食べ物を拒否して、まるでヒトのうつ病とそっくりな症状を見せることがある。またこのとき、彼らのセロトニン量は低下している。低セロトニン症は、ヒトにおいても抑うつ状態に関係づけられている。

しかし、私は前記の説明には満足していない。この説明は、うつ病が適応的であるという仮定に基づいているが、この仮定には明確な根拠がない。この説明が広まっているという理由だけでうつ病が適応的役割を果たしていると信じることができないのは、心臓病やがんが適応的である、と主張されても信じられないのと同じである。事実はその正反対である。我々がヒトにおける重症のうつ病について知っていることの全ては、それが重い病気であり、この病気にかかると、その個人が適切に機能できなくなることだけである。また私は、類人猿が社会的階層をもっており、その社会には安全のための撤退の仕組みがあることは認めるが、ヒトが同様の社会的階層をもっているという仮説は受け入れられないし、また、ヒトのうつ病の役割がこのような社会的撤退であるという見解も受け入れることができない。

うつ病とまではいかない程度の気分の落ち込みを説明するためのより納得のいく説明は、「社会的ナビゲーション仮説」である。この仮説は、軽度から重症までの全てのうつ病を標準的な進化の理論に基づいて説明しようとする試みである。この仮説によれば、うつ病は特に重要で複雑な社会的問題に対処するうえで、二つの互いに相補的な役割を果たしている可能性があると考える。役割の一つは、重要で複雑な社会的問題を解決するために、個人の限られた認知能力を集中させること、もう一つは、自分に近い社会的パートナー、特に家族に問題解決のための援助を提供してもらうこと、特に、家族が最初は気が進まなかったことに対し、譲歩させるように動機づけることである。うつ病は、もしかすると、患者自身およびその親しいパートナーたちに犠牲を払わせ、患者が正常に機能するようになることに興味をもたせることによって進化的に生き残る力を得てきたかもしれない。たとえば疲労感は、うつ病に非常に一般的な症状であるが、いくら努力してもその努力に値する成果が得られそうにない場合や、環境が一般に好都合でない場合に、この疲労感が患者の無駄なエネルギー消費を節約させ、目標追求の意欲を低減させる動機になるかもしれない。たとえば、高緯度地方で冬に起こるうつ病は、動物の冬眠のような、進化的な省エネルギー機能としてヒトの祖先の間に発生した可能性がある。

しかし私は、これらすべての説明は、あくまでも軽度の気分の落ち込みについては当てはまるかもしれないが、人を衰弱させてしまうような重症のうつ病には当てはまらないことを再度強調しておきたい。

うつ病は「悪性の悲しみ」である

進化の観点からうつ病を理解しようとする場合、我々はうつ病においては通常の感情的なプロセスのうちの、一体何が混乱し病的になっているかを理解する必要がある。その鍵は「悲しみ」にある。フロイトが強調したように、うつ病に関するいかなる理論も、うつ病のもたらす感情と死別がもたらす感情とがなぜこれほどまでによく似ているのか、その理由を説明しなければならない。これを説明できない社会階層モデルは、この点でも再び失格である。

日常的な悲しみが正常な感情の一種であり、適応的で普遍的であることを受け入れるならば、適応的でないうつ病の悲しみが病的な悲しみであることを理解するのに何の困難もないであろう。適応的でないうつ病は、悲しみに関連する感情の根底にあって、もろもろの感情を制御する基本的なプロセスに何らかの異常が起こった結果として起こると考えられる。そして、一旦うつ病が起こってしまうと、その悲しみの感情は正常な悲しみのようにコントロールできなくなり、たとえ悲しみを引き起こした元の刺激がなくなっても、深い悲しみが持続する。私が以前にアナロジーとして示唆したように、「がん」を「細胞の正常な成長過程がコントロールできなくなった状態」と表現できるように、うつ病は「悲しみが制御不能になった状態」と表現できる。うつ病を理解するための便利で実り多いと思われる方法は、「がん」と同じように、うつ病を「悪性の悲しみ」と捉えることである。

うつ病に密接に関連する感情がもう一つある。それは不安である。一般に不安とは、「何か悪いことがすぐに起こりそうだ、と予感する不快な感情」として経験される。しかもそれは、恐怖とも関連している。不安は個人の幸福が脅かされる状況で発生する。紛争、欲求不満、物理的な脅威、そして自尊心が失われる脅威など、不安を引き起こす多くの状況がある。不安は脅威を感じる状況に対する正常な応答であり、個々の人間にそれらの脅威に対処する準備をさせる。つまり不安は個人に働きかけ、危険に対しより強く警戒するように仕向ける。不安がヒトの正常な活動を妨害するほどに頻繁かつ永続的になる場合に限り、不安が病的になったといえる。うつ病にとっての悲しみが悪性であると考えたときと同じ論理を使えば、個人が常に恐ろしいことや有害なことだけを予感するようになれば、「不安が悪性化した」といえるであろう。

「悪性の」(malignant) という形容詞は、うつ病における異常なまでの悲しみ、不安、恐怖を表現するために使用するのに特に適切な用語である。なぜなら、それら悪性の感情は、悪性のがん細胞と同じように、患者の他の多くの心理的プロセスに、まるで侵略者であるかのように入り込み、思考全体に深刻な影響を与えるからである。それらはまた、患者自身だけでなく周囲の人々にも悪影響を与える。

躁うつ病と創造性

では、躁病にはどのような生物学的起源があるのだろうか? 躁病は幸福に関連していると考えることができる。幸福は明確に適応的な感情であり、幸福感という報酬が期待できることを実行するようにヒトを仕向ける。躁病患者は一般に、限度を超えた熱心さで「幸福感追求型」の行動をとろうとするので、躁病は「悪性の幸福」である可能性がある。

躁病はまた、創造性とも関連しているようである。狂気と天才には関係がある、との考えは、異論もあるが、古くからの概念である。もしそれが本当ならば、抑うつ性疾患にも何らかの正の美徳があると考えることができるのではないだろうか？　これはまさに、ケイ・F・ジャミソンが、彼女の著書『業火に焼かれて』（*Torched With Fire*）の中で徹底的に探求している問いかけである。

アリストテレスはメランコリーを賞賛した。それは彼が「哲学、詩、芸術における全ての傑出した作品を生み出すのは憂うつ性気質をもつ人々である」と信じていたからである。古代ギリシャ人の見方では、インスピレーションは精神の特定の状態でのみ獲得できると考えられていた。ソクラテスは、「狂気が天の贈り物であるならば、それは我々が天から最大の祝福を受け取るためのチャネルである」と書いている。狂気はそのようなチャネルの一つであるとみなされていた。古代ギリシャ人は芸術的成果にとって「有害な狂気」と、インスピレーションを生む「神聖な狂気」とを区別していた。ルネサンスでもメランコリーが流行した。

しかし、精神疾患が本当に創造性と関係があるとするならば、どの程度に関係があるのだろうか？この問題を検討しているのは文学者である。ライオネル・トリリング（訳注：Lionel Trilling：一九〇五－一九七六、米国の英文学者、批評家）は、精神障害をもつ芸術家のアイデアは我々の文化の特徴的概念の一つであると主張している。もちろん彼はギリシャ人と同様に、創造的な仕事のためには規律と持続的な努力が必要であり、そのために健康が不可欠であることも強調している。

ここでの創造性と天才に関する議論のほとんどが、ほぼ完全に芸術に限定されていることに注意する必要がある。作家、詩人、画家――まるで彼らだけが創造的であるかのようにいわれ、たとえば、科学、ビジネス、あるいは政治と創造性の関係にはほとんど触れられていない。しかし、創造性が芸術分野の人々の仕事だけに関連しているという考えを真面目に受け取ることはできない。

創造性と精神疾患の関係については、逸話的な物語だけでは不十分である。このことは以前から認識されており、多くの学者が、これらの関係を示す直接的な証拠を発見しようと試みてきた。現代の芸術家の広範囲な伝記の研究によれば、精神疾患の発生率が最も高いのは詩人たちであり、調査された対象者のうちの約二〇パーセントが自殺していることがわかった。作曲家も精神疾患、特にうつ病の発生率が高いことを示した。一般的には芸術家の気分障害は科学者やビジネスマンなどを含む他の専門家たちよりも、少なくとも三倍多い。

ジャミソンは、一七〇五年から一八〇五年の百年間に生まれた英国とアイルランドの詩人たちの気分障害について調査した。このグループの中には、たとえばバイロン卿、サミュエル・ジョンソン、ウィリアム・ブレイク、ウィリアム・ワーズワース、パーシー・V・シェリーやサミュエル・T・コールリッジのような多くの有名人が含まれている。これらの詩人は、一般集団に比べて驚くほど高い割合で気分障害を示した。詩人たちが躁うつ病を患っていた可能性は一般集団の約三〇倍であり、自殺率が約五倍も高かった。現代の作家のグループを対象とした研究でも一般的にこれらの結果を確認しており、作家の約八〇パーセントは何らかの気分障害をもっていた。

ジャミソンは、特定の分野で傑出した業績を認められ、何らかの賞を少なくとも一つ獲得した約五〇人の英国の作家や芸術家のグループの全ての人にインタビューした。ほとんどが男性で、平均年齢は五三歳であった。彼女が知りたかったことは、彼らの創造性における気分の役割であった。彼らのうちの約三分の一以上が過去に気分障害の治療を受けたことがあり、それらのほとんどは、躁うつ病やうつ病のためであった。芸術家や作家はうつ病を苦にしていたが、躁病は苦にしていなかった。実質的に彼ら全てが強烈に生産性の高い創造的な発病期間（エピソード）を経験したことがあると答えた。彼らのほとんど全ては、これらの強烈に創造的な期間の直前に、睡眠の必要性が減少したことを報告していた。彼らはこのときの気分の変化を報告しているが、多くはエクスタシーと高揚感を伴うと説明した。ある者は、書きたいという情熱の高まりについて報告した。その他に、不安も経験していた。彼らは、ほとんどの場合、自分の仕事の成果にとって、これらの気分はなくてはならないものであったと報告した。

創造的芸術は、空想、恐怖、メランコリーを含む、様々な精神的体験から利益を得ることができるようである。おそらく躁とうつの両極端の感情との折り合いをつけるための闘争が創造的な努力をサポートしているのであろう。重症のうつ病は人生の性質と意味についての個人の信念を変えてしまう可能性がある。作家、芸術家、作曲家たちはうつ病の発症で苦労し、それを克服した後、彼らの経験をどのように自分の作品に活かしてきたかを説明している。詩人アン・セクストンは、彼女の作品の中で苦悩を表現し、「創造的な人々は彼らが克服すべき苦悩を避けるべきではない」と述べた。躁病が患者をエネルギーと自信に満ちた状態にすることから、躁病が彼らの創造性を高める理由であろうと理解するのは簡単であるが、うつ病が役に立つ理由を理解するのはあまり簡単ではなさそうである。先に述べたように、うつ状態はより躁病的な病相で生成された思考や感情に、より深い奥行きを加える作用があるのかもしれない。ジャミソンが示唆したように、うつ病は思考を編集するという重要な役割を果たす可能性がある。なぜならうつ病は人が自分の内面を見るように仕向け、自分が生きていることに一体どのような意味があるのか、目的があるのか、そして自分は一体何者なのか、といった非常に難しい質問を自分自身に対して強制することが多いからであろう。

ハーバート・メルビルは、次のように書いている。

「うつ脳の悲しみという驚くべき火災の、閃光を放つ啓示の中で、我々は全てのものをありのままに見る。電子素子が失われて暗くなっても、降りてきた影が、対象の偽の輪郭を再び蘇らせる。そのときの輪郭は、人を欺く元の力強さを失ってはいるが」。

悲しみに精通していることは、多くの芸術家にとって重要なことのようである。詩人アントナン・アルトーは誇張してはいるが、ポイントを突いている。

「誇張抜きでいうが、書いたり、描いたり、彫刻したり、塑像を作ったり、建築したり、発明したりすることを、地獄から抜け出すためにやらなかった者は一人もいない」。

このように、躁うつ病は明らかに個人の作品に火のようなタッチを与えることがある。躁うつ病は強力な遺伝的背景をもっていることから、それはときには進化的な意味での適応的な特性をもっていたかもしれないと思わせる。しかし、躁うつ病の自殺率が非常に高いことや、患者が全く無力になることが多いことを考えると、これはありそうにないことである。

スポーツと精神状態

心の負の影響の議論はほとんどの場合、病気に焦点を当てている。しかしこれと反対に、心が正の影響を与える関係が非常に明白な別の領域がある。それはスポーツの分野である。ランニング、テニス、ゴルフ、あるいはどのスポーツであれ、あらゆる最高レベルのスポーツにおいて、競合者たちの間には技術的なレベルに関してほとんど差がない。このようなとき、成功と勝利への道は、彼らの精神的な態度にかかっている。能力的には十分にチャンピオンの資格がある選手たちが、凡エラーをすることによって、どれほどたびたび彼らの手にしかけていた勝利を逃したことだろう。どんなアマチュアスポーツ選手でも、感情がどれほどパフォーマンスに影響を与えるかを知らないですませることはできない。自信を維持し、心を穏やかに保ち、不安、緊張、および全ての否定的な考えを追放することがいかに重要であるかは、スポーツ心理学者や競合者同士で、今や十分なコンセンサスを得ている。心をそのように澄み切った状態にしてスポーツ活動に集中することによって、脳内の電気的活動は瞑想中に観察されるものに似た状態になり、いわゆるα波が優勢になるという証拠さえある。この状態は成果をさらに高めることと関係がある。スポーツの成功につながるような精神的な態度は、うつ病、不安症、躁うつ病の患者たちには全く見いだすことができない。

ここまでは悪性の感情の概念を、進化論的な考察に基づいて検討してきたが、いまや、心理学的・生物学的基礎についてわかっていることを参照することによって、悲しみがどのようにして悪性になるのか、また、悲しみがどのようにして我々の精神的なプロセス全体に侵入し、我々がものを考える、まさにその過程を改変するのかを検討することができるようになった。

第8章　うつ病の心理学的説明

フロイトの精神分析理論

精神的な疾患を理解するためには、疾患を常に生物学的、心理学的、および社会学的要因の全てと関係づけながら理解しようとする態度が望ましい。しかしこの章では、あえて心理的な側面だけに焦点を当てることにし、その根底にある生理学的要因や、脳内に発生するプロセスに関しては次章で扱うことにする。もちろん私はそのような分離がリスクを伴うことを知っている。そのため、「脳のない心」や「心のない脳」を扱うことは極力避けるつもりである。私の主な目的は、なぜ悲しみがそれほど異常に強くなり、それがうつ病につながるのかを理解することにある。

まず最初に精神分析学的な考え方について検討するが、その理由は必ずしもそれが正しいからではない。それが二〇世紀初頭から強大な影響力を発揮してきたからである。最初の分析の対象は特に独創性に富んだ二人の精神分析家、ジョン・ボウルビィ(1)とアーロン・ベック(2)である。

フロイト、アブラハムおよびクラインによって創始された古典的精神分析理論によれば、うつ病患者は、親しい人を亡くした場合と同様に、亡くなった人や失ったものに対する敵意を隠そうとする。

失ったものに対する心理学的両面性（訳注：一つの現象に対して全く反対の二つの思考、感情、態度などが混在すること）は、精神分析理論の中心的概念である。

精神分析家のジュリア・クリステヴァはうつ病患者の心理学的両面性を次のように表現している。

「私は、その対象を愛していますが、それ以上に、私はそれを嫌っています。私はそれを愛し、それを失うことを恐れるあまりに、それを自分自身の中に埋め込みます。それは自分のうちのもう一つの悪い自己となるので、私はそれを嫌います。私は悪人であり、存在が許されない者であり、私自身の手で自分を殺すべきであると考えます」。

前記は詩的ではあるが、真面目な理論として受け取るのは非常に難しい。うつ病についての精神分析的なアイデアの起源は、フロイトの古典的な論文、『喪とメランコリア』（Mourning And Melancholia）であるが、その中で彼は死別とうつ病を比較し、うつ病における罪の意識と自尊心の喪失を以下のように強調している。

「メランコリアの精神的特徴を数え上げると、深い意気消沈、落胆、外の世界への関心の消失、愛する能力の喪失、全ての外的活動の停止、自己非難と自己罵倒を絶えず口にするほどの自己評価の低下、そして最後は罰を受けることを妄想することで頂点に達する。一つの例外を除いて、これらの特徴が、死別に関しても当てはまることを考えると、この構図はもう少し明瞭になる。すなわち、他の点はみな同じでも、死別の場合には自己評価の混乱は存在しない。深い哀悼、すなわち、愛していた誰かを失ったことに対する反応は、うつ病と同じ痛みを伴う心の枠組みを含んでいる。すなわち、うつ病と同様の、外の世界への関心の消失――それは亡くなった人を取り戻したいと思うあまりに起こる――、亡くなった人に置き換わる新しい愛の対象を獲得する能力の消失、亡くなった人への思いとは無関係な一切の活動からの逃避、などを含む。このような自我の障害と閉じこもりは、死別の悲しみが亡くなった人への排他的献身であり、他に何の関心も目的も残らないことの表現であることは容易に確認できる」。

フロイトの重要な主張は、もし患者の多様な自己非難を辛抱強く聴くならば、多くの場合、最後には誰でも、それらのほとんど暴力的ともいえるほどの自己非難が全く患者自身に向けられたものではなくて、実は誰か他の者に対する非難がかたちを変えて表現されているに過ぎない、という印象を必然的にもつようになるだろう、というものである。フロイトの主張によれば、患者は、自分自身を非難しているのではなく、彼が愛していた、亡くなった誰か、または失った何かを非難しているのである。フロイトはうつ病患者（彼はメランコリアと呼んだが）にあっては、全ての愛は心理学的両面性をもっており、患者たちは愛の対象に向けた敵意を自分自身にも向けている、と仮定している。このようにうつ病患者は、意識的または無意識的に、彼が失ったと考えている誰かのために喪に服している。

（1）ジョン・ボウルビィ（John Bowlby：一九〇七－一九九〇）は、英国の心理学者、精神分析家。彼の愛着理論（attachment theory）は精神分析学とヒトや動物を用いた実験的研究とをはじめて結びつけたもので、彼の方法論はその後の実験心理学の発展に大きく貢献した。なお愛着理論に関しては、第5章、第7章にも記述がある。

（2）アーロン・ベック（Aaron Beck：一九二一－）は、米国の精神科医で、うつ病の認知療法の創始者である。

この「喪失」は、死別の場合には現実のものであるが、多くの場合現実でなく、患者は去って行った誰かを憎み、その人間が死ぬのを願い、幻想でその人を殺した後、その死を悲しんでいるのだ、とフロイトは説明する。

フロイトの弟子たちの理論

一九二〇年代に、アブラハムらの精神分析家が、口唇期(3)において、乳幼児が母親から十分な満足を得られなかったり、母親との関係において限りなく失望したことが、ともにうつ病の原因として中心的な問題であるとの理論を提案した。ある評論家がいうように、フロイトはメランコリアを、あたかも精神的な消化不良の一種と考えていたかのようである。

サンドール・ラドーは、両親が自分を認めてくれることにあまりにも依存しすぎている抑うつ症の幼い子どもとうつ病患者を比較することにより、うつ病患者においては自己愛を満足させたいとの渇望があまりにも強烈であることを強調する理論を開発した。すなわち彼は、うつ病患者が失望に耐えられない理由は、この強すぎる自己愛にあると考えた。

精神分析家のビブリングは、うつ病の病態におけるエゴ（自我）の重要性を強調した。彼はうつ病の原因はエゴ内部の葛藤の結果であり、個人の「目標」とそれを達成する能力との間に不一致が存在し、それが孤立感と無力感につながったことがうつ病の原因であると考えた。彼のいう「目標」には、価値ある者になりたい、愛されたい、強く優れた者になりたい、善き者、愛情に満ちた者になりたい、などの願望が含まれる。彼は口唇期における頻繁な欲求不満が最初に怒りを引き起こし、その後この怒りが無力感に置き換えられる可能性を示唆した。しかし彼は、早い年齢での口唇期固着(4)がうつ病の原因であるとのフロイトの示唆は受け入れなかった。

しかし筆者は、「エゴのような用語は独断的であり、不明確な抽象化であって、構造的にしっかりした概念ではない」、と指摘する人たちに同意する。精神分析家のジェイコブソンは、彼女の自説として、うつ病の中核には自尊心の喪失があること、成長途上の子どもたちの自己イメージが絶えず変化していること、そして愛情に満ちた家族内にあってこそ、子どもたちは最適なレベルの自己イメージを発達させることができる、と主張した。また、メラニー・クラインは、子どもたちは離乳時に抑うつ的な境遇を経験するが、それは離乳が、あたかも母親が失われたかのように感じられて、怒りと悲しみをもたらした結果である、と主張した。そしてこの初期の喪失に対処することができなかったことがその後の人生におけるうつ病の発症と関連していると考えた。一方ルネ・スピッツは、これとは対照的に、正常な成長においては抑うつ的境遇は存在しないと考えたが、母親からの突然の別離が

(3)　口唇期とは、フロイト心理学におけるヒトの性的発達の最初の段階であり、出生から二歳頃までの乳幼児期をいう。

(4)　口唇期固着（oral fixation）とは、精神分析学用語で、口唇期（乳幼児期）における離乳が早すぎたり、逆に遅すぎた場合に、その影響が成人後にも残り、精神的不安定や、タバコや酒への異常な興味などとして現れることをいう。

あったときに子どもたちに発生する深刻な苦痛の役割を強調した。また別の精神分析理論では、女性のうつ病の発生率が男性よりも高い理由として、女性は自分が受けたかもしれない去勢手術に対する恐怖感の役割を強調した。すなわち、女性には男性のペニスをうらやむ気持ちがあり、女性が「自分は知らないうちに去勢された」と信じ込むことにより、ペニスの喪失の感覚をもつ可能性があり、この喪失感覚が抑うつ効果をもたらす、とさえ主張した。

これらの想像は、アイデアとしては面白いかもしれないが、根拠に欠け、しばしば理解することさえ難しい。彼らの用語の定義があまりにも不完全であること、また、それらのアイデアが精神分析家たちの解釈によって再構築されていること、という二つの理由から、これらの考え方は検証することも反証することもできない(5)。しかもより重要なことは、これらの解釈の有効性を裏づけるための基礎を提供するような科学的研究が全くないことである。それにもかかわらず精神分析家たちは、喪失の重要性と、早期の経験の役割に常に大きな重点を置いてきた。

ボウルビィの愛着理論

愛着（attachment）や喪失（loss）の影響に関するジョン・ボウルビィの考え方は、精神分析理論から生まれたものであるが、子どもたちの観察や、動物行動学的研究における彼自身の観察の影響を受けたものである。彼の初期の出版物は、子どもたちの人間関係の経験が彼らの心理的な発達のために極めて重要であることを強調している。人間は本能的に愛情の強い絆を築こうとする。このことは特に、幼児が両親から引き離されると、悲しみと不安の激しい苦痛に苦しむ姿を見れば明らかである。母親との別離の直後は、悲しみよりもむしろ抗議が見られ、これに母親を探索する行動が続く。愛着の対象を発見できないときは、悪性ともいえる強い悲しみにつながることがある。両親への愛着およびそれに関連する行動と感情的な傾向は本質的に本能的なものであるが、それらは小児期に特に学習によって修正される。親による保育なしでも十分生存できるようになるまでは、親に愛着する子どもの本能が子どもの安全を保証する。子どもが成長するにつれて、親への強い愛着が減少し、新たな愛着は通常、異性を対象に形成される。それは男女が次世代の子どもを産み育てるために必要な相互支援を維持することに役立つので、青春期以降の愛着はむしろ適応的である。人が愛着の対象とする人を失ったとき、悲しみが生じるのは、愛着本能の当然の結果であり、悲しみを回避しようとすることが愛着を維持することに役立つ。

ボウルビィは、愛着理論が精神分析理論とは根本的に異なるという立場を維持した。そして彼は、古典的フロイト理論の中心的な理論である二つの理論、すなわち、「子どもが一連の成長段階を通過

（5）反証ができること、すなわち反証可能性（falsifiability）は科学哲学で使われる概念で、検証されようとしている仮説が実験や観察によって反証される可能性があることを意味する。これは科学であれば備えているはずの性質の一つであり、科学哲学者のカール・ポパーが提唱した。やさしくいえば、「どのような手段によっても間違っていることを示す方法がない仮説は科学ではない」と説明される。フロイト理論が「検証することも反証することもできない」と書いていることから、著者が「フロイト理論は科学ではない」と考えていることがわかる。

する間に、そのどれか一つの段階に固着することがある」、および「後に大人になってから、その固着した段階への心理的退行を起こすことがある」の二つのフロイト理論をともに否定した。ボウルビィはまた、感情的な結びつきが食物や性に関係する衝動に由来するというフロイトの考え方も、フロイトと共に精神分析学を創始したメラニー・クラインの理論（前述）も拒否した。その理由は、古典的フロイト理論が無意識の幻想や精神内の葛藤という「お伽話」に基づいていて、確かな証拠に基づいていないからであった。ボウルビィは、作業仮説的な心のモデル（内的作業モデル）を提案したが、その中で彼は、愛着を介して発達した人格を心の中心的な構成要素とみなしている。ただし、他人がどのように自分に応答するか、あるいは人が自分自身をどのように認知するか、といった作業モデルは心理学の永遠の課題であり、これらの作業モデルが経験によってどの程度まで裏づけられ、あるいは修正されるかは明らかでない。

現代の精神分析理論は、それほど保守的でも難解でもなく、愛着理論と共通する特徴がある。これらの理論は乳幼児と母親の愛着をともに自然に生じる動機づけのシステムとみなしている。また、これらの理論は、個人が独立した人格として快適に世界を探索するようになるためには、誰でも乳幼児期における保育が適切でなければならないこと、そして、適切な保育を受けた経験を無意識の記憶として「内面化して」いなければならない、と仮定している。

愛着理論の中心は、フロイトまでさかのぼる三つの信念から成っている。第一に、両親の行動が子どもたちの人格と社会性の発達に強力な影響を及ぼすとの信念、第二に、この親の影響は早期に確立するものであり、両親あるいは養育者との関係が子どもたちに精神的モデルを提供し、これがさらに周囲の人間との相互作用を支配するという信念、そして第三に、その精神的モデルを形成し、それを活性化した経験が、やがて愛情や愛する人の喪失によって不安を引き起こすような相互作用の原因にもなる、という信念である。

サルを用いた研究

ボウルビィの愛着理論は、動物による研究から重要な影響を受けており、実際に動物実験がその重要な根拠となっている。母親から引き離された生後六カ月齢のサルの反応は、ヒトの子どもの反応と驚くほどよく似ている。母親との分離の直後は、悲鳴や叫びを伴う興奮状態と母親を探索する行動がみられる。友達と一緒に遊ぶことがなくなり、屋内の物体は無視される。寝るときには泣いて興奮することが多くなる。数日過ぎるとひきこもり状態となり、無気力になって応答しなくなる。この落込みパターンはかなりの期間持続する。母親との分離時に不慣れな環境へ移動させると、事態はさらに悪化する。

旧世界ザル（訳注：アフリカ、アジアの旧大陸に生息するサル類）と類人猿の研究によれば、両者は乳幼児の一般的な発達の様相がよく似ている。事実上全ての乳幼児は母親とほぼ継続的に接触して、つまり通常は一日の大半を母親の胸にしがみついて数カ月を過ごす。彼らは常に、人間の赤ちゃんにみられるような本能的応答のほとんど全てを表現する。母親の乳房に吸いつき、母親にしがみつき、母親の後を追う。ただし、笑顔を見せる類人猿はチンパンジーの乳幼児だけである。この初期段階の後、全ての乳幼児は彼らの環境を探索する行動を開始するが、その場合でも、安全な拠点として母親を利用し続ける。

アカゲザルの乳幼児は、最初の数週間の生活のほぼ全てを、物理的に母親と接触しているか、少なくとも母親の腕の長さの範囲で過ごすことにより、母親との永続的な愛着的結合を形成する。彼らが積極的に自分の環境を探索するようになるのは生後二カ月を過ぎてからであるが、それでもほとんどの場合、彼らは安全な拠点として母親を利用し続ける。生後約六カ月でやっと、子ザルの活動のうちで同じ年齢の他の子ザルたちとの遊びが優勢となる。オスはやがて群れを離れるが、メスは残りの生涯を通じて同じ群れのメンバーにとどまるので、母親との愛着関係は成熟してからも続く。

誕生と同時に子ザルを母親から分離し、最初の一カ月を人工保育し、その後同じ処置を受けた同年齢の子ザルたちとの小さな独立したコロニー（訳注：同族から成る集団）に配置して彼らを育てると（このような集団をピア（同輩）飼育サルという）、彼らはお互いに強い愛着の絆を発達させる。しかし、彼らの結びつきは、母親に育てられた子ザルたちとその母親たちとの通常の愛着関係ほどには強力ではなく、他の点では正常であるが、子ザルたちの環境への探索行動は少なくなり、一人になると不安そうなおどおどした態度を見せる。

典型的なアカゲザルのコロニーにおいては、サルたちの約二〇パーセントは幼い頃から新しい刺激にひどく敏感であり、しばしば神経質で、恐怖と不安を示し、挑発的行動は最小限しか見せない。このような子ザルたちはあまり探索的ではない。彼らが母親の世話を十分に受けなかった場合は、抑うつ症状に苦しむ可能性がより高くなる。彼らは受動的で、神経質になり、グループの他のメンバーから離れて、背中を丸めて胎児のような姿勢をとり、動かなくなることがある。個体の高い反応性は大部分が遺伝的に決定されていると信じられる理由があり、したがって、これらの観察結果は、遺伝と環境による影響との間の相互作用の重要な一例を提供している。

「ストレンジ・シチュエーション」を用いた研究

ボウルビィの愛着理論に導かれて、我々は自然に、「子どもたちがどれだけ確実に保育者や介護者に結びつけられるか」という点に強く注目するようになった。愛着理論の優れた点は、ボウルビィが意図したとおりに、それが心理学に関連するアイデアを実験や検証によって確認するという、実験心理学の方法論の基礎を提供したことにある。

愛着現象をヒトで研究するために使用される実験の場の設定の一例は、いわゆる「ストレンジ・シチュエーション」と呼ばれるものである。実験者は母親と生後一歳の子どもをそれまでに一度も入ったことがない遊戯室に呼び入れる。その二〇分後、実験者は母親に対し、子どもと実験者を残して、三分間部屋を離れるように依頼する。母親が戻ってきた後、今度は子どもだけを残して母親と実験者の両方が部屋を出て、三分後に子どものもとに戻る。全体のプロセスは、ビデオテープに記録され、母親から離されたときに子どもがどのように行動するかに特に焦点を当てながら、子どもと母親の双方の反応を記録し分析する。

子どもの母親に対する愛着関係と子どもの探索行動との間には相互補完的な関係があり、子ザルの探索行動は安定した愛着関係を反映すると解釈されている。もしヒトの子どもたちが、自分たちの保護者を常に利用可能であり、信頼できると感じているとき、つまり子どもたちが完全に安心した状態にある場合、彼らは保護者から離れてさらに遠くに移動して自分の環境を探索するようになる。彼らは離れたところにも存在する他者との接触、すなわち社交を確立することさえある。

愛着関係と探索的行動の関係は、このようなストレンジ・シチュエーション法を用いて系統的に検討されてきた。そして最も健康的な愛着関係が示されるのは、親が部屋にいることによって子どもが安全を感じているときであり、そのことは、「子どもたちが遊びの中で、最も高い活動性と組織能力を示し、また、遊びに深く没頭することによって示される」と主張された。一方、安全を感じていない子どもたちの活動は、はるかに制限される。ストレンジ・シチュエーション法での異常行動は、後に「心理的な障害の予測因子となる」、とも主張されたが、このような短期間の観察に基づいてそこまでいうのは証拠不十分と思われる。

ストレンジ・シチュエーション法に対する子どもたちの反応は様々であるが、主に四種類の異なる反応のパターンが確認されている。「安定型愛着」と呼ばれるものでは、子どもを母親から引き離したときに、彼らは通常悲しむが、母親と再会したときには挨拶し、非常に迅速に機嫌を直し、その後は安心して遊びや探索行動に戻る。「不安定型（回避型）」のタイプでは、子どもは母親が部屋を出ていってもあまり悲しまず、母親が再び戻ってきたときにも母親を無視する。このような反応は子どもの苦痛の小さな兆候を示している。この場合、母親が部屋にいても子どもの遊びが少なくなり、子どもは母親を常に監視している。対照的に、「不安定型（葛藤型）」のタイプでは、子どもが母親との分離で非常に悲嘆するあまりに、母親と再会した後も慰めることが困難である。この場合、子どもは一般的に母親との接触を求めてはいるが、反抗的であり、背を向け、怒りとしがみつきを交互に示し、探索的遊びはほとんどしない。第四の「無秩序型」と呼ばれるタイプは、異常とみなされるもので、子どもは多様な混乱した行動を示す。その異常行動の中には、母親が戻ってきたときに見せる、凍りついたような冷淡な態度も含まれる。

ストレンジ・シチュエーション法は、異なる文化の多くの研究者に使用され、同じパターンが観察されている。ただし、文化によって観察されるタイプの頻度が異なる。たとえば、「不安定型（葛藤型）」はイスラエルと日本でより一般的であり、「不安定型（回避型）」は米国やヨーロッパでより一般的である。

子どもの観察と同時になされた母親の観察では、「安定型愛着」を示した一歳児たちの母親の反応は子どものニーズに対応してきめ細かく調整されていた。これに対し、「不安定型（回避型）」を見せた子どもたちの母親は、はるかに応答性が乏しく、「不安定型（葛藤型）」の子どもたちの母親は、一貫性のない応答をすることが示唆された。

子ども時代に母親への愛着が乏しかった経験をもつ場合、成人後の生活でうつ病になりやすいといういくつかの証拠がある。「不安定型（葛藤型）」の子どもたちの場合、子どもたちのニーズはときには対応され、ときには対応されない。また、対応が早かったり遅かったり、またあるときは対応が過度に甘い。結果として両親は子どもから信頼されず、子どもが親の態度を予想することが困難である。このような環境で育った子どもたちは、他の人々に自分の要求や感情を効果的に発信することができなかった、と主張された。彼らは養育者に依存したまま、自分の本来の能力の感覚を発達させることができず、自尊心が不足していた。彼らはその後の人生で、人間関係は信頼できないものだという信念をもち続ける。このような個人はうつ病になりやすいと考えられる。彼らは他の人に大きく依存しながら孤独であり、自分は周囲に拒否され、愛されていないという感覚をもつことが特徴的である。ただし、彼らがうつ病になりやすいと断定するための証拠は依然として不十分であり、前記は示唆的な考え方に過ぎない。

「不安定型（回避型）」の子どもたちの親または保護者は、子どもが予測可能な方法で行動することもあるが全く応答しないこともあり、多くの場合、結果的にこれらの親や保護者は子どもの不快感を増大させるように行動するため、子どもたちはこのような両親からの反応を避けるために、自分の気持ちを無視することを学ぶ。彼らは自己批判的なうつ病になりやすく、自分が無価値であると感じ、常にその気持ちを補償しようとする。彼らは人間関係よりもむしろ決められたことを達成することに没頭する傾向がある。状況の制御に失敗することは彼らの自尊心を傷つける。しかし、繰り返すが、これらの主張は客観的証拠に乏しく、示唆以上のものではない。

乳幼児期に一旦愛着関係がうまく確立されると，そのパターンは比較的安定しており，一歳児の行動パターンの八〇パーセントは五年後も同様に認められた。「安定型愛着」を示した子どもたちは六歳時に，「安定型愛着」を示さなかった子どもたちよりも，より社会性に自信をもっており，集中能力でも優れていて，より積極的であった。また，このような性格のパターンは次の世代にも引き継がれるようにみえた。すなわち，インタビューを通じて発見された母親自身の子どもの頃の親との愛着関係の状況から，彼女の子どもがどのように応答するかを的確に予測できた。

一般に，自分が子どもだった頃の親への愛着が安定していたことを首尾一貫して詳細に説明できる親は，安定した愛着をもつ子どもを育てていた。一方，子どもに対して「放任・放置型」であると記録された母親たちは，自分が子どもだった頃の愛着の状態に関する質問に対し，短く，不完全で，多くの場合理想化された説明をした。このような母親は「葛藤型」の乳幼児をもつ傾向があった。うつ病の母親は子どもとの間に安定した愛着を形成させることが困難であるという証拠がある。

これらの研究の結果から，誰もが自然に子育てにおける母親の役割を強調したくなるであろう。しかし，そのためにラット，サルまたはヒトの乳幼児における本質的な生物学的違いを無視することは全く賢明な態度とはいえない。著者が自分で実際に観察したことがあるが，サルの乳幼児の一部には，生まれたときから周囲を異常に怖がり，周囲に目立たないように不動の姿勢を取り続ける個体がいる。同様にヒトにも生まれつきの気質があるように思われる。ヒトの場合，生後一六週から七歳になるまで一定の間隔で観察された例では，一六週齢の乳児の約五分の一は，アルコールの匂いをかがせるテストに非常に強い反応性を示した――それは彼らを興奮させ、機嫌を悪くした。しかし、約三分の一は、ほとんど、あるいは全く苦痛を示さなかった。最初は非常に反応性が高かった子どもたちの追跡調査では、一部は時間とともに正常に反応するようになったが、正常な子どもによくある、勇敢で怖いもの知らずの状態になる者は一人もいなかった。反応性の高いグループの三分の一は、七歳までに、他のグループの三倍以上の頻度で、強い不安を発達させていた。したがってこの刺激に対する脆弱性は、おそらく出生時から存在していたものであり、胚発生時に起きた問題の影響であって、おそらく遺伝的な問題であろうと考えられる。

現段階では、よほど深刻なケースを除き、うつ病の主要な原因となる因子として、幼少期の経験に強く重点を置きたいという誘惑とは距離を置くべきであろう。その理由は、このような考え方は魅力的で信じたくもなるが、それを支持する証拠がなく、たとえあったとしても、実際にうつ病の発症の原因となるケースは、児童虐待、深刻な家族の不和、親の喪失とそれに続く不適切な保育や育児など、極端なケースに限られており、ごく普通の家庭における不適切な子育てがうつ病の原因となる証拠は存在しないからである。

うつ病の原因としての死別

死別はうつ病を理解するための重要な鍵を提供できる。なぜなら、最も重要な愛着の対象を亡くすことが強烈な悲しみを生み出すからである。フロイトが十分に明らかにしたように、うつ病と死別の間には顕著な類似点がいくつもある。ただしフロイトによれば、重要な鍵となる相違点もある。その相違点とは、死別の悲しみの場合には自尊心の喪失がないこと、および、ときに悲しみがその死に責任があると思われる誰かに対する怒りを伴っていることである。その怒りの対象は、グループの外の誰かであったり、死者自身であったり、あるいはその哀悼者自身であったりする。死別を理解できなければ、我々がうつ病を理解できる可能性もほとんどないと考えられる。このため、うつ病と死別がいかによく似ているかを理解することが重要である。

死別はうつ病に関連づけられている多くの種類の感情をもたらす。一般的に最初に起こるのはショックと無感動であり、激しい悲しみを伴うことが多い。うつ病とは少し異なり、死別は強い空虚感を伴う。抑うつ症や不安症も一般的にみられる。親、恋人、友人など、愛着を感じていた誰かを喪失または離別した場合、もう一度その人に会いたいという強力な衝動が起こる。会えないと、激しい苦痛を感じ、この状態に固定される。死亡の場合には死んだ人は永遠にこの世を去っているにもかかわらず、まだその人と会いたいという強い衝動に駆られる。その衝動による探索行動には実りがない。この探索の失敗はうつ病という苦痛と悲嘆をもたらすだけである。うつ病の苦痛と悲嘆はおそらく、人間が経験する最も強力な心理的な苦痛であると考えられる。

キャサリン・サンダースはこの分野における他の研究者のアイデアを取り入れて、死別の統合理論を提案した。彼女によれば、死別には五つの相を識別できるという。第一段階はショックである。ショックによる茫然自失状態には、嘆き悲しむ人が苦痛によって完全に打ちのめされることがないように、その人を保護する役割もある。第二段階では、ショックが薄まるにつれて、死亡という現実が明白に認識されるようになり、このことが重度のストレスをもたらす。第三段階では、ひきこもりの傾向が見られ、第四段階では回復傾向と、癒しのプロセスの萌芽が認められる。最終の第五段階は悲しみの最終的消失の段階であるが、悲しみの再来が認められることもある。

死別の悲しみは長いものでは一年、あるいはそれ以上も続く。死別の悲しみは、大うつ病とほとんど区別がつかない慢性的絶望につながることがある。

ジョン・ボウルビィも、子ども時代における長期の悲しみの体験がうつ病につながる可能性を示唆している。これらの体験には、子どもが親との安定した確実な愛着関係を構築できなかった場合や、子ども時代に両親と死別した体験が含まれる。パークスは、子ども時代に形成された両親との愛着のパターンがその後の人生での人間関係に影響を与え、これらは後に死別に対する応答にも影響を与えることを示す証拠を提示した。たとえば、不安定な愛着関係しか経験しなかった子どもたちは、死別後に非常に強い不安を生じ、悲しみからの回復が不確実である。

異文化における死別に対処するための儀式は多様性に富んでいる。死別に対する応答は、どの文化においてもおそらく同じような生物学的基礎をもつと考えられるにもかかわらず、文化的な影響は悲しみのコースと、それがどのように表現されるかに大きな影響を及ぼす。公共の場で悲しみを表現することは、多くの文化で受け入れられた儀式であり、しばしば「癒やし」として認められている。プエルトリコの女性は悲しみの感情を暴力的に表現することが許されている。アジアの一部の国では、公共の場では嘆きを見せてもいいが、プライベートでは感情を表に出さないことが期待されている。夫を失ったギリシャやポルトガルの女性は、伝統的に、残りの人生の全てを喪に服することが期待されている。また、インドでは、違法とされながらも、夫の葬儀において、寡婦が火葬のための薪の山の上で、儀式として自殺することが未だに期待されている。

これらとは対照的に、西欧社会では、喪は人生における一つの相に過ぎず、礼儀が損なわれない程度に、できるだけ早く済ませてよいとみなされている。喪の儀式は、多くの場合、慣習的に一定の期間で終わるのが一般的であり、たとえば、伝統的なユダヤ人の文化では、服喪期間は一年である。日本では、喪の儀式は、各家庭にちょうど故人の写真を飾るのに十分な小さな祭壇を設け、死者との継続的な関係を保つ慣習がある。

うつ病患者たちの思考の特徴

死別の最悪の特徴の一つは、失われた個人を復元するために遺族たちにできることが何もないことである。そこには制御の喪失、すなわち、悲しみをなくす方法が何もないという現実がある。実験では、動物に避けることができないトラウマ（訳注：大きな精神的ショックや恐怖が原因で起きる精神的外傷）を経験させると、その場から逃げてトラウマを回避しようとする気力が消失することが知られている。避けることができない中等度の痛みを伴う電気ショックをイヌに繰り返し与えた場合、脱出が可能な状態になっても、通常全く脱出しようとしない学習性無気力として知られる状態に急速に陥ることが知られている。セリグマンの見解では、ヒトが状況に対してどのように応答しようと状況とは全く関係がないことを知った場合、深い感情的な影響を受ける。たとえば、自分の行動が不快な刺激からの救済と全く無関係であることを認識した場合、誰でも反応を停止し、より受動的になる。おそらくこれは死別からの回復のステージの一つとして観察される、「失われた人を探索することの段階的停止」と関連している。またこのような受動化は、母親から分離されたサルの乳幼児で観察できる。子ザルは最初必死に母親を探索し、悲鳴による「遭難呼び出し」を試みるが、最終的には諦めて受動的になる。

動物の学習性無気力と、うつ病患者における諸症状との間には類似点がある。たとえば受動的であること、学習困難、体重減少などである。セリグマンは、このように、自分の行動が全く無意味であり、どのように行動しても失われたものを回復することができないと確信したときにうつ病が起こると主張した。たとえば、死別、破産、あるいは不治の病がこのような制御不能の場合に相当する。うつ病患者は、自分が運命を制御する力を失い、完全に無力な状況にあると感じるが、それは現実というよりはむしろ想像上のものであることが多い。それにもかかわらず、「自分は運命をコントロールする力を失った」と感じることがその人にいかに強い悲しみをもたらすか、そしてこの過度の悲しみが、どれほどその人の考える方向を歪ませるかを物語っている。

人は誰でも自分たちの人生に大きな影響を与える出来事についての説明を必要としている。個人が自分自身と他の人々の人生に影響を与える出来事をどのように説明するかに関しては、「帰属理論」

として知られる心理学の研究領域がある。たとえば、人々が自分の行動の理由を説明する場合、一般的傾向として、何らかの外部の出来事を理由にあげる傾向がある。これに対し、他人の行動の理由を説明する場合は、彼らの性格など、内部要因を理由にあげる傾向がある。同様にうつ病の人々が彼らにのしかかる深刻な出来事に対して行う説明の習慣的スタイルも、外部要因による学習性無気力状態と常に結びついている。たとえば人々は一般に、特定の行為にやりがいがある理由として、何らかの信念をもっている。すなわち、ある人々は、報酬が自分の努力や能力のような内部要因によって獲得したものであると信じており、他の人々は、報酬は他の人々やチャンスのような外部要因によって与えられたものであると信じている。この区別はまた、彼らが手に負えない悲惨なイベントをどのように受け入れるかという、その受け入れ方にも当てはまる。もう一つの区別は、原因の説明が固定的か非固定的かの区別である。この違いは、人が事態は変更可能であると信じているかどうかの反映でもある。たとえば、ロマンチックな関係をもとうとして相手に拒絶されて苦しんでいる人が、「自分には魅力がない」と説明すれば、それは内部要因的で固定的な説明である。これに対し、「ときには私は退屈な人間だ」と説明すれば、それは内部要因的で、しかも非固定的な説明である。これらとは対照的に、たとえば「彼または彼女はロマンスとは縁がない人だ」といえば、それは外部要因的説明になる。

人が事態を説明する方法と関連するもう一つの特性の様式は、包括的説明と具体的説明の違いである。たとえば試験に失敗した学生がその理由を説明するとき、「私は頭がよくない」と説明すればそれは包括的説明であり、「私は複数選択肢試験が苦手である」と説明すれば具体的説明である。うつ病患者の考え方の特徴は、包括的、固定的、内部要因的な傾向が強いことであるといえる(6)。

セリグマンはまた、自分の貢献が無視できるほどに小さいにもかかわらず、実態よりもずっと多い報酬を受け取ったときにも制御不能感が生じることがあると示唆している。我々が「自分自身の人生を制御できる」と感じることは、我々が安心して生きていくうえで不可欠な条件である。したがって、非常に成功した人々がしばしばうつ病になる理由は、おそらく彼らが過去に成し遂げたことに報われていても、現在の成果からは報われていないためである。たとえば、一般に考えられているよりもずっと多くの美しい女性たちがうつ病になるが、これは彼女たちが常に、「自分たちはルックスだけで評価されていて、業績は評価されていない」、と感じていることに関係があるかもしれない。

制御可能性の重要性に関する別の例として、心臓神経症の人々をあげることができるかもしれない。これらの人々の心臓に関する不安を和らげているものは、心臓病薬の実際の薬効よりも、有効であると信じている錠剤を彼らが常に携帯している、という事実がもたらす安心感かもしれない。

うつ病患者たちが、現実に関して否定的な歪んだ見解をもっていることは一般に共通する見解である。しかし、この共通見解が必ずしもそれほど正しくないかもしれないことを示唆するいくつかの研究がある。学生を対象にしたある実験で、灯りを点けたり消したりする作業をコントロールする能力を評価すると、うつ傾向の学生はそうでない学生よりも成績がはるかに優れていた。さらにうつ傾向の学生たちは、彼ら自身の学業成績の予測でも一般学生よりも良好であった。すなわち、うつ傾向がない学生たちは、自分たちの成績に楽観的過ぎる傾向が認められた。また、うつ傾向の学生がよいことも悪いことも同じスタイルで説明するのに対し、うつ傾向のない学生たちは多くの場合、成功したことは内部要因的・固定的に説明し、失敗は外部要因的・非固定的に説明した。

ベックの認知理論

アーロン・ベックの、感情の状態に関する認知理論は、特にうつ病に関して現代における最も影響力の大きな心理学理論である。この「認知理論」と「愛着理論」との間には強固な結びつきがある。「認知理論」とは、認知（認識）の過程に対する感情、特に悲しみによる悪性の侵襲と、感情に対する意識的思考の種々の影響の両方を扱う理論であるといえる。認知理論では、人は誰でも自分自身、他人、および出来事に関する固有の信念を幼い頃から形成していると考える。これらの信念は、愛着理論で言及したモデルと内容的に似ているが、「私は可愛らしくない」とか、「私は無能である」といった言葉で、早い年齢から心の中に刷り込まれている。これらの信念は、乳幼児期に経験する保護者との愛着の性質に応じて形成されるだけでなく、後に別離などの喪失や精神的外傷の経験によっても形成される。

（6）この文章は難解であるが、著者は具体的には、うつ病患者に特徴的な、「自分は失敗者であり、将来には何の希望もない」といった、全てに悲観的な考え方が、包括的、固定的、内部要因的である、と説明している。

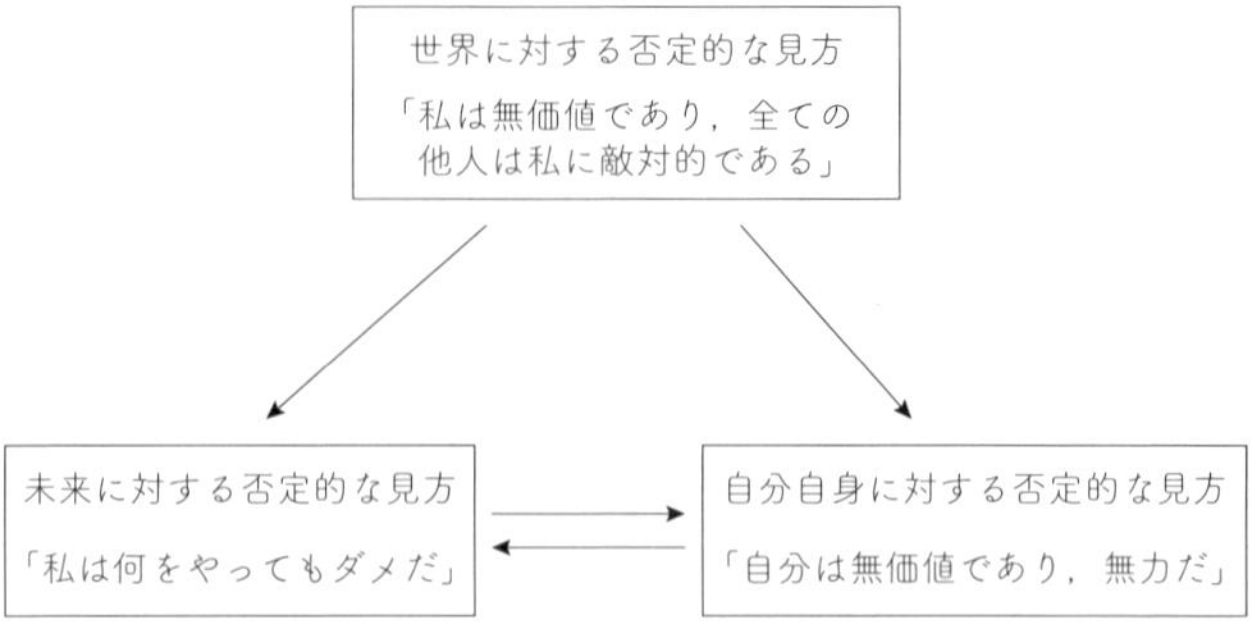

図1　アーロン・ベックの「認知の三角形」

注：原著に上記の図はないが，訳者が下記資料を翻訳して挿入した。

出所：http://www.tutor2u.net/psychology/reference/explaining-depression-becks-cognitive-triad（閲覧日2018年8月7日）より作成

ベックはうつ病患者たちがプラス要因の存在する客観的な証拠がある場合でも、自滅的で痛みを誘発するような悲観的思考のパターンを維持し続けることを表現するために、システム化した図式（スキーム）を提案した。うつ病患者たちは、考え方に柔軟性がなく、考えが必ずしも現実に立脚していないために、仮定の仕方が機能不全に陥っている。たとえばうつ病患者は、しばしば自分は無力であると考えている一方で、たとえ設定した目標が非現実的であっても、いかなる場合でも、成功しようと常に努力し続けることがある。うつ病を特徴づけるために、いわゆる「認知の三角形」（cognitive triad）が使用されてきたが、この三角形は個人の自己、世界、および将来に対する三種の機能不全があるとする見解で構成されている（図1参照）。

　うつ病患者は内心では、自分には欠陥があり、満足に機能していないと思っており、外部世界は克服できない障害物であると信じている。患者はうつ病が永遠に続き、未来には絶望しかないと確信している。彼らの論理の本質的な特徴は、そのような否定的な考えが自動的に、すなわち客観的根拠なしに生まれてくることにある。

アーロン・ベックが認知療法についての彼のアイデアを開発していた頃には、感情障害に関する主な理論はいずれも、「患者は制御不能で正体不明の否定的な力の制御下にある」、という仮定を共有していた。たとえば、その無意識の要素は意識的障壁によって隠蔽されていて、その障壁は精神分析法の力によってのみ突破可能であると考えられていた。ベックはこの考え方がうつ病患者の意識的な思考が彼らの感情に及ぼす影響を全く考慮に入れていない点で誤りであるという結論に達した。

ベックは彼自身精神分析医であり、長年にわたって精神分析の開業医をしたあと、「患者の意識的な思考が彼らの感情の状態と行動の両方に重要な影響をもつことがある」という考えをもつに至った。彼は患者が同時に二つの思考の流れをもっていることに気づいた。一つは、たとえば精神分析医に向けられた敵意のような外向きの思考であり、これは隠されずに表現された。もう一つの思考の流れは自己批判のような内向きの内容であり、たとえば「私は彼に間違ったことを言った」とか、「私は間違っていた」のような思考であるが、この思考の流れは隠されていた。興味深いことに、患者にとっては後者の否定的考え方があまりにも自然に感じられるために、患者自身がそのことに気づくことはめったにない。これらの否定的思考は患者が意識することなく、ほぼ自動的に生まれてくるようにみえた。

ベックは、患者が精神分析医の助けを借りることにより、うつ病のような精神的疾患を理解し、医師と共にこれに対処することができるという原則的考え方を提案した。この場合の精神分析医の役割は、患者自身が自分の思考の歪みに気づき、問題を整理し対処するために、代替となるより現実的な考え方を学ぶように支援することである。この点は、正統派の精神分析理論が通常、「うつ病に関する患者の説明は偽物の合理化であり、誤っている」と解釈するのと比較すれば、やはり著しく対照的である。認知療法では、患者の問題を解決するために、日常の些細な問題を解決する場合と同じ方法を使うように患者を導くことを試みる。

喜びを体験する能力の減少は、うつ病の重要な特徴である。これは楽しい刺激に応答できなくなることに起因する可能性がある。ベックによると、うつ病患者は自分自身について歪んだ認識をもっている。この「認識の歪み」には、以下のようないくつもの例が含まれる。①裏づけとなる証拠が全くないのに、否定的結論を引き出す傾向（たとえば、「私はそれに一度失敗した。だから私がそれに成功することはありえない」）、②物事の否定的な面にだけ詳細な焦点を当てて、肯定的な面は無視する傾向（たとえば、「私は問題を山のように抱えているので、自分のことは何もできない」）、③一つの出来事に基づいて全体的な結論に達する傾向（たとえば、「ジョンは私には我慢がならないと言った。だからもう誰もこれ以上私のことを気にかけてくれない」）、④自分とは明白な関係がない出来事を自分に関連づける傾向（たとえば、「それらは全て私のせいだ」）、あるいは、⑤一つの出来事から全面的な結論を引き出す傾向（たとえば「私は失業した。私は人生の敗残者だ」）などの認識の歪みがある。

一般に任意の出来事に対する人間の感情的な反応は、主にその出来事がその個人に対してもつ意味に依存する。したがって、たとえば飛行機に搭乗する、あるいは入院するといった特定の一つの状況にたくさんの間違った意味を付着させると、それら間違った意味の相乗作用により、過剰かつ不適切な不安が生じることがある。この不適切な認識は、たとえば、物や人、あるいは自己評価など、何か価値のあるものが失われることが原因で起きた強度の悲しみがもたらしたものである、という観点から説明可能である。

ただし悲しみは仮想的な喪失から生まれることもある。たとえば、将来パートナーと離別しなければならないかもしれないという、予想される未来の喪失や、また、現在受け取っているものと、将来受け取るであろうものとを比較して、予想される損失から生じる失望のような場合である。何かを失う可能性から生じる悲しみのように、全く架空の損失を悲しむ場合もある。

多くの場合、人生における深刻な出来事（ライフイベント）をきっかけにしばしば発症するうつ病が、連続的な下降コースを辿って次第に重症化することは、ベックの「フィードバックモデル」の観点から以下のように説明できる。患者は、マイナス思考の結果、一つの損失を否定的な方法で誇張して解釈する。これにより不眠のような生理的変化が新たに加わることがある。これで患者の心配事は、損失と不眠の二つに増える。これら二つの心配事もまた、否定的な方法で解釈され、また他の心配事が増える。このようなフィードバックがうつ病を強化し、心配事がますます増え、増えた心配事が、さらにあまりにも否定的な方法で解釈される。こうして悪循環が完成し、維持される。認知療法における治療の目的は、このような悪循環の連鎖を断ち切り、患者の誤った信念を正しい信念に再形成することである。

明示的な記憶と暗黙の記憶

記憶はうつ病において重要な役割を果たしており、うつ病患者には好んで不愉快な出来事を思い出す傾向がある。うつ病患者の症状の一部は、我々が認識していない精神的な活動を反映している可能性がある。過去の何かの出来事の記憶は、我々がその何かを思い出しているという意識なしに記憶の中から自動的に再生され、再現される可能性がある。このような記憶は、暗黙の記憶（implicit memory）として知られており、我々の意識がアクセスでき、いつでも意識的に思い出すことができる明示的な記憶（explicit memory）とは異なる種類の記憶である。暗黙の記憶と明示的な記憶の二種類の記憶があることの直接の証拠は、大脳の特定部位を損傷した患者が示す特有の症状の研究報告からきている。これらの患者は、最近取得した情報を明示的に表現できないという明示的記憶の欠陥をもつが、同じ患者が記憶の意識的思い出しを必要としないタスクを実行するように求められたときには、ほぼ正常に実行できることから、暗黙の記憶の思い出しは可能であると考えられる。

感情と思考（認知）は、記憶とリンクされており、したがってある出来事が特定の気分を活性化するときに、その気分に関連づけられた出来事の記憶がよみがえることがある。たとえば、誰かが拒絶を経験したとき、単純に憤慨するだけでなく、その出来事が否定的な思考や感情にリンクした昔の同様の出来事の記憶を蘇らせるために、その後にうつ病の発症につながる可能性がある。幼年期に逆境を経験した履歴がある人は、うつ病の発症中に子ども時代の不愉快な体験の思い出が頻繁に活性化されている可能性がある。

うつ病患者の記憶システムの興味深い側面は、彼らが思い出す記憶の一般的な品質である。うつ病患者たちが思い出す記憶は、過度に一般化されている傾向がある。ただし、彼らは自分が過度に一般化しているとは認識していない。うつ病患者の記憶が過度に一般化されているという証拠は、精神分析家が患者に、一般化された思い出ではなく、具体的な事実を質問したとき、彼らが答えられないことが多いことである。たとえば患者が、「父がよく散歩に連れて行ってくれて、幸せだった」と言うとき、その中の特定の散歩について具体的な内容を思い出すように分析家が求めても、患者は何も答えられない場合がある。また、「怒っている」または「謝る」のような事象用語（訳注：精神分析家が患者に自由連想をさせるために与える任意の言葉をいう）を与えられたとき、うつ病患者は最初に、「私は何かをしなければならなかったとき……」あるいは「私が落ち込んでいたとき……」、などの一般的な応答をする。これに対し対照群の健康な被験者は、たとえば、「私は月曜日に上司に対し腹を立てました」などと、より具体的に応答することが普通である。

子どもの頃の不愉快な経験の記憶はうつ病患者の現在の自己に対する否定的な評価につながっている。そして、思い出の過度の一般化は、性的に不適切な行動の履歴を報告するうつ病患者において特に顕著に認められる。この過度の一般化の理由は、これらの子どもの頃の経験の記憶が、自己非難や関連する人物に向けられた否定的な態度を含んでいる可能性と関係している。別の説明としては、うつ病の発症によって、多分これらの嫌な思い出が意識に侵入し、浸透している可能性がある。記憶の行き過ぎた一般化は不安症患者にはみられない。それはうつ病患者にだけみられるもので、彼らには回復してからもそのような傾向が存在し続けるので、彼らの長期にわたる思考のパターンであり、彼らの問題解決能力の低さとも関係している可能性がある。うつ病患者は短期記憶テストや言語理解テストの成績が悪いことがわかっている。

子どもの成長においては、要約されたスタイルの記憶は約三~四歳になって自然に発生する。したがって三歳児は、食事時間にいつも起きることの一般的な説明はできるが、前日の夕食時に起こったことを思い出すことはほとんどできない。これは「一般的イベント表現」と呼ばれるもので、幼児が特定の出来事を思い出すことよりも、一般的な答えをすることをより好む傾向として知られている。これは、負の経験をもっている子どもたちが、特定の出来事の不快な記憶を避けるために、一般的な用語で記憶を思い出している可能性を示唆している。大人が子ども時代の記憶を思い出すとき、一般的な記憶よりも特定の不快な記憶を思い出す傾向がある。したがって、子ども時代における特定の出来事を思い出すことがあまりにも苦痛である場合、一般的な記憶として思い出すことが通常のモードになると考えられる。

うつ病発症機構の心理学的説明

遺伝的脆弱性に喪失および子ども時代の不幸な経験の影響が加わることによって重度の悲しみの引き金が引かれ、これが認知と感情の長期的な変化をもたらすという方向でうつ病発症の機構を理論的に展開することが可能である。この重度の悲しみは、認知のプロセスを「侵襲」し、うつ病に特徴的な方法でそれらを歪めることにより、悪性になる可能性がある。この「悪性の悲しみ」は、どのような喜びの反応をも妨害する。もしそうなら、どうしても説明しなければならない問題は、うつ病が一貫して非常に否定的である理由は何か、である。

「悪性の悲しみ」は、どのようにしてうつ病患者たちの考え方をそれほどまで大幅に歪めるのであろうか？　一つの可能性として提案したいのは、「これらの否定的な考えは、患者が自分の感情的な悲しみに対し、一種の合理化を行うことによって生じる」、という仮説である。すなわち患者は、自分たちが感じる悪性の悲しみに合うように自分の考え方を調整しようとする。このため、患者の思考がその強烈な悲しみの感情と矛盾しないように、全てが悲観的な方向に歪められる、と考えられる。

この考え方に対するアナロジーとして、まれで奇妙なカプグラ症候群(7)をあげることができる。この病気の患者は、彼らが知っている特定の誰か、たとえば自分の愛する人が、実在の人物ではなく、エイリアンかロボットのような、「そっくりな偽物」であると信じている。彼らはその信念を正当化するために、実在の人物と偽物の間には小さいながらも決定的な違いがあると強く主張する。この例では、患者にとってはその「決定的な違い」はあくまでも真実であり合理的にみえるが、実際には誤っ

(7)　カプグラ症候群とは、一九二三年にJ・カプグラらによって報告された精神障害で、近親者などが瓜二つの偽物と入れ替わったと確信する妄想である。妄想型統合失調症、認知症、頭部外傷等でみられる場合が多く、特に大脳の右半球や前頭葉の病変との関連が指摘されるが、原因は特定されてはいない。

ており、異常な方向に患者の認知機能を歪曲する脳の機能が実在することを示している。

もし我々がうつ病の生物学的基礎を明らかにすることができれば、すなわち、悲しみの感情や喪失によるストレスに関連した脳の変化が実際に存在することが証明できれば、それらは望ましい成果である。またそれらが相互作用するだけでなく、認知機能に影響して否定的感情を生み出す過程が実在することが確立できれば、それも素晴らしい成果である。これらのことを説明可能なプロセスと構造が脳内にあるだろうか？　ベックが問題提起しているように、認知と感情の生物学的基礎との間には、強力な相互作用が存在しているはずである。次章ではうつ病の生物学的説明を試みる。

第9章　うつ病の生物学的説明と脳

大脳の構造と機能

控え目に表現して、脳は非常に複雑な構造をしており、驚異的な数の神経細胞と神経線維の接続を含んでいる。とはいえ、心理的なプロセスを脳内のいくつかのプロセスに関係づけることが可能である。うつ病を理解するためにたとえば、愛着や喪失と関係する早期の体験が脳内に長期的影響を及ぼし続けることがあるという証拠を見つけることができれば、それは満足すべき成果であり、有用である。悲しみなどの感情に影響を与える「暗黙の記憶」の生物学的証拠はあるだろうか？　感情や思考が脳内の化学反応にどのように影響するのか、そして脳内の化学反応が思考や感情にどのように影響するのかを我々は知りたいし、知っておく必要がある。たとえばストレスは長期にわたってヒトに影響するが、この長期の影響は、どのようにして形成されるのだろうか？　そして、悲しみはどのようにして悪性化するのだろうか？

統合失調症は、精神病の研究のための優れたモデルを提供する。米国においては、約一〇〇人に一人の割合で発生するこの病気は、かつては精神的ストレスによって引き起こされると考えられていた。

しかし現在では、統合失調症は脳の病気であり、強い遺伝的要素を含み、ほぼ完全に生物学的原因によって起こる病気である、という見解が一般的に受け入れられている。統合失調症患者に関する研究は、患者の脳に一貫性のある構造的異常があることを明らかにした。このような構造的異常はうつ病患者の脳内にも存在するのだろうか?

脳内の神経細胞は、ニューロン（訳注：神経単位、すなわち、一個の神経細胞をいう）と呼ばれる。ニューロンは多数の長い突起をもち、一〇〇〇もの他のニューロンからの信号の入力を受信し、通常はただ一本の長い突起である軸索によって情報を一つだけ送り出す。ニューロンの中心領域には、DNAを含む小さな袋である核が含まれる。ニューロンの中心領域を人間の体の大きさにまで拡大して考えることによって、脳に関する数字と複雑さの感覚をだいたい想像することができる。脳内のニューロンの数は約一〇〇万の一〇〇万倍、つまり、地球上の人口の一〇〇倍以上と推定されている。ニューロンを人間と同じ大きさに拡大した場合、脳は縦、横、高さがそれぞれ一〇キロメートル程度の大きさの立方体になる。これはマンハッタンとほとんど同じ面積をもち、道路も地面だけでなく、一万メートルの上空にまで垂直に伸びるような大きさの立方体となることを意味する。さらに驚くべきことには、その立方体に含まれる数十億の「ニューロン人」たちのそれぞれが、平均して一〇〇から一〇〇〇の他の「ニューロン人」たちと交信していることである。このグロテスクなイメージは、脳がどれほど複雑で、解析することがどれほど困難であるかの理由を少しは明確にしてくれるだろう。ただでさえ複雑な話をさらに複雑にしてもよいとすれば、ニューロンよりもさらに数の多い別のタイプの細胞であるグリア細胞の存在をもち出すこともできる。グリア細胞は、ニューロンを養い、ニューロンと相互作用し、情報を送り出す一本の神経線維（軸索）を被覆してこれを絶縁し、情報伝達を支援する。

我々が脳について考えるときは、これらの互いに相互作用する数十億のニューロンの観点から考える必要がある。このような相互作用する神経回路は、我々がどのように考え、行動するかを決定する。そのようにいえる理由は、脳がどのように機能するかを決定するのはニューロン間の接続だからである。これらの接続の大部分が胚発生時に形成されるが、その形成は遺伝子によって制御されている。その後、学習や経験によって接続が変更されるため、全ての神経接続が出生前に完成しているわけではない。ニューロンの接続の数は、ほぼ一一歳になるまで増加し続ける。(2) ニューロンの接続の数とその強度は、学習によって変化する。

それでも、これら数十億のニューロンの中から、我々が特定の人の顔を見たときに限って活性化されるたった一つのニューロンを見つけ出すことが可能である。巨大なニューロンの社会と、たった一

(1)　この「数十億」（原文では billions）は具体的数字ではなく、「非常に多い」という意味の比喩的表現である。実際のニューロンの数は、大脳で数百億個、小脳で一〇〇〇億個、脳全体では千数百億個といわれている。

(2)　ニューロンの接続の合計数は一一～一二歳でほとんどピークに達するが、ニューロンの新しい接続はそれで終わるのではなく、学習や新しい体験によって生涯続く。その一方、神経細胞の死亡や記憶の消失によって消失する接続が増えるため、差し引きすると接続の合計数のピークは一一～一二歳となり、その後は減り続ける。

つの特定のニューロンの活動との関係が深刻な問題を提示しており、脳の機能の理解に関するいくつかの顕著な進歩にもかかわらず、神経科学者たちはまだ、脳の機能の多くの側面について理解したふりをすることはできない。

うつ病と関係した脳の構造

うつ病や脳の機能の生物学的基礎を議論するためには、この本の他の章と比べて、はるかになじみの少ない用語や概念の導入が必要である。人生の出来事や早期の子ども時代の経験の役割については誰でも簡単に考えることができるが、「カテコールアミン」のような化学物質、「自己受容体」のような細胞構造、「視床下部」や「扁桃体」のような大脳の構造、「HPA」のようなホルモン系の概念などについては同じようにはいかないので、あらかじめ簡単な説明をしておく。

我々の神経系には二つの主要な下位区分として、随意神経系と不随意神経系（自律神経系）がある。随意神経系とは、筋肉を意識的に動かしたり、話すときに使用する神経系である。一方、自律神経系とは、意識の制御下にはない神経系であり、それは心臓、血管、あるいは腸管のような多くの内臓の動きを無意識的に制御している。自律神経系はまた、頭蓋骨の底部にある下垂体や、腎臓に付着する副腎などの重要な内分泌腺からのホルモンの分泌を制御する。うつ病の生物学の多くは自律神経系と関連している。

脳は、完全にモジュール（訳注：機能的・構造的に独立した単位）から構築されているようである。

つまり、異なる機能は特別な領域に分かれて局在している。そのため、よく知られているように、脳の特定の部位、たとえば言語中枢が損傷を受けた場合、その人は話せなくなる。このように脳は異なる機能をもつ多くの別々の領域をもっているが、この事実はうつ病を理解するうえでも役に立つ。

脳の底部には下垂体および視床下部という、いずれもホルモンを分泌する内分泌器官があり、これらはちょうど、口蓋（こうがい、口腔の天井部分）の上に位置している。これら二つの構造の両側に位置する左右の大脳側頭葉の内側に、それぞれ一個ずつのアーモンドのような形および大きさの器官である扁桃体が存在する。この扁桃体が感情に重要な役割を果たしている。扁桃体の近くには、記憶の形成に関与する海馬がある。

大脳皮質は脳の最も外側の層であり、霊長類では大脳前頭前野（大脳が額に接する部分）が発達している。大脳前頭前野の発達は特にヒトで著しく、より高度な精神機能と関連している。大脳皮質は筋肉の運動や外部刺激の知覚に関与する全ての領域を含む。顔の前面から両側にかけてその内側に横たわる大脳皮質の領域（前頭葉）は、特に認知プロセスと社会的相互作用に関与している。視床下部の上に横たわる前帯状皮質[3]には、大脳の各領域および扁桃体からの調節入力を受け取る機能がある。

脳幹の近くで脳が脊髄に移行する。脳幹には脳のほかの領域に信号を送る二つの領域、青斑核と縫線核がある。青斑核はノルアドレナリンを、縫線核はセロトニンを分泌する。

大脳の全ての領域は、脳の他の部分と複雑に接続し、相互作用している。それにもかかわらず、うつ病とは何かを非常に単純化して表現すれば、大脳皮質がその思考過程に何か非常に大きなストレスがかかっていることを脳の他の部分に語り続けている状態であり、そして、その大脳皮質の活動が扁桃体など、他の領域からの入力によって支配・維持されている状態であるといえる。各種の治療が失敗するような非常に深刻なうつ病のケースでは、状況を緩和するために、大脳皮質と脳の残りの部分との間の接続を遮断しなければならない場合もある。

シナプスと神経伝達

うつ病が脳内の化学成分、特に神経伝達物質とホルモンの濃度の変化に関係していることには、ほとんど疑いの余地がない。神経伝達物質とはニューロン（神経細胞）から放出される化学的信号物質をいうが、これらはホルモンと違って、通常は全身を循環せず、ごく短距離に限って作用する。神経伝達物質はニューロンが互いに通信するための信号手段を提供する。ニューロンは通常一本の長い電線のような突起を伸ばしており、ニューロンが刺激されて発火[4]すると、この突起を伝わって電気信号が送り出される。

電気信号が電線状の突起の先端に到達したとき、突起が接触する相手のニューロンに電気信号が直接伝わるのではない。その接合部には、シナプスという特殊な微細構造があり、電気信号がシナプスに達すると、シナプスから神経伝達物質が放出される。神経伝達物質は隣接するニューロンとの間の非常に短い距離を拡散する小分子であり、隣接するニューロンの表面上の受容体と結合して、その相手の細胞を刺激する。この刺激は、神経伝達物質の種類によって、信号を受け取ったニューロンを発火させるように作用する場合と、逆に発火を抑制する場合とがある。うつ病の原因に関与する可能性がある神経伝達物質には、セロトニンとノルアドレナリンの二種がある。

脳の状態は、どの部位のニューロンが活動しているかによって決定される。たとえば、ヒトが光を見るとき、光は網膜内の神経細胞を刺激して発火させる。この網膜神経細胞の発火は、視神経を通して脳に伝達され、脳内の他のニューロンの活動を次々に引き起こし、多くのニューロンが関与する複雑なパターンの視覚を形成する。また、我々が手を動かすことができるのは、脳の運動野のニューロンが発火し、そのニューロンの突起（軸索）がつながる腕の筋肉[5]を刺激して、正しく収縮させるからである。

このように、脳の状態はニューロンとそれが放出する化学信号物質による電気的活動の両方によっ

（3）　前帯状皮質の機能に関しては、血圧や心拍数の調節のような多くの自律的機能、共感や情動といった認知機能、行動モニタリングと行動調節、社会的認知などに関係しているといわれているが、まだよくわかっていない。

（4）　発火（firing）とは、通常細胞の外側がプラス、内側がマイナスに荷電（これを分極という）しているニューロンが、刺激を受けて脱分極して電気的信号を発生し、この電気信号が一本の太い電線状の細胞突起である軸索を通って伝わり、軸索の先端が接触する別のニューロンに電気信号を伝達することをいう。なお、訳注（5）にあるように、神経伝達の相手細胞は筋肉細胞の場合もある。

（5）　この文章には「腕の筋肉」が出てくる。この文章の前のいくつかの文章では、神経伝達の相手細胞をニューロンに限定して書かれていたが、それは脳内の神経伝達を扱っていたためである。運動神経の場合は、神経伝達の相手はニューロンではなく筋肉細胞である。

て決定される。神経伝達物質を受け取る受容体の全てが遮断されるか、または神経伝達物質が除去された場合、脳は機能を停止する。

広く受け入れられている見解によれば、うつ病患者にはノルアドレナリン（エピネフリン）およびセロトニンのような脳内の神経伝達物質が欠乏している。

神経伝達物質が放出され、その一部が隣接するニューロン上の受容体に結合した後にシナプス周辺に残った余分の神経伝達物質は、必要以上にニューロンを刺激し続けないようにすぐに分解される。また、場合によっては、神経伝達物質の全てが受容体と結合するか、または分解されるわけではなく、利用されなかった神経伝達物質は再利用するためにそれを放出した元のニューロンに取り込まれる。もしこの取り込みが遮断（ブロック）されると、シナプスと相手細胞との間隙にある神経伝達物質の濃度が増加する。その結果、相手のニューロンはより強く刺激される。抗うつ薬の作用の基礎であると考えられているのは、セロトニンなどの神経伝達物質の再取り込みの遮断による濃度上昇である。本書では、感情や経験に関係する脳の機能を検討した後で、もう一度抗うつ薬の作用の基礎の問題に戻ることにする。

ストレスとホルモン

脳内の神経細胞は多種類の化学的信号物質に曝露されているが、うつ病に主要な役割を果たしていると考えられている分子のクラスの一つに、血液を介して全身を循環するホルモン類がある。ホルモンは、身体と脳の機能に少なからぬ変化を引き起こす可能性があり、これはストレスとの関係で特に明らかである。ストレスは、個人にかかってくる物理的または心理的な過剰な要求一般を指す用語である。ストレスには、恐怖から人生上の出来事（ライフイベント）に至る広い範囲のものが含まれる。

喪失の原因となる出来事は、悲しみに関連するストレスをもたらすことがある。ストレスに対処するためには、事態を評価し、状況に適応する必要がある。物理的および心理的ストレスの両方に対処する能力にはかなりの個人差がある。一部の人々が、ストレスを克服することをほとんど楽しめる課題として扱うのに対し、他の人々はストレスによって圧倒され、対処することができないと感じる。うつ病とストレスの関連性は、ストレスの多いライフイベントがうつ病の発症の増加と関連していることから明らかである。脳がストレスへの応答に関与していることは明らかであり、ストレスを受けた脳がホルモンの変化を起こすことがよく知られている。したがって、これらのホルモンの変化が、どのように脳機能に影響を与え、ストレスに対処する能力に関与しているかを知ることが非常に重要である。

恐怖のような刺激に反応する緊急時の反応においては、自律神経系によって闘争するか逃走するかのいずれかに対応するために体の各機能が動員される。すなわち、ストレスに対する生理的反応が原因となって、副腎からアドレナリンやノルアドレナリンが放出され、心拍数が増加し、血圧が上昇する。これらはカテコールアミン類として知られている神経伝達分子のクラスに属し、ホルモンであると同時に神経伝達物質でもある。副腎からはまた、コルチゾール(6)が放出され、これもストレス応答の不可欠な一部分を構成している。

恐怖刺激等によって放出されるアドレナリンは心臓の拍動を速めて筋肉への血流を増加させることによって危機に対処するのに役立つ。恐怖刺激に対するもう一つのより遅い応答はステロイドホルモン類の放出である。これにはグルココルチコイドとして知られているヒドロコルチゾンおよびコルチゾールが含まれる。アドレナリンが秒単位で作動するのに対し、グルココルチコイドは数分または数時間単位で作用する。増加したコルチゾールの役割はストレスに対処することであるが、その機序はあまりよくわかっていない。それはエネルギー貯蔵を動員して体の運動を助け、また怪我に備えるための抗炎症作用をもつ。グルココルチコイドの一種であるコルチゾンが関節炎など多くの症状に対して痛みや炎症を軽減する薬剤として使用される理由は、この抗炎症作用にある。

コルチゾールの血流への放出は、下垂体から放出されたACTH（副腎皮質刺激ホルモン）が副腎に作用する結果起こる。順序は以下の通りである。――何か強いストレスが起きると、脳内のプロセスが視床下部に働きかけて副腎皮質刺激ホルモン放出因子（CRF）を分泌させる。CRFは隣接する下垂体の循環系に入り、約二〇秒以内に下垂体からACTHを放出させる反応の引き金を引く。ACTHは、放出後血流に入り、副腎からアドレナリンとコルチゾールを放出させる。この視床下部、下垂体および副腎の間の相互作用のセットは、多くの場合、視床下部‐下垂体‐副腎系（HPA系）と呼ばれる。

コルチゾールの量は、おそらくヒトの一日の活動に備えるために、通常午前中に高く、体を休める夜間には低下している。しかし、コルチゾールの異常に高い濃度はうつ病を引き起こすことがある。この事実はうつ病が全ての心理的な特徴を備えながらも、純粋に生物学的な原因から起こる可能性を示唆するという意味で、極めて重要な意味をもつ。

うつ病とホルモン

脳のニューロンの表面には、コルチゾールの受容体があり、高濃度のコルチゾールは、気分の著しい変化をもたらし、うつ病を引き起こす可能性がある。このことを裏づける証拠は、クッシング症候群の患者から得られる。この患者は非常に高いコルチゾール濃度を示し、また、肥満、高血圧、および血管と骨の傷つきやすさが原因の種々の障害が起きる。注目すべきは、この病気の患者の半数以上がうつ病を発症することである。ＡＣＴＨまたはコルチゾールを産生する組織（脳下垂体や副腎）の腫瘍が高いコルチゾールの体内濃度をもたらすことがあり、また、病気の治療のために、コルチゾールを上昇させる薬を長期間服用することが必要な患者もある。これらの患者にはうつ病の高い発症率が認められる。重度のうつ病患者の約半数においてコルチゾールの濃度が高くなっていることは、極

（6）　コルチゾール（Cortisol）とは、副腎皮質ホルモンのうちの糖質コルチコイド（グルココルチコイド）の一種であり、ヒドロコルチゾン（hydrocortisone）とも呼ばれる。炭水化物、脂肪、およびタンパク代謝を制御しており、生体にとって必須のホルモンである。糖質コルチコイドには三種類あるが、その中でコルチゾールが生体内でも最も量が多く、糖質コルチコイド活性の約九五パーセントを占める。

めて重要な事実である。初期にはコルチゾールを上昇させるデキサメタゾンを用いる検査によって、うつ病を診断することができると考えられた。この検査では、コルチゾールに似た人工的合成物質のデキサメタゾンを使用して、体内コルチゾール濃度の制御が正常であるかどうかを検査する。デキサメタゾンが注入されたときに、コルチゾールのレベルが増加し、したがって脳は、コルチゾールの分泌を減少させるように応答する。この応答の結果、正常な人では、デキサメタゾン注入の翌日にはコルチゾールレベルが低下している。しかし、うつ病患者の約半数がこの低下を示さない。この低下の有無を調べることでうつ病の診断のための生化学的検査方法を提供できるのではないか、と考えられた。ところが残念なことに、ほかの多くの条件下でもコルチゾール濃度の低下が認められなくなることがわかった。たとえば、最近かなり体重が減少した人や身体的な病気、あるいは単純に入院しただけでもコルチゾール低下が認められなくなる場合があった。そのため、うつ病の診断方法としてのデキサメタゾン検査の実用性は疑わしいとされた。

なぜ多くのうつ病患者でコルチゾールの濃度が高いのだろうか? これには、二つの可能性がある。一つは単純にストレスによるコルチゾールの増加が考えられる。もう一つの可能性は、うつ病患者では視床下部において副腎皮質刺激ホルモン放出因子（ＣＲＦ）を分泌するニューロンの数の増加が起こるので、増加したＣＲＦが下垂体を刺激して副腎皮質刺激ホルモン（ＡＣＴＨ）を余計に放出させ、これが副腎に作用してコルチゾールを分泌させるためであると考えられる。このＣＲＦの量はストレスによって増加し、その作用を遮断するとストレスに関連した恐怖や不安を減少させることができる。

ＣＲＦはうつ病患者の脊髄液中に通常よりも高い濃度で検出されるので、ＣＲＦの上昇はうつ状態を維持するうえで重要な要因である可能性が高い。動物による研究では、明らかに競合することをあきらめた下位の動物では、グルココルチコイドシステムの活性化が特に高いことがわかっている。

コルチゾールは脳にどのような影響を与えるのだろうか？　高濃度のコルチゾールは海馬内の神経細胞を傷つけるが、これは記憶の機構に影響を与える証拠がいくつかある。グルココルチコイドはコルチゾールと同様に、セロトニンの合成やセロトニン受容体に対する作用を通じて、気分の状態に影響を与える可能性がある。高い濃度のコルチゾールの存在下では、セロトニンの機能が弱められる。

脳に対するストレスの影響は間違いなくさらに複雑である。ストレスはまた、脳内の特定の遺伝子の活性の増加をもたらすことがある。デヒドロエピアンドロステロン（ＤＨＥＡ）として知られているもう一種のホルモンは、コルチゾールの効果の一部を打ち消す。ＤＨＥＡ濃度はストレスによって減少するため、うつ病患者ではＤＨＥＡ濃度が低い場合が多いとされる。

ホルモン濃度は、血液の代わりに少量の唾液のサンプルを用いた測定技術を使用することにより、非常に簡単に測定できるようになった。この方法は、うつ病の研究でも使用されており、八歳から一六歳までのうつ病患者の約半数でＤＨＥＡ濃度が減少していることと、夕方にコルチゾール濃度が高まることが認められ、再度うつ病におけるこれらのホルモンの役割が示唆された。

コルチゾールとＤＨＥＡの相対濃度が将来のうつ病の発症とその持続の優れた予測材料になるという知見は特に重要である。さらに、うつ病のハイリスク因子を有する小児と青年を対象とした別の研究によっても、両ホルモンの相対的濃度が、後にストレスの多い人生上の出来事（ライフイベント）によるうつ病の発症のよい予測材料となることが確認されている。

これらのホルモンの変化は、強いストレス刺激に対する生体の反応を示す主要な変化であるが、ほかにもまだ多くの変化がある。下垂体は様々なホルモンを循環血液中に分泌するが、これら下垂体ホルモンは副腎を刺激してアドレナリンやコルチゾールを放出させるだけでなく、甲状腺から甲状腺ホルモンを放出させる作用ももっている。副腎と甲状腺のどちらの刺激ホルモンが放出されるかは、視床下部から分泌され、下垂体に送られるホルモンの種類に依存している。長期のストレスは、たとえば甲状腺機能の低下につながり、さらには成長と再生に必要な甲状腺機能の全面的な遮断につながることがある。うつ病患者では低甲状腺機能症がかなり一般的に認められる。うつ病の診断の目的で、この甲状腺機能を調べる検査が検討された。この検査では、デキサメタゾン検査の場合と同様に、下垂体への作用を介して甲状腺ホルモンの放出を刺激するホルモンの人工合成薬物が注入された。うつ病患者の約三分の一で、期待された甲状腺ホルモンの上昇が認められなかったため、この方法はやはりうつ病の診断方法として実用化されなかった。

うつ病と免疫系

ストレスはまた、免疫系に影響を及ぼすことがある。大うつ病は免疫系の正常な活性の低下の兆候を伴っている。広い範囲の心理的なストレスが免疫機能を抑制することが知られているので、これは少しも驚くべきことではない。このようなストレスには、受験から親しかった人との死別を含む非常に広い範囲のものがある。うつ病患者において免疫機能が低化する原因として、視床下部－下垂体－副腎系（ＨＰＡ系）の活性化が起こることに関連して、コルチゾール・ホルモンの増加が起こったためであると考えられる。しかし、ストレスと免疫機能の間の関係は複雑であり、システムの一部が抑制されることもあるし、活性化されることもある。さらに、化学的なシグナルであるサイトカイン類(7)の過剰産生が免疫応答の制御に関与するだけでなく、うつ状態を維持し、あるいは悪化させることに寄与することもありうる。さらに、抗うつ薬自体が免疫系を抑制する可能性もある。

サイトカイン類には細胞によって産生される情報伝達分子の種々雑多な集団が含まれる。サイトカイン類が中枢神経に作用して、しばしば抑うつ性障害をもたらすことが観察されるが、これはサイトカイン類がＨＰＡ系の過剰な活性化を引き起こすことで説明できる。たとえば、インターフェロンアルファは広くウイルス感染および皮膚の悪性疾患を含む疾患の治療に使用される薬物であるが、その本体は発熱作用等をもつ炎症性サイトカインである。残念なことに、インターフェロンアルファは投与された患者にしばしばうつ病を誘発するため、その処方の際には同時に抗うつ薬を処方する必要が

(7)　サイトカイン（cytokine）とは、免疫システムの各種細胞から分泌される情報伝達作用をもつタンパク質をいう。ホルモンと異なり、特定の内分泌器官を形成せず、また標的細胞が特定されない情報を伝達する。多くの種類があるが、特に免疫、炎症に関係したものが多い。また免疫の調節以外に、細胞の増殖、分化、細胞死、あるいは創傷治癒などに関係する情報を伝達するものも含まれる。

ある。うつ病に伴う症状のいくつかは、サイトカインの中枢作用によって説明できるようにみえる。しかし、サイトカインがうつ病の原因物質の一つであるのか、それともこの疾患の免疫学的症状の一つを表しているに過ぎないのかはまだ確立されていない。抗うつ薬は、大うつ病患者における病的な免疫反応を阻害することにより、抑うつ症状を緩和している可能性もある。

うつ病患者の身体症状はおそらく、うつ病によって引き起こされる物理的な症状であり、多くの場合患者は身体症状がきっかけとなって医者に診てもらおうとする。実際にうつ病患者の半数は何らかの種類の身体的な痛みに苦しんでいる。うつ病の身体化とはうつ病のような感情的な異常を様々な肉体的なかたちで表現する傾向であるといえる。うつ病の身体化に関しては多くの研究がなされてきたが、その中には身体化の定義、診断、どのような人々が身体化を起こしやすいか、そして身体化の原因となる可能性のある文化的要因を含む環境イベントの識別が含まれる。

うつ病の身体化は、過敏化した脳の機能の外部的な表現に過ぎない可能性がある。この脳の過敏化は通常、自然免疫系の活性化に応答してサイトカインシステムが活性化され、病気の物理的および生理的な構成要素を作り出した結果と考えられる。しかし、免疫系と脳の機能との関係は複雑な領域であり、まだ解明すべきことが多く残っている。

うつ病と性ホルモン

うつ病と重要な関係があるのはストレスホルモンだけでなく、主に性に関連するホルモンも関係している可能性がある。性に関連したホルモンには、ステロイドホルモン、エストロゲンおよびアンドロゲンがある。エストロゲンは女性で高く、テストステロンのようなアンドロゲンは男性の方が高いという差がある。男性の脳と女性の脳の差は、個体発生中の胚に作用するこれらのホルモンの影響によるものである。実際に女性の胸や、男性のペニスなどの二次性徴の発達は全てこれらのホルモンの影響によるものである。男性ホルモンを除去されたオスのラットの新生児は、外観的にはまだオスのように見えるが、メスのように行動する。ヒト男性の子どもが男性ホルモンの受容体を欠損している場合、彼は女性的外観と女性であるとの自己認識の両方をもつ。このように、性ホルモンは明らかに脳の発達と行動に大きな影響を及ぼす。

これらの性ホルモンは、気分や精神状態に強力な影響を及ぼす。一部の女性が月経や出産後に経験する抑うつ感情は、エストロゲン関連ホルモン、特にエストラジオールの体内濃度が出産後急速かつ大幅に低下することが原因で起こる可能性がある。エストロゲンおよびテストステロンは、ともにセロトニンの神経伝達物質系に対する作用によってその効果を発揮する可能性がある。しかし、もし大量のエストロゲンが抗うつ作用をもつとすれば、なぜ女性は男性よりもうつ病の発生率が高いのか、という問題が生じる。女性は男性よりもエストロゲン濃度が高いからである。男性のテストステロン濃度は、女性におけるエストラジオール濃度の最大一〇〇〇倍にも達するが、前記の問いに対する答えは、テストステロンが男性の脳内ではエストラジオールに変換され、実際には男性の脳が高濃度のエストロゲンに曝されている可能性が高いことによると考えられる。

下垂体から放出されるもう一種のホルモンは、成長ホルモンである。その名前が示すように、成長ホルモンは正常な成長のために必須のホルモンである。成長ホルモンは成人にも存在し、うつ病ではその濃度が異常に低下するといういくつかの報告がある。特に興味深いのは、授乳中の母親の乳児による乳房への刺激を介して、下垂体から放出される成長ホルモンが、満足感、あるいは多幸感さえも誘発する可能性である。胎盤から大量に分泌される成長ホルモンが（胎児だけでなく）妊娠中の母親の循環血中にも大量に移行することは特に重要な事実である。というのは、出産後に成長ホルモン濃度が急激に低下するが、このことがちょうど産後うつ病の原因に対し、一つの生物学的説明を提供するからである。

早期の体験と脳の変化

早期のストレスのような体験が脳に長期的な影響を与え、脳内の化学成分に影響するという証拠が何かあるだろうか？　もしそのような証拠があれば、それはたとえば愛着や喪失の体験とその後の行動のパターンとの間をつなぐ根拠を提供するかもしれない。もしラットがヒトのよいモデルになるとすれば、この関係は疑いもなく存在している。人間がラットの新生児を適切に扱うこと（以下ハンドリングという）により、成熟後のラットに積極的な行動パターンをもたらすだけでなく、その脳内の化学成分やホルモンのレベルに明確な変化をもたらすことがわかっている。そのハンドリングとは、単に二一日間、毎日一五分間、仔を母親から離すことである（訳注：二一日間とは通常、ラットの誕生から離乳までの期間、すなわち平均的授乳期間である）。このような試験で観察された驚くべき変化の一つは、コルチゾールのようなホルモン類の変化である。ハンドリングされた新生児は、ハンドリングを受けなかった新生児と比較してコルチゾールが減少した。乳幼児期を過ぎてからのハンドリングではこのような変化はみられなかった。さらに、長期間よくハンドリングされたラットは、脳内の退行性変化が減少し、学習能力も優れていた。

しかし、人間がラットをハンドリングすれば、なぜこのような有益な効果が生じるのであろうか？　一見それは奇妙に思えるが、処理された仔のラットが母親の元に返されたときの観察により、その理由がわかった。すなわち、母親が仔を舐める行動（グルーミング）の頻度が二倍になっていたのである。ヒトによるハンドリングは仔の超音波による母親への呼びかけを増加させるが、これが母親による仔の世話の増加につながる。この母親の応答が非常に重要である。グルーミングが重要であることの十分な証拠はまた、多数の母親ラットとその仔らを静かに観察することからも得られた。母親の約三分の一は、ヒトによるハンドリングによって誘導されるのと同様の高い頻度の「仔なめ」を自然に行っていた。これら「高率の仔なめ」を経験した仔ラットを成熟するまで観察し続けたところ、これらの仔は、幼時に人によるハンドリングを受けた仔と同様の性質を示すという結果が得られた。たとえば、それらの仔は、オープンな新しい環境に置かれたとき、「高率の仔なめ」を経験しなかった仔ラットと比較してより安心した状態を示し、したがってより探索的に行動した。また彼らは、ハンドリングされた仔と類似の脳の生化学的組成を示した。一方、「少ない仔なめ」しか経験しなかった仔ラットたちの脳は、神経伝達物質の受容体の数の変化を伴い、扁桃体の活性化が認められた。扁桃体の活性化は不安と恐怖に関連しているので、これで彼らの不安行動を説明することができる。

別の研究では、ラットの乳幼児を頻繁に母体から分離させたところ、成熟しても自分の環境を探索する行動が乏しく、また、報酬が得られる課題を学習する能力が劣ることがわかった。これらはヒトのうつ病患者と共通の特徴を示すものであった。このような行動の変化は、脳内の化学物質の変化を伴っており、セロトニンとノルアドレナリンの両方の機能が低下していた。

ラットにおけるこれらの研究結果をヒトの状況に当てはめたいという誘惑に抵抗することは難しい。ヒトの乳幼児に対する刺激や接触の増加は、ラットの「仔なめ」と同じような効果をもつのだろうか？　事実、ヒトの乳幼児に対する刺激や接触の増加に、同じような効果があることがわかった。すなわち、ヒトの未熟児に抱きしめと接触刺激を追加して与えた場合、そのような刺激を追加しなかった未熟児よりも成長が早く、知的発達もより早いことが示された。さらに、早期の適切な刺激は、正常な発達のために明らかに重要であり、刺激的な環境を奪われた子どもたちは、通常よりも四分の一小さい頭脳をもつことが示された。これらの事実は、一九四〇年代の欧米社会において、行動学者や心理学者たちが両親に対し、子どもたちがあまりにも依存的になったり、抱き癖のような悪い習慣がつくのを防ぐために、決して自分の赤ちゃんにキスしたり、自分の膝に載せたりしないように、と助言していたことを振り返ると、いささかショックを受けざるをえない。

小児期の急性のストレスが長期的な影響をもち続け、ずっと後に特定の遺伝子を活性化させるメカニズムが存在する可能性がある。これに関与する特定の化学物質は、もう一つの神経伝達物質のアセチルコリンである。アセチルコリンは、正常な思考に不可欠であり、その合成が阻害されると、学習と記憶の両方が破壊される。アセチルコリン・エステラーゼという酵素タンパク質がアセチルコリンの合成および分解に関与し、それらのバランスがアセチルコリンの量を制御している。マウスを四分間泳がせるセッションを二回繰り返してストレスを与えると、最初は神経終末におけるアセチルコリン濃度が増加するが、その後、その濃度は低下する。この低下は、アセチルコリンを分解する酵素タンパク質をコードする核内の遺伝子の発現が増加する結果、この分解酵素が増加し、アセチルコリンが余計に分解されることにより起こる。特に重要なことは、この分解酵素の活性がストレス負荷の三日後でもまだ高かったという事実である。これらの結果はストレスが遺伝子発現の変化を伴う仕組みの一つであることを示している。これと同じ仕組みが湾岸戦争症候群にも関係している。戦争の経験のような急性のストレスは、心的外傷後ストレス障害（Post Traumatic Stress Disorder; ＰＴＳＤ）につながる。この障害は衝撃的な出来事からしばらく経ってから現れ、うつ症状を含む一連の症状を呈する。短い外傷性経験が重要な神経伝達物質のレベルに長期的な影響を与えることがあるという事実は、ＰＴＳＤを純粋な心理的問題として片づけてしまうことが誤りであることを示している。

感情的行動と脳機能

ルドゥー(8)による著書『エモーショナル・ブレイン』（*The Emotional Brain*）には、我々の感情的な行動と脳機能との関係について非常に有用な説明が書かれている。彼の分析の特に重要な特徴は、各種の感情が無意識のうちに発生するという事実の発見である。このことは左右の大脳半球を手術によって切断された患者によって劇的に示された。この患者は、左大脳半球だけを介して話すことができた。感情的な刺激が右半球に提示されたとき、彼はそれが良いことか悪いことかを言えたが、その理由は言えなかった。彼は結果を論理的には知らなかったが、感情的には知っていた。

ルドゥーの見解の中心は、「我々はその理由を意識しないであらゆる種類の行動をする。そして、我々の意識の役割の一つは、自分がその特定の行動をした理由を一貫したストーリーにして自分自身に説明することである」という考え方である。感情と認知（意識的思考）に関するルドゥーの見解によれば、最善の思考は、独立してはいるが相互に作用する各種の精神機能によって生成される。その証拠は、特定の脳領域が損傷されることによって特定の物理的刺激を意識できない場合でも、感覚が損なわれていなければ、感情的に意味のある効果をもたらすことがあるという事実からきている。同様に感情的刺激は、本人がそれを意識的に知覚できなくても、感情的な影響を及ぼす。

脳機能と感情との関連の研究は、概してこれまで比較的軽視されてきた分野である。感情を分析することは容易ではないので、多くの研究者は特に恐怖に的を絞って研究してきた。その理由は、恐怖は動物モデルにおいて比較的容易に発生させることができるうえに、ヒト被験者にも容易に認められる感情だからである。恐怖や不安は人間らしさの中核であり、恐怖と記憶との関係は非常に集中的に研究されている。強烈なライフイベントの記憶は、我々が具体的に思い出すことができない「感情的記憶」と呼ばれ、「暗黙の記憶」によく似ている。不安症やうつ病は、脳が制御することができない強い恐怖と悲しみの感情を含んでいるので、これらの感情に関する研究は脳の活動とうつ病との関係に新たな洞察を提供することができる。

神経細胞のグループのレベルでは、各感情単位(9)は、入力、評価、および出力の三つの機能のセットから構成されていると考えられる。動物が捕食者と遭遇したときのように、恐怖に対する感情的な反応が自然な「引き金」となり、この感情単位に含まれる評価機能が、捕食者に食べられることを回避する行動を取らせることを保証している。

不安などの恐怖に関連した異常な応答を説明するために繰り返し使用される重要な概念は、「条件付け」である。これは一九～二〇世紀の変わり目頃に行われたパブロフの実験に由来する。パブロフ

---

(8)　ルドゥー（Joseph E. LeDoux：一九四九―）は、米国の神経科学者、ニューヨーク大学教授。専門は不安と記憶の生物学的研究。代表著書が *The Emotional Brain* で、その邦訳書の題名は『エモーショナル・ブレイン――情動の脳科学』（松本元ほか訳・東京大学出版会）である。

(9)　感情単位（emotional unit）とは、喜びや悲しみのような異なる感情が、それぞれの感情ごとに脳内で独立した機能的・構造的単位によって扱われているという仮説からきている。本章前半の「うつ病と関係した脳の構造」では、「脳は、完全にモジュールから構築されているようである」（一八二ページ）と書かれているが、「モジュール」と「ユニット」はいずれも「独立した機能的・構造的単位」であり、よく似た概念である。「感情単位」の「単位」に「モジュール」ではなく、「ユニット」が使われた理由は、「モジュール」が通常、複数の部分や単位を含むため、「感情単位」には、構成要素がより単純な「ユニット」のほうが適切と考えられたためであろう。

は、イヌに肉を与えると同時にベルの音を聴かせることを繰り返すと、その後イヌはベルの音だけで唾液を出すようになることを示した。この場合のイヌにとって、肉は無条件刺激であり、これは自然に備わった引き金となって、一連の行動や感情的な反応を引き起こす。そしてベルは条件刺激に相当し、学習してはじめて身につく引き金となる。

恐怖に関連したラットの条件付けはよく研究されたシステムである。軽度のショックを与えられたラットはフリーズする（不動の姿勢をとる）。ラットにとってフリーズすることは、たとえばネコを見たときのような、危険に遭遇したときの自然な反応である。特定の音で条件付けられている場合、彼らは音を聞いただけでフリーズする。無条件刺激と条件刺激を組み合わせることによって、条件付けを短時間で発生させることができる。我々は「条件付けとは感情的な記憶を設定することである」と考えることができる。無条件刺激（たとえば餌）を伴わない条件刺激（たとえばショック）だけを繰り返し与えることは、一旦形成された条件反応の消去につながる。

同様の条件付けはヒトでも簡単に起こる。また、ヒトに光や音の刺激をショックなしで繰り返し与えた場合には、ラットと同様に、条件反応は徐々に低下する。ところで、感情的な記憶が薄れていくとき、それは実際に消去されるのだろうか、それとも記憶は消去されずに、動物が恐怖の記憶を制御することを学ぶのだろうか？　実際には、感情的な記憶は消去されておらず、簡単に再活性化できるという証拠がある。しかも感情的な記憶の再生は意識とは関係なく、自動的に起こる可能性がある。感情的な記憶が一旦確立すると、容易には消去できないと考えられる。

感情的な暗黙の記憶は、はたして消失することがあるのだろうか？　明示的な（意識的に思い出せる）記憶と暗黙の記憶には異なるプロセスが関与している。明示的な記憶には脳の側頭葉が関係すると考えられているが、これとは対照的に、暗黙の記憶は複数のシステムを必要とする。多くの場合、明示的な記憶は簡単に失われ、信頼できないのに対し、暗黙の記憶は非常に長く持続する。このように、脳内には複数の記憶のシステムがあり、それぞれが異なる機能に特化している。

脳を損傷したために新しい記憶を形成できない患者の有名なケースが知られている。彼女は一人の医師に繰り返し診てもらうとき、その医師の記憶が形成されないため、同じ医師に会う度ごとに改めて再紹介してもらう必要があった。ある日、二人が握手したとき、医師は一計を案じて手の中にピンを隠しておき、それで彼女の手をかなり強くつついた。次の日に彼女がその医師と会ったとき、その医師が手を出しても彼女は握手しようとしなかったが、彼女にはその理由がわからなかった。彼女はその医師の手が彼女にとって危険を意味することを完全に無意識のうちに知っていた。彼女は明示的な記憶の機能を失っていたが、感情的な記憶を形成する能力をまだ残していたのである。

別の例に車の事故の経験の記憶がある。事故を起こしたことがある人が車のホーンの音を聞いたとき、明示的な記憶は彼に事故を思い出させ、事故発生時に強く鳴り響いたホーンの音を思い出させる。同時に、感情的な暗黙の記憶が活性化され、必要がない恐怖と不安を再体験させることがある。

扁桃体の役割

我々の早期の子ども時代の感情的な記憶、たとえば親との突然の別離の記憶は、扁桃体[10]と結びついている。この暗黙の記憶は、海馬と結びついている明示的な記憶よりも年齢的に先に形成されることがある。精神分析家や発達心理学者たちは、早期の感情的なトラウマが、無意識のうちに後々まで我々の精神生活に強い影響を与える可能性がある、と長い間主張してきたが、扁桃体関連の前記の事実は、この考え方を支持する根拠となるかもしれない。

無意識は精神疾患についての多くの考え方に常に大きな影響を与えてきた。無意識は特に精神分析家と精神力動学的心理療法家によって深く追究されてきたが、彼らが患者の脳から無意識の思考を取り出す場合に、どうすれば生物学者たちが納得できるような方法で取り出せるか、あるいは少なくとも彼らを不愉快にさせないような方法で取り出せるか、という困難な問題が常につきまとっていた。暗黙の記憶の概念は、本質的に無意識を理解するための生物学的基礎である。

別の一連の研究は、感情や意識における無意識の役割と扁桃体との関係の重要性を実証した。前頭前野皮質のような脳の各領域は、感情的な反応が過度になったとき、これを抑制しようとする。したがって何らかの機能不全により、前頭前野皮質によるこの感情の制御ができなくなった場合には、ブレーキが外された車のように、人は自分の感情的な反応を制御できなくなることがある。これは不安を理解するのに非常に適切な考え方である。この考え方は、子どもの頃の初期の出来事が原因となって発症するうつ病の原因にも適用できるかもしれない。早期の子ども時代の出来事に不安や悲しみの感情の条件付けを経験した場合、それが大人になった後も潜伏して持続することがあると考えられる。扁桃体は、感情的な反応とその学習における中心的役割を果たしている。感情的な刺激は、脳の別の構造である感覚視床を経由して扁桃体に入力される。この扁桃体には感覚皮質からの刺激も入力される。扁桃体からの信号はその後、危機に対する典型的な反応であるフリーズ、血圧の上昇、視床下部－下垂体－副腎系（ＨＰＡ系）の活性化、およびストレスホルモンの放出のような反応を引き起こす。扁桃体は、車の車軸のように、各方面からの刺激を受け取り、自分にとっての感情的な意味を判断する。したがって扁桃体の損傷や機能不全は、感情的な障害につながる可能性がある。扁桃体に損傷をもつある患者は、様々な感情を意味する顔の表情を識別することができたが、恐怖の表情を示した場合だけは、それが何を意味するか判断できなかった。

扁桃体と感情的な暗黙の記憶の役割を明らかにするための研究の一つは、視覚マスキング法として知られる技術を利用している。この実験では、被験者の前に置かれた画面上で、恐ろしい顔の映像を数ミリ秒という非常に短時間だけ瞬間的に見せる。この時間は、その顔の意味を意識的に認識するた

（10）扁桃体《へんとうたい》（Amygdala）は、扁桃核《へんとうかく》とも呼ばれ、ヒトを含む高等脊椎動物の左右の側頭葉内側に一個ずつ存在する、アーモンド形の神経細胞の集まりをいう。大脳辺縁系の一部であり、解剖学的には複雑な構造をしている。基底外側複合体、内側核、中心核、皮質核からなり、基底外側複合体はさらに、外側核、基底核、副基底核が区別される。情動反応の処理と感情的記憶において主要な役割をもつとされる。その複雑な構造から多くの機能をもつことが示唆されるが、ほとんど解明されていない。

めには短すぎる時間であるが、続けて中立の顔をより長い時間見せると、これは容易に認識される。この第二の顔（中立顔）は、第一の恐ろしい顔を被験者が思い出せないように、完全にマスクしてしまうので、被験者は第二の中立の顔を見たことしか報告できない。それでも画像化技術を使って被験者の脳の活動を見ると、瞬間的に恐ろしい顔を見せられたときに扁桃体の活性が増加することが明らかにされた。したがって我々は、それを引き起こしている原因を全く意識できない場合でも、恐怖を記憶できることがわかる。これは我々が脳内に通常の記憶とは異なる、無意識の記録システムをもっていることを意味する。

この実験は、不快な刺激を用いた古典的なパブロフの条件付けと組み合わせることによってさらに発展した。被験者は繰り返して、怒った顔を瞬間的に見せられた後に続いて非常に不快な雑音を聞かされた。この条件付けは、被験者が意識できない怒った顔に、感情的により強く反応することを示した。この応答はまた、扁桃体における活性の変化の測定によっても示され、また、小さな電流に対する皮膚の抵抗の変化によっても測定された。具体的には、被験者には条件付けの後、マスキング状況で顔を提示した。すなわち、中立顔に続いて、怒った顔が非常に短時間に提示された。彼らは怒った顔を見たことは報告できなかったが、扁桃体は活性化され、皮膚抵抗の変化が検出された。この実験は、前記の知見を再確認しただけでなく、驚くべき新発見をもたらした。それは、恐ろしい刺激が無意識下に存在したときに活性が増加したのは右脳の扁桃体であったが、恐ろしい刺激を意識していたときに反応したのは左脳の扁桃体であった、という事実であった。すなわち、左右の扁桃体は異なる機能をもっていたのだ。

扁桃体の機能の重要性は、扁桃体を損傷した患者で示されている。これらの患者は、友好的な顔と敵意のある顔とを区別できなかった。それはまるで、扁桃体が適切な警告を発することに失敗したかのようだった。異常に人を恐れるサルは右脳側により高い活動を示すが、これは病的に他人を恐れる人間でも同様である。うつ病患者は、脳の右前頭前野の活性が高いのに対し、普通の人たちよりも幸せな人たち、すなわち、楽天的な人たちは、左前頭前皮質の活性がより高いことがわかっている。

不安の正体

不安は「未解決の恐怖」であると表現できる。不安の原因についての多くの理論は、不安が早期、特に小児期の外傷性経験の結果であって、恐怖の感情的な記憶は形成されたが、その恐怖をもたらした出来事の明示的な記憶が残っていない場合に不安が起こると説明する。しかし、なぜ出来事の明示的な記憶が失われる必要があったのだろうか？　別の可能性として、明示的な記憶は、一旦形成されてから失われたのではなくて、最初から形成されなかったとも考えられる。その理由は、衝撃的な出来事に由来する強いストレスが記憶の形成を妨害したかもしれないからである。記憶の形成に失敗する仕組みは以下のように考えられる。すでにみてきたように、ストレスは副腎ステロイドホルモンの放出を引き起こす。扁桃体が危険性を検出すると、それは次に視床下部にメッセージを送信し、視床下部は下垂体を刺激して、血流中に副腎皮質刺激ホルモン（ＡＣＴＨ）を放出させる。ＡＣＴＨが副腎に達したとき、ステロイドホルモンが放出される。あまりにも多くのステロイドホルモンが放出されると、明示的な記憶の形成の中心である海馬が正常に機能しなくなり、記憶の形成に失敗する。事実、ストレスに曝されたラットは、学習成績が低下する。また、事故で重度のストレスに曝されたヒトの生存者の海馬は正常人よりも小さくなり、記憶の欠損が増加していた。ストレスがもたらすもう一つの結果はうつ病の発症であるが、抑うつ症やうつ病患者は、多くの場合、海馬が関係する過去の記憶が不十分である。海馬のこのような変化とは対照的に、ストレスは、扁桃体の機能を活性化し、それにより暗黙の記憶を強化させる可能性がある。したがってフロイトが、外傷性の経験の記憶が我々の意識的思考が簡単にはアクセスできない記憶システムに格納されていると示唆したことは正しかったのかもしれない。ただしこれは、フロイトがいうように、記憶障害が一旦形成された記憶の抑圧によることを意味しない。もともと記憶が不完全であったり、無意識の記憶であるために、明瞭に意識化できないという意味である。

　不安の根底にある暗黙の記憶が消滅するのはおそらく非常に困難であるため、我々はそれらと一緒に暮らすことを学ぶ必要があり、それらを制御する方法を見つけ出す必要がある。このことは治療のために重要な意味をもつ。なぜなら、そのような記憶は永久的にアクセス不能であるか、または効果的にアクセス困難な状態にあるからである。

　我々は今や感情を、常に意識できるとは限らない無意識のプロセスであるとみなすことができる。問題は、我々が思考するときに使用する、汎用の一時的な記憶貯蔵システム、すなわち意識下にあるワーキングメモリとして知られているものに、隠されていた感情的な記憶がどのようにして自動的に再現されてくるのか、ということである。感情的な反応は、扁桃体を介する自律神経系の感情的活性化に依存している可能性が高い。たとえば恐怖は、血圧と心拍数とＨＰＡ系の各種ホルモンの放出などの変化を起こす。これらの身体内信号は、脳にフィードバックされるが、これらは感情的な記憶の形成に不可欠な機能である。これまで述べてきたような扁桃体と他の脳機能との間の相互作用を考えると、異常なほど活性の高い扁桃体こそが喪失の恐怖に関連する不安を悪性化する領域である、という仮説を検討しはじめることはそれほど間違ってはいないであろう。扁桃体の過活動が認知を含む多くの他の脳のシステムに影響を与える可能性がある。同様のプロセスがいずれは悲しみに関連しても発見されることは間違いないであろう。

うつ病とセロトニン

扁桃体その他の脳領域の活動は、うつ病に関連する感情や認知に関与するが、これらの活動は全て、ニューロン間の通信手段を担う神経伝達物質に依存している。これらの化学物質がうつ病の主要なプレーヤーであることは確立されている。しかし、それらがどのようにして効果を発揮するかについては、ほとんど何もわかっていない。神経伝達物質は比較的小さく単純な分子であるが、それらの濃度の少しの変化が感情や認知に深刻な影響を及ぼす。

うつ病には化学的な根拠があることを強力に裏づける証拠がある。それは、抗うつ薬がうつ病の治療に成功しているという事実である。抗うつ薬はセロトニンおよびノルアドレナリンのような神経伝達物質の脳内濃度を増加させることによって作用すると考えられている。

うつ病に化学的な根拠があることを裏づける別の事実として、ほかの病気を治療するために使用される ある種の薬物がうつ病を誘発することがあげられる。最もよく知られている例は、血圧を低下させるために使用されてきたレセルピンである。この薬物を摂取する患者の約三分の一にうつ病が誘発される。私自身の父親は元々自信に満ちた人間だったが、レセルピンを処方された後、泣いてばかりいる、萎縮した、影の薄い人間に変わってしまった。レセルピンはセロトニンの濃度を低下させる。また、コカインやエクスタシーなどの気分を変える薬物、いわゆる「ドラッグ」は、セロトニンとノルアドレナリンの両方に顕著な影響を及ぼす（訳注：これらの活性が一時的に大幅に高まり、数時間後には反動でこれらが枯渇する）。しかし、神経伝達物質の濃度の変化をある程度うつ病と関係づけることができるからといって、それがうつ病の原因であると断定したくなる誘惑には抵抗しなければならない。神経活動のように複雑なシステムにおける「原因」の概念は、注意して扱うべきである。

カテコールアミン類には、アドレナリン、ノルアドレナリン、ドーパミンが含まれる。カテコールアミン類がうつ病に関与しているという考えは、一九六〇年代半ばに提唱された。中心的な考え方は、うつ病患者では神経伝達物質のノルアドレナリンやドーパミンが低下しているという測定結果であった。逆にこれらの神経伝達物質による信号の過剰は、高揚感と関連している。この仮説が重要なのは、仮説自体が正しいだけでなく、それが精神障害と生化学的変化を結びつけた最初の理論の一つであったことによる。

しかし現在の状況は非常に複雑である。なぜなら、抗うつ薬の効果にはノルアドレナリンおよびセロトニンの両方が関与していることが確実であるが、これらの物質を神経伝達に使用するニューロンには二種類のクラスがあり、しかもこれらのニューロンが相互作用するからである。神経伝達物質としてノルアドレナリンを利用するニューロンは事実上、脳の全ての領域に接続している。そしてノルアドレナリンを分泌する脳の主要な領域は後脳の脳幹に位置する青斑核である。この脳領域は、緊急時の「闘争か逃走か」の反応や、脳の覚醒レベルの調節に関与し、また脈拍数や血圧や生体に対する危険性のシグナル伝達を含む、交感神経系の応答を調節している。この領域自体はセロトニンやドーパミンを分泌する神経細胞からの多くの入力を受け取る。

セロトニン（これは、5-ヒドロキシトリプタミン、5-HTとも呼ばれる）は、広く全身に分布しており、特に血管、腸および脳で高濃度に見いだされる。脳では、セロトニンは主に不随意活動に関連した各領域に高濃度に局在している。うつ病の発症期間中はセロトニンの濃度および機能が低下するという考えは三〇年以上も生き続けている。この仮説の魅力は種々あるが、特に重要なことは、ほぼ全ての抗うつ薬が、脳内のセロトニンのレベルを引き上げることによって作用する、と考えられていることである。しかし、その証拠は我々が期待するほど決定的なものではない。その主要な理由の一つは、脳内のセロトニンの濃度を直接測定することが非常に難しいためである。セロトニンの測定の数値のほとんどは血液中の濃度を測定することで得られているが、それらが脳内で起こっていることを正しく反映している場合もあれば、そうでない場合もありうる。事実、脳内に存在するセロトニンは、体内の総セロトニン量のうちのわずかな割合に過ぎない。もう一つの理由は、身体の様々な部分に、少なくとも一四種類の異なるタイプのセロトニン受容体が存在しており、そのどれがうつ病に最も重要な役割を果たしているかもよくわかっていないからである。それにもかかわらず、うつ病患者の脳において、これらの受容体のうちの一つのタイプの機能が大幅に低下していることには十分な証拠がある。

セロトニンを分泌するニューロン、またはこれに反応するニューロンは脳内に広範囲に分布している。このことはセロトニンの機能の変化が非常に多くの様々な行動、すなわち睡眠、学習、運動、食物摂取、および性的活動などに影響することを説明している。セロトニン産生細胞はうつ病と関連すると考えられる扁桃体、視床下部、あるいは特定の大脳皮質の領域など、多くの領域に突起を伸ばしている。うつ病と関連して、個体を脅かす状況に直面したとき、適応的な行動を維持するために、海馬と連絡をもつセロトニン作動性の神経繊維が重要な機能を果たしていると推測されている。したがって、これらの神経繊維への応答を増強することによって、個体の環境への適応力と対処行動を増加させることができる。セロトニンは下垂体からの副腎皮質刺激ホルモン放出ホルモン（ＣＦＲ）のようなホルモンの放出に大きな影響を及ぼすが、ＣＦＲはコルチゾールおよび関連ホルモンのレベルを調節するという重要な役割をもつ。

セロトニンの脳内の濃度は多くの要因によって決定される。セロトニンは単純な分子、トリプトファンから合成される。セロトニンは脳内で合成され、その濃度は食品から取り込まれるトリプトファンの量、およびモノアミン酸化酵素のようなセロトニンを分解する酵素の活性によって決定される。モノアミン酸化酵素は、セロトニンを分解してその濃度を低下させ、結果的に神経細胞の活動を低下させる。

ニューロンの細胞膜にはセロトニンの取り込みのための特殊な機構であるセロトニン搬送装置（トランスポーター）が存在する。ニューロン内へのセロトニンの取り込みはこのトランスポーターの働きによるものである。そして、抗うつ薬が作用すると考えられている場所がこれらのトランスポーターである。トランスポーターによるセロトニンの取り込みを遮断することによって、シナプス近傍のセロトニンの濃度を増加させることができる。また、特殊な受容体である「自己受容体」が存在しており、効果的に細胞の周囲のセロトニンの量を監視し、サーモスタットのように振る舞っている。すなわち、セロトニンの濃度が上昇すると、自己受容体はセロトニンレベルを一定に維持するために、セロトニンの合成を阻害する。抗うつ薬の効果が明らかになるまでに通常は数週間かかるが、その理由を説明する仮説に使用されているのがこのプロセスである。もし抗うつ薬がセロトニン・トランスポーターに直接作用して取り込みを阻害するのであれば、薬効を発揮するまでに数週間も必要とする理由が説明できない。したがって、この作用の遅れは自己受容体の数の減少を必要とするためではないかと考えられている。自己受容体の数はセロトニンの濃度に影響を与える。また、エストロゲンなどのホルモンは、セロトニン受容体およびセロトニン・トランスポーターの一部に重要な影響を及ぼすようにみえる。セロトニンの濃度は様々な要因の影響を受けていることは明らかである。

ヒトの人格に関係するモチベーションや感情の機能は、脳内のセロトニンのレベルによって影響を受けるという証拠がある。衝動的行為、あるいは暴力行為の履歴をもつ人々、たとえば暴力的な犯罪者や暴力的な手段で自殺した人たちは、セロトニンレベルが低いことが報告されている。攻撃的な精神病患者にセロトニンの機能を高める薬物を与えると、敵意と暴力的な爆発が減少することがある。また同様に、セロトニンの低下は、衝動の制御不能状態や、攻撃的行動につながり、うつ病患者では自殺とも関連している。たとえば、自殺者から死後採取した脳組織内のセロトニン濃度を測定することが可能となっており、彼らのセロトニンレベルが正常なレベルよりも低いことが示されている。ただし、そのような測定対象者は他にも様々な精神疾患に苦しんでいたと考えられるので、この所見をうつ病だけに関連づけることはできない。また、脳組織の死後変化に関連する問題も多い。

セロトニンの機能の実験的研究

セロトニンと行動との関係は精神病患者で最も研究が進んでいるが、明らかに正常な個体におけるセロトニンの効果を検討した研究も少しはある。セロトニンが気分に対してどのような役割をもつかを研究する方法の一つは、正常な被験者のセロトニンのレベルを下げてみることである。これは被験者に頼んでセロトニンの合成を減少させる薬物を飲んでもらうことで実施できる。男性によるいくつかの試験は、一部の被験者に気分の落ち込みを起こすことがわかったが、他の人たちには効果がなか

郵便はがき

料金受取人払郵便

山科局承認

1695

差出有効期間
2019年11月
30日まで

607-8790

（受　　取　　人）
京都市山科区
日ノ岡堤谷町１番地

ミネルヴァ書房
読者アンケート係 行

◆ 以下のアンケートにお答え下さい。

お求めの
書店名＿＿＿＿＿＿＿＿＿市区町村＿＿＿＿＿＿＿＿＿＿＿＿＿＿＿書店

* この本をどのようにしてお知りになりましたか？　以下の中から選び、3つまで○をお付け下さい。

A.広告（　　　　　）を見て　B.店頭で見て　C.知人·友人の薦め
D.著者ファン　E.図書館で借りて　F.教科書として
G.ミネルヴァ書房図書目録　H.ミネルヴァ通信
I.書評（　　　　　）をみて　J.講演会など　K.テレビ·ラジオ
L.出版ダイジェスト　M.これから出る本　N.他の本を読んで
O.DM　P.ホームページ（　　　　　　　　　　）をみて
Q.書店の案内で　R.その他（　　　　　　　　　　）

書名　お買上の本のタイトルをご記入下さい。

◆上記の本に関するご感想、またはご意見・ご希望などをお書き下さい。
文章を採用させていただいた方には図書カードを贈呈いたします。

◆よく読む分野（ご専門）について、3つまで○をお付け下さい。

1. 哲学・思想　2. 世界史　3. 日本史　4. 政治・法律
5. 経済　6. 経営　7. 心理　8. 教育　9. 保育　10. 社会福祉
11. 社会　12. 自然科学　13. 文学・言語　14. 評論・評伝
15. 児童書　16. 資格・実用　17. その他（　　　　　）

〒
ご住所

Tel　　（　　）

ふりがな
お名前　　年齢　　歳　　性別　男・女

ご職業・学校名
（所属・専門）

Eメール

ミネルヴァ書房ホームページ　http://www.minervashobo.co.jp/
＊新刊案内（DM）不要の方は × を付けて下さい。 □

った。女性はみな気分の低下を示したが、これは女性がうつ病になりやすいことを反映しているかもしれない。ただし、この場合の気分の低下は軽度であり、重症のうつ病が発症することは決してなかった。

似たような実験方法として、最近抗うつ薬の投与を受けてうつ病から回復した元うつ病患者に対して、セロトニンを枯渇させる実験が行われた。彼らの多くは、数時間以内に抑うつ症状を再発したが、セロトニンを枯渇させる薬物の投与を中止すると彼らは回復した。しかし、抗うつ薬による治療を受けていなかったうつ病患者では、セロトニンを枯渇させる実験をしても、うつ病のさらなる悪化は認められなかった。これらの結果は、セロトニン濃度とうつ病の重症度との関係が単純なものではないことを示唆している。

正常なヒトを用いて実験的にセロトニンレベルを増加させると、どのような影響がみられるかにはおおいに興味が湧く。健康なヒトのセロトニンレベルを増加させると、そのヒトの不安や悲しみなどの否定的な感情が減少したり、肯定的な感情が高まったりするだろうか？　これを調べるために、正常な被験者のグループにセロトニンレベルを上昇させると考えられている抗うつ薬、プロザックが投与された。被験者たちは四週間にわたってこの薬物を摂取し、その後、「自己主張」「イライラ」および「正の影響」（良い気分）、あるいは「負の影響」（悪い気分）の増減などの影響を調査する標準的な臨床試験が実施された。研究者たちはプロザックが恐怖や怒りのようなネガティブな影響を有意に減少させることがわかったが、外向性や楽観性のようなポジティブな感情への影響は認められなかった。

プロザックがこれら二つの全く異なる結果を生じたことは、ポジティブとネガティブの二つの気分が、全く異なる神経化学的システムを含むかもしれないことを強く示唆している。

セロトニンはヒト以外の霊長類の社会的行動でも重要な役割を果たしていることがわかっている。セロトニン濃度の低いアカゲザルは、他の個体に対しより多くの攻撃的な挙動を示すため、反撃されてより多くの外傷を受け、若死にする傾向がある。これとは対照的に、高濃度のセロトニンをもつ個体は概してより「社交的」であり、より多くの「隣人」をもち、より頻繁にそれらの「隣人」たちを毛づくろいした。また、セロトニン濃度を低下させる薬物を投与したとき、攻撃性および一般的な反社会的行動が増加したが、反対に抗うつ薬を与えてセロトニンを高めた個体では逆の効果が認められ、社交性が増加した。

セロトニンなどの神経伝達物質のうつ病に果たす役割に関する研究が盛んに行われ、セロトニンの役割を支持する証拠が豊富に存在するにもかかわらず、セロトニンの低濃度がうつ病を引き起こすという考え方には、現段階ではまだ注意が必要である。このことを示すアナロジーとして糖尿病が使えるかもしれない。糖尿病では高血糖が認められるが、我々は糖尿病の原因が高血糖であるとは考えない。むしろ高血糖は糖尿病の結果である。すなわち、グルコースの細胞への取り込みを促進させるインスリンが欠乏しているか、または他のタイプの糖尿病ではインスリンは存在するが、糖を細胞に取り込むメカニズムに障害があるかの、どちらかの反映で高血糖になると考える。同様にセロトニンの低濃度は、うつ病の原因でなく結果かもしれない。

さらに、うつ病における神経伝達物質の役割は糖尿病よりもはるかに複雑であり、正確にはわかっていない。しかも、これまで説明してきたことのどれとも全く異なる化合物がうつ病の発症に主要な役割を果たしているかもしれないことを示唆する、全く予想外の発見があった。それは、疼痛に関与しているため、そのように命名された、サブスタンスＰ[11]という物質である。この物質は、脳内の多数のニューロンから放出される小分子タンパク質である。サブスタンスＰは、セロトニンよりもはるかにゆっくりと作用する神経伝達物質である。サブスタンスＰの受容体を遮断する薬物は非常に良い抗うつ薬であることがわかっている。サブスタンスＰは、扁桃体のようなうつ病関連領域で神経活動を調節することによって働いている可能性があるが、セロトニンとの関係はまだよくわかっていない。

(11)　サブスタンスＰ（substance P）とは、知覚神経Ｃ線維末端に貯蔵されているアミノ酸一一個からなる神経ペプチドの一種である。機能は多岐に及ぶが、その一つは痛覚の伝達であり、「substance P」の「Ｐ」は、Pain（痛み）の頭文字を取って名づけられた。ほかに、血管透過性亢進作用をもち、他の神経ペプチドとともに神経原性炎症を起こす。また、肥満細胞からヒスタミンを遊離させる作用があり、ヒスタミンは知覚神経を刺激し、Ｃ線維末端からさらにサブスタンスＰを放出させ、その周囲の肥満細胞に作用してヒスタミンを遊離させるので、強化フィードバックサイクルが成り立つ。蕁麻疹の膨疹の周囲の紅斑はこの反応によると考えられる。本書の序にもあるように、重症のうつ病では皮膚の炎症が起こり、また全身性の疼痛、苦悶、吐き気等が起こるが、サブスタンスＰがこれらに関係していると考えれば全て説明がつく。ただし、この物質がうつ病の原因であるか結果であるかは、やはりまだ断定できない。

うつ病と脳の機能的・器質的変化

ヒトの脳を生きたまま検査して、健康人とうつ病患者の脳の機能に何らかの明確な違いがあるかどうかを確認することができる。脳における局所の血流量とグルコースの消費量は、特定の領域での神経細胞の活動の程度を反映すると考えられる。そして、特殊な画像化技術によってそれらを画像として検出することができる。このための一つの技術はＰＥＴ（陽電子放射断層撮影法）として知られている。この方法は、グルコースのようなもともと脳内に存在する分子中の水酸基をフッ素18等の放射性同位元素で置き換えた放射性標識物質を用いる技術である。このような標識された分子を患者の血管内に注入して、その分布を特殊なカメラで追跡し、画像にすることができる。そして、コンピュータが脳の様々な領域でその標識物質の濃度が時間とともにどのように変化するかを動画として記録できる。この方法で血流量とグルコースの消費量が最も増加した領域は、脳の活動が最も高かったと考えられ、その領域と特定の精神活動とを関連づけることができる。正常人とうつ病の被験者たちの間で脳内活動に違いがあるかどうかを知ることは極めて重要である。検査の結果、重症のうつ病患者では、大脳内側眼窩皮質[12]の活性が確実に増加していた。実験的に不安や悲しみを誘発させた健康な被験者でも、内側眼窩皮質の同様な活性の増加を示した。うつ病と脳の特定の領域を関連づけることがはじめて可能になったことは、重要な進歩である。

このような研究の問題点の一つは通常、被験者の数が少ないことである。このため、自然変動を考慮に入れた信頼できる統計的解析を行うことが困難である。

薬物投与は脳活動のパターンを変化させることがあり、そのときの脳活動はうつ病患者の特性を反映している可能性がある。すなわち、不安や不眠は無気力や過剰睡眠とは異なる測定結果が得られるかもしれない。特に注目すべきは、たとえば精神病性大うつ病や老年性うつ病患者において、様々な脳の活動の領域の大きさや程度に特有の変化が検出できるかどうかである。アルコール依存症では結果が混乱することもあったが、それでもうつ病でない対照者と比較すると、うつ病患者においては、脳血流量と糖の消費量の歴然とした低下が認められた。

最近の研究では、大うつ病性障害をもっていたことがわかっている患者の死亡後の脳では、線維芽細胞増殖因子（ＦＧＦ）[13]系の発現に異常があることが発見された。ＦＧＦタンパク質は胚発生においては重要なシグナル伝達分子である。ＦＧＦの発現の減少は、脳の前頭葉皮質領域に見いだされた。この変化は、ＳＳＲＩ（訳注：プロザックなど、選択的セロトニン再取り込み阻害作用をもつ薬物）など

---

(12)　内側眼窩皮質（medial orbital cortex）は、眼窩前頭皮質（Orbitofrontal cortex：ＯＦＣ）の内側葉を指す。ＯＦＣはヒトの左右の大脳前頭葉最前部の底部にある連合皮質領域の一部であり、前・後・内・外の四葉が区別される。ＯＦＣは意思決定などの高度認知処理にかかわっているとされる。

(13)　従来は成人後の脳では神経細胞は増殖しないと考えられていたが、最近では海馬などで神経細胞の増殖が確認されている。海馬における神経細胞の新生は、新しい記憶の形成と関係があると考えられている。線維芽細胞増殖因子（ＦＧＦ）は神経細胞の増殖を促進するが、重症のうつ病患者ではＦＧＦ活性の低下と海馬における細胞新生の低下が起こり、海馬が縮小する。重症のうつ病患者は新しいことに対する一切の興味を失うが、これは海馬における細胞新生の低下と関係があるかもしれない。

の抗うつ薬によって打ち消された。したがって、これらの薬物の作用機序として、線維芽細胞増殖因子（FGF）発現系への影響が関与している可能性がある。この知見は、FGFの量と海馬の体積とが正の相関を示すことと、これとは対照的に、海馬体積はうつ病などのストレス誘導性の病気に対する感受性の高さに相関して縮小する、という理論と関連があるかもしれない。

前頭前野皮質はヒトの脳の約半分の体積を占める。前頭前野内では、認知作業や感情に関連する処理が行われる結果、複数の異なる領域における個々の精神活動に特有の血流量増加が認められる。いくつかの研究が、躁うつ病を含むうつ病患者では前頭前野の背外側領域の血流量の低下、すなわち活性の低下が認められる。また、この変化は抗うつ薬によって逆転する。うつ病患者において活性が低下したもう一つの領域は、膝下領域と呼ばれる、鼻梁の背後約四センチメートルにある領域である。これら二つの領域と、前頭前野の両方が、我々がみてきたように、一貫して感情的な行動に重要な役割を果たしている扁桃体および視床との広範な相互神経接続をもっている。そして、うつ病患者では、左大脳半球皮質のこの領域のサイズが一貫して減少する。また、この領域がうつ病に関与していることのもう一つの証拠は、躁うつ病の躁状態の期間中にこの領域の過活動が認められる事実をあげることができる。

うつ病患者では、前頭前野の背外側領域および膝下領域の活動が低下するのと対照的に、前頭前野の腹側皮質領域および扁桃体と視床における活動が異常に増加する。脳卒中による左側前頭前野皮質の損傷は、うつ病と強く相関している。扁桃体と前頭前野皮質領域は、互いを活性化し合うだけでなく、視床の一部をも活性化し、これらの領域の活動の増大がうつ病に関係していると考えられる。また、頑固な治療抵抗性を示すうつ病患者に対する外科的処置や、抗うつ薬による治療は、これらの領域内の血流量を減少させる。

扁桃体はうつ病患者の脳内において、一貫して血流量の増加を示すことが見いだされている唯一の構造体である。扁桃体の活性増大がコルチコトロピン放出を刺激し、その活性はコルチゾール濃度と相関することは大変興味ある事実である。扁桃体は「悪性の悲しみ」の源泉となる領域なのだろうか？

大うつ病患者における膝下前頭前野皮質の大きさの有意な減少は、その領域内の細胞数の減少によるものである。しかし、それはニューロンが失われた結果ではなく、支持細胞であるグリア細胞の減少によるものである。この発見は、うつ病の生物学的原因を考えるうえで、全く新しい道を開くものである。影響を受けた脳のこの領域は、扁桃体の活性のブレーキ役として作用すると考えられているが、おそらくそれは別の神経伝達物質、グルタミン酸を取り込むことにより作動すると考えられる。おそらく、うつ病に対する脆弱性の一つの原因は、この領域のグリア細胞の数の減少であるが、これには遺伝的影響が関与すると考えられる。

うつ病について考える場合、我々はこのように、感情に関わる扁桃体、および認知に関与する他の脳構造など、脳の特定の領域における活動の間の相互作用の観点から考えることができる。人生における様々な出来事の記憶は、悲しみの感情を活性化させることがあり、そして個人がうつ病に脆弱である場合には、この悲しみの感情的な反応が過剰となる可能性がある。この過剰な反応が次々と否定的な考えを発生させるため、さらに強い悲しみの感情を活性化し、強化フィードバックのループが設定され、事態がさらに悪化する。そしてついには「悪性の悲しみ」を発生させると考えられる。

確からしさで重みづけされた多くの証拠から、セロトニン、ノルアドレナリン、ストレスホルモンなどの化学物質の濃度の変化がうつ病と関係があり、加えて、脳には以前の経験を反映する変化があると結論できる。これらはうつ病の生物学的性質の発見に向けた素晴らしい進歩であるが、うつ病の理解には依然としてまだまだ非常に長い道のりが存在する。これらの化学物質と脳のプロセスがどのように相互作用するかについては、まだ全てが知られているわけではない。たとえそうであっても、得られた心理的な洞察と、うつ病に関連した神経伝達物質の濃度についての生物学的知識は、すでにうつ病の治療のために使用され、効果をあげている。うつ病の治療は、主に「悪性の悲しみ」の強化フィードバックのループを切断することにある。

第10章　抗うつ薬と物理療法

うつ病の恐ろしさ

うつ病の基礎に関する全ての科学的議論の前に、うつ病が患者にとってどれほど恐ろしい病気であるか、そしてそれを治療することがどれだけ重要なことかを忘れてしまわないように、エリザベス・ワルツェル(1)という若い女性が書いた以下の文章を紹介しよう。

「いくつかの壊滅的な状況に対する明快な解決を迫られて、あなたは突然暴発します。手で窓ガラスを突き破り、血で赤く染まった粉々のガラスがあたり一面を赤く染めます。あなたは窓の外を落下し、あちこちの骨を折り、皮膚を切り裂きます。縫合とギブスと包帯と消毒薬が傷を癒すかもしれません。

(1)　エリザベス・ワルツェル（Elizabeth Wurtzel: 一九八七-）は米国の作家。自伝小説『プロザックの国』（*Prozac Nation*）が二〇〇一年に『私は「うつ依存症」の女』という題名で映画化され有名になった。原題のプロザック（Prozac）とはイーライリリー社の抗うつ薬（選択的セロトニン再取り込み阻害薬、ＳＳＲＩ）の商品名である。

しかしうつ病は突然の災害ではありません。それはむしろがんに似ています。最初のうち腫瘍の塊は注意深い目によってさえも見落とされます。ところがある日突然、おお！　それは致命的な七ポンド（約三キログラム）もの巨大な塊となって、あなたの脳や胃や肩甲骨に宿ることになります。あなた自身が創りだしたそれが、現実にあなたを殺そうとしていることを知るのです。うつ病はそれにとても似ています。それはゆっくりと何年もかけてあなたの心と精神の中にデータを蓄積し、あなたのシステムに全てを否定するためのプログラムを組み込んでいきます。そして人生は、徐々にますます耐え難いものになっていきます。しかしあなたはそれが近づいていることに気づきません。八歳のときも、一二歳のときも、そして一五歳のときも、自分は何とか正常であり、何かあってもそれが歳を取るということなのだと考えてやり過ごします。そして突然気づくのです。人生がとてつもなく恐ろしいものであることに。あなたの人生は全く生きるに価しないということに。人間という存在の無垢の地形上に突然現れた戦慄すべき黒い汚点。ある朝目を覚ましたとき、あなたはそれ以上生きていくことに恐怖を感じます……。

私がうつ病に関してはっきりさせたいことはまさにこの点です。うつ病は生きていくために自分に残されたものは何一つないと患者に思わせます。人生にあるものは悲しみと苦痛と後悔だけです。それが普通の状態であって、それ以外には何もないのです。耐えられない不快、それが普通の状態です。うつ病は普通の人生とは全く別の次元にあります。なぜならそれは全ての消失を意味するからです。他人に働きかける能力の消失、感情の消失、応答の消失、関心の消失……。

あなたが臨床的大うつ病になって感じる痛みは、自然が真空のスペースを埋めようとする試みの一部です（自然は真空を嫌います）。重症のうつ病患者たちは、いかなる意図や目的の有無にかかわらず、所詮は眠らずに歩いている死体のようなものに過ぎません」。

抗うつ薬の開発の歴史

うつ病を治療するために、抗うつ薬が非常に広く使用されている。全ての薬物治療は脳内の神経伝達物質、特にセロトニンおよびノルアドレナリンの量を増加させる能力に依存していると考えられている。抗うつ薬に限らず、実はどの治療分野の薬についても同じであるが、薬の開発には非常に多額の資金と長い時間がかかる。そしてその際の重要な問題は、その医薬品が市販され、多数の患者に使用されるまでは、医薬品を開発する会社が彼らの開発した医薬品の有効性に関して、決して全ての側面を知っているわけではないという問題である。さらに、最も重要な問題は、その医薬品の副作用に関しては、ほとんど全くわかっていない、という事実である。副作用は、ほとんど全ての抗うつ薬がもつ特徴であり、薬物ごとに非常に異なる。副作用が十分に深刻な場合はその医薬品を市場から回収する必要がある。妊婦の吐き気の治療に広く処方され、発生中の胎児に恐ろしい奇形を引き起こしたサリドマイドの物語は、製薬業界の人々の心の中に永遠に刻みこまれているが、それは刻みこまれるべき大事件であった。

重度の精神疾患を治療することに最初に成功した薬物は、統合失調症治療薬のクロルプロマジンであった。ラガクチルという名でも知られているこの薬は、一九三〇年代にその起源をもち、抗アレルギー薬の一種の抗ヒスタミン薬として作用する薬の研究中に発見された。ラットを用いて複数の化合物の作用を試験していたとき、そのうちの一つを投与されたラットが自分の環境に興味を失い、非常に穏やかになることが発見された。ヒトで試験したときも鎮静剤として作用することがわかり、統合失調症患者にも有効であることがわかった。この薬物の効果は服用後数時間以内に発現した。この薬物は精神科医たちに、他の精神疾患も薬物治療が可能かもしれないと確信させた最初の薬物でもあった。

うつ病の症状を緩和することができる医薬品の開発は、これまでのところ、ほとんど、あるいは全くといってよいほど合理的な薬剤設計に基づいて開発されてはいない。すなわち、特定の化合物の合成につながる厳密な基礎科学の応用に基づいて薬剤設計されたものではない。この分野の進歩はむしろ、医師や科学者によって、ある化合物が動物モデルまたは急性期の患者に使用されたときに有効であった、という観察からきている。また、他の病気の治療に使用されていた薬物が偶然にうつ病を緩和したという経験的な事実がきっかけになって抗うつ薬の開発につながったこともある。

三環系抗うつ薬

一九四〇年代に、広くクロルプロマジンに類似した化学構造の、いわゆる三環系化学構造をもつ多くの化合物が抗ヒスタミン薬として、またはパーキンソン病治療薬として広く検討されていた。これらの中で、イミプラミンが抗うつ効果を有することが見いだされた。イミプラミンは、抗うつ薬として利用された最初の三環系化合物であり、以来非常に広く使用されてきた。それはプラセボ（偽薬）と比較した五〇以上の試験で実薬投与群の六五パーセントもの患者の状況を改善することが示された。プラセボ投与群の三〇パーセントと比較して明らかに有効性が高いことが繰り返し示されたため、その後イミプラミンは、ほぼ全てのうつ病の治療に用いられた。やがてイミプラミンを起源として、三環系抗うつ薬世代の多くの医薬品が開発されたが、そのうちのいくつかは他のタイプの抗うつ薬およびそれらの副作用とともに後に掲げる表1（二三六ページ）に記載されている。これらの抗うつ薬はいずれも、特徴的な副作用をもつが、たとえばバリウムのような中毒性を示すことはない。

三環系化合物は他の抗うつ薬と同様に、神経細胞の細胞膜上にある受容体と結合し、神経伝達物質の局所的濃度に影響を及ぼすことによって作用すると考えられている。三環系化合物は、ノルアドレナリン受容体だけでなくドーパミンやセロトニンの受容体にも結合して、これらの再取り込みを阻止（ブロック）する。それらはまた、他の受容体に対する親和性を有し、他のニューロンにも影響を与える。特に神経伝達物質としてアセチルコリンを使用するニューロンのクラスに対しても影響し、これは便秘やふらつきのような不快な、望ましくない多くの副作用を生じる理由となっている。これらの副作用にもかかわらず、三環系化合物は安価で効果的であり、したがって広くペルー、トルコ、インドなど、世界中の国々で使用されている。

モノアミンオキシダーゼ阻害薬

三環系化合物が開発された時代とほぼ同じ頃に、酵素であるモノアミンオキシダーゼ（MAO、モノアミン酸化酵素）を阻害する別のクラスの薬物が発見された。それらのうちの最初の薬物、イプロニアジドは、結核の治療に使用され、全く偶然に患者に顕著な抗うつ効果を有することが発見された。それは結核の治療に役立つだけでなく、患者に新たなエネルギーと幸福感を与えた。イプロニアジドは結核の治療に問題なく使用されていたこと、したがってそれが安全であろうと考えられたことの両方の理由から、それが抗うつ薬として市場に出された最初の年に、何十万人ものうつ病患者の治療に使われた。しかし、それが肝臓障害を起こすことがわかったため、一九六一年に市場から回収された。モノアミンオキシダーゼは、カテコールアミンの一種である神経伝達物質、ノルアドレナリンの不活性化に関与している。モノアミンオキシダーゼ活性の阻害は、ノルアドレナリンの分解を防止し、したがってその濃度を高めると考えられた。これはうつ病の原因が脳内のノルアドレナリンの欠乏によるものであり、反対に躁うつ病の躁状態は脳内のノルアドレナリンの過剰によるものである、という考えを支持した主要な発見の一つであった。モノアミンオキシダーゼ阻害薬はセロトニンの増加をもたらす。副作用のためモノアミンオキシダーゼ阻害薬は全ての抗うつ薬の販売額のごく一部を占めるに過ぎない。しかし、副作用の少ない新しいタイプのモノアミンオキシダーゼ阻害薬は他の抗うつ薬に反応しない非定型うつ病患者の治療に有用である。このような患者を除いて、モノアミンオキシダーゼ阻害薬は当然、通常は第一選択薬となることはまれである。

選択的セロトニン再取り込み阻害薬

選択的セロトニン再取り込み阻害薬（ＳＳＲＩ）は、より選択的な作用と少ない副作用という二つの利点のため、一九八七年から開発されてきた一群の新しい薬物である。それらは標的受容体とより選択的に結合する分子であり、神経伝達物質としてアセチルコリンを使用するニューロンのような他のクラスのニューロンの表面にある受容体には結合しないので、副作用が少ない。ＳＳＲＩ薬類のうち最も有名なものはプロザックである。

大製薬企業は何十億ポンド（何千億円）もの年間総収入を得ており、彼らの研究所には何千人もの科学者が働いている。初期の研究からマーケティングまでを含む新薬の製造には、約一〇年の歳月と約二〇〇〇万ポンドもの投資を必要とする。(2)

一九六〇年代の後半、イーライリリー社（訳注：米国の国際的な製薬会社）の三人の科学者がシナプスに存在するセロトニンの不足がうつ病の原因であるという仮説を知っていた。このアイデアは、血圧降下剤レセルピンがセロトニンの枯渇を引き起こし、多くの正常人にうつ病を発症させたという観察を含め、様々な研究から得られていた。研究者らはこれらの部位におけるセロトニンの正常な再取り込みを阻害する化学物質を探していた。彼らが開発した手法は、構造がセロトニンに非常によく似

---

(2) 最近では、大製薬企業の年間総売上は数兆円にも達し、一つの新薬の開発にかかる費用は約一〇〇〇億円以上に達することもあるといわれている。この費用には、開発に失敗した新薬の開発費用も含まれている。

ているためにセロトニンと競合するような分子を合成することであった。彼らはニューロンがセロトニンに非常によく似た物質をセロトニンであると勘違いするために、このような物質は再取り込みされるセロトニンと競合し、結果的に細胞外により多くのセロトニンが残り、細胞外セロトニン濃度が高くなるだろうと考えた。こうして彼らは塩酸フルオキセチンと呼ばれる化合物を開発した。後に商品名をプロザックと命名されたその薬物が新薬製造販売承認を取得するまでに、さらに一三年の歳月をかけて、数千人の患者に対する臨床試験が行われた。

臨床試験の結果に基づいて、抗うつ薬の使用全体に関連した種々の問題について多くの議論があった。最も深刻な議論は、重症のうつ病患者が抗うつ薬を服用すると、突然の自殺を誘引する可能性がある、という主張であった。厳密な証拠によれば、抗うつ薬ＳＳＲＩを投与された患者において、自殺の試みは確かに増加したが、投薬された患者全体を追跡すれば自殺者数は増加しないことが示唆された[3]。抗うつ薬の投与により特に青少年で自殺を試みる患者が増加する現象は、抗うつ薬がうつ病患者を元気づけ、彼らが重症過ぎたために実行できなかった自殺行動を実行に移すことを可能にしたため、と説明できる。いずれにせよ自殺の試みの増加は、抗うつ薬に非常に否定的なイメージを与える。また、精神科医が抗うつ薬を処方する際に患者が自殺思考をもっている可能性に配慮して投薬しなければならないことを意味する。

もう一つのクレームは、抗うつ薬には中毒性があり、依存性が形成されるとする、バリウムに対する主張と類似した主張である。抗うつ薬が中毒を起こすという証拠はないが、投薬の中止時に不快な禁断症状があることは事実である。抗うつ薬の投薬を突然中止すると、問題が起きることがあるので、抗うつ薬の投与を終了するには、通常はゆっくりと投与量を減量させてから離脱することが必要不可欠である。禁断症状のほかにも、二三六ページの表1に示すように、抗うつ薬には多くの副作用がある。

フルオキセチン（商品名プロザックなど）は、米国食品医薬品局（FDA）が小児および青年におけるうつ病の治療のために承認した唯一の抗うつ薬である。二〇〇三年六月、FDAは、大うつ病性障害のためパロキセチン塩酸塩（商品名セロザットなど）[4]を処方された小児および青年における自殺念慮や自殺企図のリスクが増加する可能性についての声明を発表した。

SSRIは神経細胞の細胞膜中のセロトニントランスポーター分子に作用し、細胞へのセロトニンの再取り込みを阻害する。様々なSSRIは、それぞれ取り込みに影響する効力が異なるが、それらの薬物がうつ病患者に対して異なる効果を示すという証拠はない。これらの新しい医薬品は、三環系抗うつ薬と比較して、抑うつ症状を減少させる能力がより強力であるとはいえないが、副作用が少な

（3）この記述は少々説明不足である。SSRI投与により青少年の自殺の試みが増加すれば、青少年の自殺者数は当然増加するはずである。全体として自殺者が増加しなかった理由は、青少年以外、すなわち成人や老人では自殺が減少したからである。これは、成人や老人では抗うつ薬による治療が成功した結果、自殺企画や実際の自殺者が減少したためであると考えられる。このことは、青少年と成人ではSSRIの投与が異なる結果をもたらすことを意味する。したがってSSRIの効果を論じる際には青少年と成人の結果を分けて論じる必要がある。両者を分けた議論は、次の訳注（4）を参照されたい。

いという利点があるので、生活の質の向上に役立つ。患者にとって、三環系抗うつ薬よりもフルオキセチンのようなＳＳＲＩ抗うつ薬を服用するほうがはるかに容易である。いくつかの試験では、副作用のため薬物の服用継続に失敗する割合が、三環系では約三〇パーセントもあったのに対し、フルオキセチンの場合は一〇パーセント未満であった。

うつ病はしばしば貧困と性的不満足にも関連している。これはセックスへの関心そのものがなくなる可能性、および一般的に喜びがないことの両方を反映している可能性がある。うつ病の男性では性的不能（インポテンツ）は非常に一般的である。男性と女性両方の性的行動はセロトニン、ノルアドレナリン、および抗うつ薬の影響を受ける。特にＳＳＲＩは、多くの場合、性的機能不全と関連している。

その他の抗うつ薬

全ての抗うつ薬には問題がある。それらの生物学的効果は数時間以内に発生するにもかかわらず、うつ病自体にその効果を発揮するまでに、なぜ数週間もかかるのだろうか？　うつ病に対するモノアミンオキシダーゼ阻害薬の効果が認められはじめるまでの平均時間は投薬開始から六週間後である。三環系とＳＳＲＩでも三週間以上である。我々は論理的に、セロトニンの再取り込みを阻害する薬剤が神経細胞の周囲のセロトニンの濃度を即時に増加させることを期待するが、実際にはそうではない。神経伝達物質の取り込みを阻害する抗うつ薬の効果の発現が遅い事実は、抗うつ薬の作用モードがセロトニンの取り込みの阻害に直接関連していないことを明確に示している。実際、より複雑なシステムが関与していることを示す証拠がほかにある。このようなシステムにおける主役の候補はセロトニンの自己受容体である。この受容体は、セロトニンの放出および合成の両方を制御し、（前の章で説明したように）セロトニンの神経伝達を制御する敏感なフィードバックシステムの一部である可能性がある。抗うつ薬の作用の発現に時間がかかる理由は、うつ病患者においては自己受容体の感度が高くなり過ぎていて、抗うつ薬がこの感度を低減することに時間がかかるためである可能性がある。

ＳＳＲＩ抗うつ薬の効率を改善するための新たなアプローチは、抗不安薬として広く使用されている薬物の一種であるβブロッカー（β遮断薬）とＳＳＲＩを組み合わせて投与することである。β遮断薬はセロトニンの自己受容体に結合してその負のフィードバック機能を阻害することにより、セロトニンの合成の減少をくい止め、セロトニン濃度の上昇を保証すると考えられる。この組み合わせ

（4）　セロザットは英国のグラクソ・スミスクライン社から発売されたＳＳＲＩ系抗うつ薬、パロキセチン塩酸塩の英国での販売名である。米国と日本での商品名はパキシル。薬効も副作用も強いことで知られている。二〇万人の患者を対象とした詳細な研究により、ＳＳＲＩ投与による自殺のリスクは、青少年と成人で異なり、青少年では自殺企画のリスクが約二倍に高まり、成人や老年者では約半数に減少することが明らかにされている。ＳＳＲＩ投与後に実際に自殺した患者の数の比較では青少年の自殺者数は約六倍に高まるのに対し、成人や老年の患者の自殺者は約半数に減少している。詳細は以下を参照されたい。http://u-drill.jp/archives/2009_03/02_213821.php（閲覧日2018年６月10日）

はＳＳＲＩがうつ病に対して、はるかに迅速な効果を発現する可能性につながる。

米国がプロザックを受け入れたのに対し、ドイツは別の道を選んだ。薬草のセントジョンズワート（西洋オトギリソウ：*Hypericum perforatum*）の抗うつ薬としての開発である。このハーブは、鮮やかな黄色の花をつける多年草で、この花を植物油に数週間浸して得られた赤色の液体に有効成分が含まれている。ハーブは古代ギリシャの時代から様々な病状の解決に使用され、悪霊を追い出す方法としても使用されてきた。二〇世紀の初めに、セントジョンズワートが神経疾患治療薬であることを記した文献がある。約二〇〇〇人の患者による臨床試験により、それがうつ病に対する安全かつ有効な治療薬であることが示された[5]。特に重要な点は、副作用が非常に少ないという事実である。この薬は現時点では、生薬を扱う店で入手できる。

サブスタンスＰ（前章を参照）の拮抗薬（アンタゴニスト）が強力な抗うつ薬作用をもつことは非常に重要な事実である。この物質の作用はセロトニンとノルアドレナリンを介さないので、新しいクラスの抗うつ薬の開発の可能性を開くかもしれない。

うつ病や躁うつ病に対するリチウムの効果の発見の歴史は興味深いものである。一九四九年、オーストラリアの精神科医ジョン・ケイドは、躁病患者においては何らかの化学物質が過剰であり、反対にうつ病患者には何らかの化学物質が欠けているか、不足しているという仮説に基づいた研究をしていた。現在我々が神経伝達物質の濃度の重要性をいかに重視しているかを考えると、彼の仮説は洞察力に富んだものだった。彼は過剰な物質が躁病患者の尿中に分泌される可能性を試験するために、患者の尿をモルモットに少量注入し、それが正常な個体の尿よりも毒性が強いことを発見した。彼は有毒成分を識別しようとして、試験対象の化合物の一つを溶解するためにリチウムを使用していたが、偶然にリチウムをモルモットに投与すると患者の尿の毒性が減少することを発見した。さらにモルモットにリチウムだけを注入すると、モルモットを沈静化させるようにみえた。次に彼は躁病患者にリチウムを試してみたところ、結果は非常にうまくいった。つまり患者がおとなしくなった。しかし彼の最初の報告はほとんど誰の注意も引かなかった。一九五四年になって、リチウムまたはプラセボ（偽薬）を無作為に躁うつ病患者に割りつける適切な臨床試験が行われ、リチウムの効果が実証された。現在ではリチウムはほとんど世界中で躁うつ病の治療に使用されている。

市販中の抗うつ薬・抗躁うつ病薬の一覧表

以下に市販中の抗うつ薬のクラス別化合物名、英国、米国、および日本における商品名の一覧表を示す（表1～表5）。

（5）　セントジョンズワートが効く理由は、以下のように考えられている。主成分のヒペリシンに神経伝達物質を分解するモノアミン分解酵素の働きを抑える作用があり、また、ヒペルフォリンには脳内にあるセロトニンが他の神経細胞に再吸収されるのを防ぐ作用がある。この二つの有効成分の相互作用によって、脳の神経伝達物質のバランスを整え、気分の落ち込みをやわらげることでうつ症状を改善すると考えられている。しかし、十分な証拠があるわけではない。

表1　三環系抗うつ薬

一般名	商品名（米国）	商品名（英国）	商品名（日本）*1
イミプラミン	トフラニル	トフラニル	イミドール/トフラニル
アミトリピチリン*2	エラビル/エンデップ	トリプチビル/レンティゾル	トリプタノール/ラントロン
ノルトリプチリン	アヴェンティル	アレグロン	ノルトレン
クロミプラミン	アナフラニル	アナフラニル	アナフラニル
プロトリプチリン	ヴィラクティル	コンコルディン	—
ドクセピン	シネクアン	シネクアン	—
トリミプラミン	サーモンティル	サーモンティル	—
ドティエピン	ドクセピン	プロティアデン	—
ロフェプラミン	—	ガマニル	—
アモキサピン*3	—	—	アモキサン/デピロックス

原著注：三環系抗うつ薬の副作用には，排尿困難，便秘，動悸，起立時のふらつき，鎮静作用による眠気，および精神錯乱がある。心拍リズムに影響する可能性もある。過剰摂取には深刻なリスクがあり，死亡の可能性もある。三環系薬物の場合，短期間投与においても，投薬の中断は不安，頭痛，振戦などの退薬症状が認められることがある。このクラスの薬物の数年間の長期摂取後の退薬は，精神錯乱，悪心，痙攣を含む，より深刻な退薬症状を認めることがある。

＊訳注1：原著には日本における商品名の欄はないが，参考のために訳者が調査し，追加した。

＊訳注2：原著では，Amitripyline と記載されているが，Amitriptyline の誤りと思われる。

＊訳注3：英国・米国では発売中止のため原著に記載がないが，日本では発売継続中。

表2　モノアミンオキシダーゼ（MAO）阻害薬

一般名	商品名（米国）	商品名（英国）	商品名（日本）*1
フェネルジン	ナルジル	ナルジル	—
トラニルシプロミン	パルネート	パルネート	—
モクロベマイド	マンネリクス	—	—

原著注：MAO 阻害薬の副作用には血圧降下が原因の，めまいや失神，頭痛，睡眠障害がある。一般にこのクラスの薬物は古いチーズや漬物にした魚など，特定の食物との相互作用があるが，可逆的阻害薬のモクロベマイドは作用が弱く，食物制限は不要である。急速な退薬は頭痛や悪夢などの副作用をもたらす。

＊訳注1：日本では現在，MAO 阻害薬は抗うつ薬としては市販されていない。

表3　選択的セロトニン再取り込み阻害薬（SSRI）

一般名	商品名（米国）	商品名（英国）	商品名（日本）*1
フルオキセチン	プロザック	プロザック	—
シタロプラム	セレクサ*2	シプラミル	—
フルボキサミン	ルボックス	ファヴェリン	デプロメール
パロキセチン	パキシル	セロザット	パキシル
セルトラリン	ゾロフト	ルストラル	セルトラリン
ヴェンラファキシン	エフェクソール	エフェクソール	イフェクサー
エスシタロプラム*3	サイプラレクス／レクサプロなど	レクサプロ	レクサプロ

原著注：SSRI はセロトニンだけでなく，ノルアドレナリンの再取り込みも阻害する。一般的副作用には，悪心，不眠，一般的興奮，あるいは不安がある。副作用には性的不能（インポテンツ）の証拠もある。過剰投与しても概して致死的でない。退薬症状には幻覚，悪心，疲労感，眠気が含まれるため，治療終了後の退薬は数週間以上の時間をかけて徐々に投与量を減らしていく必要がある。

＊訳注1：原著には日本における商品名の欄はないが，参考のため訳者が追加した。

＊訳注2：原著では米国のブランド名は空欄であったが，訳者が調査して追加した。

＊訳注3：原著にはなかったが，日本で発売されているため，参考として訳者が追加した。薬物名からわかるように，エスシタロプラムは，シタロプラムの光学異性体のS体のみからなる薬物である。通常はシタロプラムの投与量の半分ですむため，副作用がより少ないと考えられる。

表4　その他の抗うつ薬

一般名	商品名（米国）	商品名（英国）	商品名（日本）[*1]
ミルタザピン	レメロン	ジスピン	レメロン/リフレックス
ネファゾドン	セルゾン	ズトミン	—
ビロキサジン	—	ビバラン	—
ブプロプリオン	ウエルブトリン	—	—

原著注：ブプロプリオンの副作用は最小であるが，他の薬物には鎮静作用があり，ときに三環系薬物様の副作用もある。

＊訳注1：原著には日本の商品名の欄はないが，参考のため訳者が調査し追加した。

表5　抗躁うつ病薬

一般名	商品名（米国）	商品名（英国）	商品名（日本）[*1]
リチウム塩	エスカリス/リソビッド	カクモイート/プリアデル	リーマス/ヨシトミ
カルマゼピン	テグレトール	テグレトール	テグレトール/レキシン
バルプロ酸塩	デパコテ	エピリム	デパケン/セレニカ

原著注：リチウムには多くの副作用がある。甲状腺機能低下，口渇，手の振戦が多くの患者に認められる。妊娠初期においては遺伝的異常の確率が2倍になる。少数の患者には大きな振戦，悪心，下痢，嘔吐をもたらすので，血中濃度のモニタリングが必要である。カルマゼピンは，悪心，めまい，湿疹，白血球減少などの副作用が認められる。バルプロ酸塩には，悪心，胃痙攣，ときに肝臓障害がみられる。

＊訳注1：原著には日本の商品名の欄はないが，参考のため訳者が調査し追加した。

物理療法（電気けいれん療法）

うつ病の治療を目的として脳内の化学成分を直接変化させるための物理的療法は薬物療法だけではない。他の物理的療法には、電気けいれん療法（ECT、電気ショック法ともいう）、精神外科、睡眠療法、光療法などが含まれる。これらのうち電気ショック法と精神外科は、暴力的で粗雑な方法にみえるために、これらに対する多くの人々の最初の反応は一種の恐怖である。しかしこのような見方は事実を知ることによって和らげる必要がある。

電気けいれん療法の歴史は幸せなものではなかった。電気けいれん療法に対しては、精神機能障害、特に記憶を障害するのではないか、骨や心臓を障害するのではないか、ときに患者を死亡させるのではないか、といった強烈な恐怖の感情が際立っていた。

最初の電気ショックの使用は紀元一世紀にまで遡ることができる。あるローマ皇帝の頭痛を緩和させるために、頭の上に電気ウナギを置いたという記録がある。そして一六世紀には、イエズス会の宣教師がエチオピアで同様の治療を行った報告がある。現代の電気けいれん療法は、化学物質によって誘発されるけいれんが各種の精神病患者の治療に有効な場合がある、という一九三〇年代に起源をもつ考えを根拠にしている。電気による痙攣《けいれん》の誘導は、一九三八年にイタリアのローマで導入された。しかしその使用はごく最近まで物議をかもしてきた。たとえば、電気けいれん療法による治療に関連して、一九七七年までに三八四人が死亡したとの主張がある。一九七〇年代には、米国で電気けいれん療法の使用に反対する「電気的暴行に反対するキャンペーン運動」という組織さえあった。当時の映画「カッコーの巣の上で」は、不運な患者が無情で完全に冷淡な医療スタッフによって強制的な精神外科治療を受けるシーンが含まれていたため、この療法が暴力的であるとの見解が世間に広まった。医療従事者が当時、精神外科治療のガイドラインを定めたのは、このような社会的圧力があったからである。[6]

電気けいれん療法は、ほとんどの場合、他の全ての治療法が失敗し、患者が自殺する恐れが非常に高い場合にのみ用いられる。正しい手順は、簡単な麻酔、筋弛緩剤および酸素換気のもとで実施される。電極は頭のいずれか一方の側に配置され、けいれん発作が約三〇秒間持続するように電流が流される。このような処理は通常、一週間に二〜三回の割合で数週間連続して行われる。スウェーデンで行われたように、頭の非優位半球の側に電極を配置すれば、もしあったとしても記憶への影響を低減することができる。電気けいれん療法による治療は、歯科医にかかるよりも悪くないと報告されている。術後には記憶喪失が起こるという多くの報告があるが、通常これは一時的なものである。

電気けいれん療法による治療効果は、世間一般の常識とは正反対に、通電そのものによって得られる効果ではない。効果は通電が脳に引き起こす発作（seizure：けいれん）、あるいは引きつけがもたらす間接的効果である。電気けいれん療法では、視床下部や下垂体を刺激して強い発作を誘発するのに十分な脳への通電が必要である。発作がうつ病の治療に有効となるためには、一カ月あるいはそれ以上も治療を継続する必要がある。電気けいれん療法が神経伝達物質に影響を与える薬物と同様の機序で効果を発揮していることを示す明白な証拠はない。一つの可能性として、それがホルモンを介して効果を発揮することが考えられる。電気けいれん療法の効果は視床下部からのホルモンの放出が下垂体からのACTHやエンドルフィンなどの放出を引き起こすことによるものである可能性がある。

その他の物理療法（精神外科等）

精神外科は電気けいれん療法の悪評と同様に非常に恐ろしいイメージを連想させるため、強い悪評につきまとわれてきた。一九四〇年代の初期の前頭前野切除手術（ロボトミー）は主にうつ病や統合失調症患者を対象に実施された。精神外科は重症の副作用を伴ったが、少なくともかなりの数の患者を精神病院から退院させることに成功した。薬物治療が利用可能になってからは、精神外科はうつ病はもちろんのこと、統合失調症の治療にも一般的には使用されなくなった。

英国では一九四二年から一九五四年の間に、約一万人の患者に対してロボトミー手術が行われ、米国では約五万件の手術が行われた。死亡率は約三パーセントであり、約二〇パーセントの患者が病院から退院した。約一〇パーセントの患者にてんかんのような副作用が残り、また、約五パーセントの患者に人格の変化が発生した。現在、手術の数は世界中でも年間数百件のオーダーに過ぎない。うつ病の治療のために脳手術を考慮することは、副作用が無視できないことと、非常に繊細な臓器

（6）映画「カッコーの巣の上で」に関する記事が電気けいれん療法の項に書かれているため、映画では精神病患者に対して電気けいれん療法が使用されたと誤解される可能性があるが、映画の中の「強制的精神外科治療」は電気けいれん療法ではなく、この後に書かれているロボトミー手術（大脳前頭葉切除術）であった。

を手術することに対する嫌悪感のために、不適切にみえるかもしれない。ところが、このような手術は他の治療法が無効な患者たちの耐えがたい苦しみを取り除くために実施されるものであり、患者たちの一部は、彼らの状態を緩和するために、このような試みを歓迎するかもしれない。それはちょうどがん患者たちが、重篤な副作用があることを知りながら抗がん剤の投与を進んで受けようとするようなものである。精神外科は、たとえばてんかんの治療では劇的に成功することがある。

うつ病の最新の治療技術として、高周波無線によって誘導される組織変化を利用した、比較的侵襲の少ない治療法がある。治療経過は磁気共鳴画像（ＭＲＩ）を用いて追跡され、回復は迅速であり、患者は四八時間以内に十分な活動性を回復することができるとされる。以上の状況から、他の治療法では救済できないうつ病患者は、依然として精神外科を考慮すべき状況にあるといえる。

うつ病の治療のための全く新しい別の方法に、深部脳刺激療法がある。脳の特定部位に電極を差し込み、刺激装置に接続して患者の脳を電気的に刺激する方法である。六人のうつ病患者の膝下帯状回に隣接する白質路をこの方法で反復電気刺激した結果、そのうちの四人に、印象的かつ持続的な寛解が認められた[7]。手術室で刺激を開始したとたんに、患者たちの気分が積極的な方向へと急激に変化することさえあった。

うつ病の睡眠療法

睡眠のパターンの乱れは、うつ病に一般的に認められる症状である。睡眠障害をもっている人々は、睡眠障害をもたない人々よりも、新規のうつ病の発症リスクがはるかに高くなる。

睡眠障害とうつ病の関係は、いくつもの疑問を提起する。睡眠障害はうつ病の基本的な特徴なのだろうか。それとも睡眠障害は単にうつ病の結果なのだろうか？　さらに、睡眠障害は何らかの精神医学的状態、たとえばうつ病に特有な症状なのだろうか、それともいくつかの精神医学的状態に共通する症状なのだろうか？

うつ病患者に最も一般的な睡眠障害は、入眠障害、睡眠の持続困難（睡眠が浅く、しばしば目が醒めること）、および早朝覚醒の三種である。その他の異常には、睡眠の質とそのタイミングの異常、特にレム睡眠（急速眼球運動を伴う睡眠）の異常がある。ヒトは通常、レム睡眠のときに夢を見るといわれる。正常なヒトでは、眠りに入って数時間後にレム睡眠が現れ、その後は約一時間毎にレム睡眠が数回現れる。一方うつ病患者の約半数は正常人よりもはるかに早くレム睡眠が現れる。彼らのほとんどは入眠後最初の二〜三時間以内にレム睡眠を経験する。抗うつ薬はレム睡眠を抑制するが、うつ病

（7）　膝下帯状回（Area Subgenualis）はブロードマン領域25（Broadmann area 25）とも呼ばれ、大脳下部の帯状回が最前部で折れ曲がった部分をいう。他の療法が無効な重症のうつ病患者の大脳のこの領域に電極を差し込み、弱い電流を流すと、大うつ病患者の「悪性の悲しみ」や、「全てを否定する考え方」が消失する。したがって「悪性の悲しみ」と呼ばれるうつ病の強烈な悲しみの根源は、このブロードマン領域25の異常な機能亢進と関連する可能性がある。ただし、残念ながら電気刺激による改善は一時的であり、根治的療法ではない。またこのことは、うつ病の原因が単純ではないことを示している。

に対する抗うつ薬の効果は、このレム睡眠の抑制作用により生じている可能性がある。
うつ病の症状を緩和する方法として、各種の睡眠操作法がある。これらの睡眠操作法には、全断眠と部分断眠、レム睡眠だけの選択的断眠、および患者の睡眠時間と覚醒時間のパターンの変更などが含まれる。全断眠および部分断眠は、約六〇パーセントのうつ病患者に即時の改善をもたらすが、再び自由な睡眠が許されたとき、改善効果は消失する。

健康なヒトを断眠させると、覚醒度、健康度、およびモチベーションの維持などの多くの正常な望ましい機能に対して断眠の有害作用が認められる。このため断眠にうつ病患者の状態を改善する効果があるという事実は逆説的で理解が困難である。断眠した患者は彼らが疲れて眠いにもかかわらずエネルギーが増加し、気分が改善されていると報告する。断眠がうつ病に効果がある理由として、うつ病患者では睡眠／覚醒サイクルの概日リズムが昼夜逆転していることが多く、前記の結果は断眠が概日リズムを正常化する方向に作用する可能性があると説明できる。なお別の可能性として、断眠が患者の脳内の心理的行き詰まり（デッドロック）を破壊し、緊張を解くことにより症状の改善に役立っているかもしれない。これらの説明は魅力的に聞こえるが、断眠の意味はまだよくわかっていない。

うつ病患者においては一般的に睡眠の周期性や規則性の異常が認められるが、これらを無視すべきではない。うつ病が概日リズムの障害と結びついていて、それが我々の正常な生活に影響を与えている可能性は十分にある。このような関係を考える理由は、うつ病が以下の四つの特徴をもつからである。第一に早朝覚醒が認められること、第二に重症のうつ病の場合、症状に日中変動が認められること。一般にうつ病患者の状態は午前中に最悪であり、夕方に向けて改善する。第三に季節性情動障害（SAD）のように、季節に関係するうつ病があること、そして第四にうつ病には長期的なサイクルが存在することである。うつ病に関連づけられているホルモンや神経伝達物質の多くは、それらの放出と合成の両方が概日リズムを示す。うつ病患者における異常は、セロトニンおよび他の神経伝達物質受容体、およびセロトニン、ドーパミン、コルチゾールおよび関連ホルモンの合成の異常が含まれ

（8）「抗うつ薬の効果はレム睡眠の抑制作用により生じている可能性がある」という仮説から、「レム睡眠を抑制すればうつ病が緩和される」という仮説が導かれている。しかし、抗うつ薬によるレム睡眠の抑制（減少）はうつ病の軽快の原因ではなく結果であるという説明も可能である。正常人の睡眠ではレム睡眠は睡眠全体の後半部、すなわち数時間の熟睡後、睡眠が浅くなった頃に現れる。これに対しうつ病患者では、入眠困難・睡眠の持続困難・早朝覚醒のため、概して睡眠が浅く、頻繁に目が覚める。このためうつ病患者のレム睡眠は正常人と比べてはるかに早く現れ、合計時間も長くなる。すなわち、レム睡眠が長くなるのはうつ病の結果である。抗うつ薬の投与によりうつ病が軽快すれば、患者の睡眠はより深く長くなり、結果としてレム睡眠が遅く現れ、その持続時間も減少する。すなわち、抗うつ薬がレム睡眠を抑制するようにみえるのは、実際は抗うつ薬によるうつ病の治癒が成功した結果と考えられる。

（9）全断眠とは一晩全く眠らせないことをいう。部分断眠には二種あり、普通の時間に入眠させ、真夜中の二時頃に起こして通常の睡眠時間の後半を奪う「夜間後半部分断眠」と、その逆の「夜間前半部分断眠」がある。「夜間後半部分断眠」は全断眠と効果が同等であるが、「夜間前半部分断眠」は効果が劣るといわれる。なお、断眠療法は一九七一年にドイツで、うつ病患者を一晩眠らせないことで、徹夜の直後からうつ症状が劇的に改善することが報告され、その後欧米を中心に幅広く行われ、その高い有効性が確認されている。

る。うつ病患者では、コルチゾール分泌の日内変動のピークは正常対照者よりも早く認められる。

季節性情動障害と光療法

季節性情動障害（SAD）をより古典的なうつ病から区別する特徴のいくつかに、睡眠時間の増加および食欲と体重の増加がある。患者の炭水化物が豊富な食品に対する食欲が極度に強くなる。SADは一般的なうつ病とは違って、病的状態が通常春になれば解決し、病気を夏まで持ち越す患者はほとんどいない。SADはまた、子どもに発生することがあり、彼らは神経質になり、学校で問題を起こすことがある。ドイツの精神科医が、あるエンジニアが毎年繰り返すSADが太陽灯を用いた治療によく反応することを早くから報告していたにもかかわらず、驚くべきことにこの条件の体系的な研究は一九八〇年代までほとんどなかった。その後多くの臨床試験によって太陽灯治療の有効性が確認された。ただし、この臨床試験ではプラセボ効果[10]を制御することは容易ではなかったと思われる。

最も効果的な光治療の時刻は朝であり、六〇分間の治療がうまく効果を発揮した。肯定的に反応した盲目の患者が一人だけいたが、眼球が光の効果を媒介するようにみえた。薬物治療とは異なり、光照射に曝された健常被験者への副作用の報告はない。光治療が機能するメカニズムは知られていないが、光照射がメラトニン分泌の抑制に関連するという理論があり、これがセロトニンのレベルおよび概日リズムに影響を与え、これらを変更すると考えられる。

光療法は季節変動に関連しないうつ病を有する患者を治療するためにも使用されてきた。通常のうつ病患者に対する光療法は一般的には長い曝露期間を必要とするが、かなりの数の患者が陽性に応答するため、他の治療を支援するために併用できる。ここでも、光照射療法は副作用が最小限に抑えられるという利点をもっている。夏のSADとして知られている状態もあるが、冬のSADと同類の疾患としては研究されていない。繰り返し冷たいシャワーを浴びることのような、環境変化療法は、満足のいく治療法としては確立されていないが、患者は抗うつ薬には反応する。

(10)　薬物の臨床試験ではプラセボ対照群には偽薬を投与するが、光療法の場合のプラセボ対照群は目から入る光を遮断する必要があり、毎朝、対照群の被験者の両眼を目隠しして一定時間（たとえば六〇分間）光を遮断する必要がある。その間被験者の行動が制限されるので、試験の正確な実施は容易ではない。

第11章　うつ病の心理療法

現代の心理療法

うつ病の心理療法（psychotherapy）の起源は、フロイトによって提唱された精神分析理論にある。彼は精神分析の本質を次のように説明した。

「精神分析の理論は患者の神経症の症状を彼の過去の生活に遡って追跡しようとするたびに必ず現れる、予想外な驚くべき二つの観察事実を説明しようとする試みであるといえる。その二つとは、「転移」と「抵抗」[1]である。これらの二つを認識し、それらを作業の出発点として行う一連の調査行為は、たとえそれらが私自身の到達した結果以外の結果に到達したとしても、それら自体が精神分析であるといえる」。

二〇〇種類もの異なるタイプの心理療法が精神障害患者の治療に使用されている。うつ病に対する心理療法の基本は、治療専門家（以下、セラピスト）が患者と会話することである。心理療法には、

（1）「転移」と「抵抗」についての説明は本章の二五二ページの本文と訳注（3）にある。

短期的なものから、精神分析のように長い治療期間を要するものまで種々のタイプがある。

近年、古典的な精神分析療法とはかなり異なる理論的枠組みに基づいた心理療法として、対人関係療法および認知療法という二つの短期療法が広く使用されてきた。認知療法は精神分析療法とは異なり、患者の幼少期の無意識の体験や早期の記憶を暴くことに専念したりはしない。実際にはセラピストは多くの場合、複数の治療戦略、たとえば薬物療法との組み合わせを使用することも多い。

これらの新しい心理療法によるうつ病患者の治療の目的は患者を助けることであり、彼らの精神の改造が目的でない。このことを強調するため、ときに「支持的心理療法」（supportive psychotherapy）と呼ばれることもある。セラピストは患者から情報を得るとともに、患者の信頼を獲得することを目指している。また、患者の状態を説明するだけでなく、患者がよくなる手助けをする方法を見いだそうとする。さらにセラピストは、人間関係、仕事、教育、一般的健康などに関しても患者を指導する。セラピストの特に重要な役割は、患者がうつ状態にある間は、人生上の重大な変更を行わないように患者を説得することである。セラピストは患者が現実的で達成可能な目標を設定できるようになることを目指す。これらの全てができるようになるまでには、セラピストはかなりの熟練を必要とするが、細かい方法は各患者に合わせて個別に調整される。薬物の使用はごく一般的に行われるが、それは患者の重い症状を軽減し、患者が心理療法に応答できるようにするためである。

精神分析療法(2)（psychoanalytic therapy）と、いくつかの力動的精神療法（dynamic psychotherapy）は、認知療法とは異なり、まだ多くをフロイトの考えに依存しており、それらが科学的に合理的な根拠をもっているとみなすことはできない。

フロイトの中心的な考え方の一つは、うつ病の原因が過去に失われた対象に対する患者の両面的な関係にあり、これが自己（エゴ）に対して向けられた結果、抑圧された怒りにつながるというものである。この「自己に向けられた怒り」は、自己批判の増加と自己破壊衝動をもたらすとされる。一部の精神分析家は、うつ病は患者の超自我（スーパー・エゴ）による悪意のある攻撃の結果である、と説明する。精神分析家たちは、うつ病は早期の育児、暖かさ、および保護が欠けていたことが原因で発症すると信じていて、効果的に両親を非難し、遺伝的寄与の可能性をためらいもなく無視する。うつ病は抑圧された空想および過度に高い理想的自我（超自我）をもつこと、および幼少期の喪失に関

（2）　精神分析療法とは、ジークムント・フロイトらによって創始された精神障害の治療法である。主としてうつ病や心気症、ヒステリーなどの治療に用いられる。そのための手法は、精神分析家が患者を長椅子に寝そべらせ、患者の心に浮かんだことを自由に話す自由連想法や夢分析を用いて、患者が抑圧していた幼少期や過去の隠された記憶を明らかにし、これらが様々な病的な心理をもたらしていることを患者に気づかせることによりうつ病等の症状の改善を目指す。古典的精神分析療法では病因に関する解釈を精神分析家から患者へ一方的に押しつけるのに対し、精神分析療法の一種である力動的精神療法では、押しつけをせず、精神分析家と患者との話し合いによる信頼や愛着を重視する。フロイト心理学は二〇世紀前半には一世を風靡し、時代の思想に多大の影響を与えた。多くの文学や映画がフロイト心理学の影響を強く受けている。たとえば、一九五六年制作の米国のＳＦ映画『禁断の惑星』（*Forbidden Planet*）には、「イド」から生まれた怪物が地球外惑星の先進文明を滅亡させた元凶として描かれている。「イド」の説明は第12章の訳注（2）にある。

連する葛藤が原因となって発症すると説明される。精神分析療法は、「うつ病の治癒が可能になるためには、患者のうつ病に関連する無意識の力が意識下に曝され、自我の支配下に置かれることによって、うつ病の根底にある無意識の精神的なプロセスを終わらせることが必要である」という仮説的理論に基づいている。

「転移」(transference)とは、過去の出来事からの期待に合うように、現在の人間関係を無意識的に歪曲させることであると説明される。一方、「抵抗」(Resistance)とは、自分の内面世界の記憶やその他のもろもろの側面が意識的な思考の一部に浮かび上がることを阻止しようとする試みであると説明される[3]。

精神分析家にとって、治療は患者の「抵抗」を解きほぐし、患者が無意識のうちに行っている「転移」とは何かを、患者にわからせることを含んでいる。精神分析においては、治療が成功するためには患者が自分の過去に自ら気づくことが不可欠であるとみなされており、格言的に「未調査の人生はそれ自身繰り返される」といわれる。患者がこれまで認識したことがない患者自身の思考や感情や行動のパターンに気づかせるために、患者の精神分析家に対する「転移」の関係が利用される[4]。

精神分析療法は、まさにその「分析」という性質のゆえに、重症のうつ病の症状を直接的に、あるいは短期間に解決する目的で設計されたものではない。これは精神分析療法の重大な欠点の一つである。精神分析の最初の目的の一つは、うつ病を発病させた原因を発見することであり、そのためには患者が自分自身を内省して、自分の心の中にある、現実から遊離した空想、夢、現実認識の歪曲などに患者自身が気づくことが必要である。しかし、治療目的で患者に悲惨な過去の経験を思い出すように仕向ければ、うつ病をかえって悪化させることもありうる。

患者はかなり頻繁に、子どもの頃から重要な関係があった人物、たとえば片親との人間関係によく似た関係を、精神分析家との間に再現することがある。患者は、この構図に沿って、彼らの価値や期待感を精神分析家に「転移」させる。このように患者が精神分析家を不自然に重要人物と思い込み、彼らの全存在を精神分析家に懸けてしまうような場合には問題が発生する。たとえば噂話のたぐいだが、精神分析家がうつ病患者に「精神分析療法以外の薬物療法などの治療は受けないように」と助言したために、長期にわたり病状が悪化し続けた患者の例さえもある。

精神分析療法は、患者の人格全体を再構築しようとするため、伝統的に時間がかかる治療法である。

（3）「転移」と「抵抗」に関するこの説明は難解なため、具体例をあげて説明すると、「転移」とは、たとえば本来ならば患者にとって過去の特定の人物に向けられるべき感情、特に怒りが、無関係な精神分析家に向けられることをいう。逆に患者が精神分析家に、誤って親や恋人に対するような過度に親密な感情を抱く場合もある。「抵抗」はたとえば患者が精神分析家の説明や治療方針に理由もなく強く抵抗し、受け入れようとしないことをいう。フロイト心理学では、これらはいずれも患者の潜在意識が治療に抵抗しようとする働きであると説明する。

（4）「転移の関係が利用される」とは、たとえば、患者の精神分析家に対する（転移による）怒りの感情を利用して、精神分析家が患者に、「なぜ理由もないのに私に対して怒りを抱くのか」と問いかけて考えさせることにより、怒りの原因が精神分析家ではなく患者自身の内部にあること、すなわち患者の抑圧された過去の記憶に原因があることに患者自らが気づくように導くことをいう。

ところが最近になって、この精神分析療法の原則に基づきながら、より短期的な改良型の心理療法が考案された。これらは、力動的心理療法という一般名のもとに実施されている。治療の目的の一つは、精神分析家との「転移」の関係の文脈のもとで、患者の主要な問題点を再構築することである。

対人関係療法

対人関係療法は、「うつ病における最も重要な要素は患者の社会関係ネットワークあるいは対人関係で生じた問題である」との考えに基づいている。これらは部分的にイベントおよび愛着関係によって決定されると信じられている。たとえば、ボウルビィはうつ病患者によくある三つの主要な問題に注目した。第一は、種々の努力にもかかわらず、自分の両親との安心で満足のいく関係が得られなかった経験、第二はかわいらしくない、出来が悪い、または無能だと繰り返し言われた経験、第三に片親を失った後の貧困生活の経験である。ボウルビィは、子ども時代のこれらの経験が一連の不合理な思い込みを生み出し、結果として大人になった後の生活において歪んだ認知と行動をもたらすことがあると考えた。彼の考えでは、うつ病傾向をもつ者は愛と承認を必要としながら育ち、またこのような承認に過度に依存した価値感のもとに育ったように思われた。うつ病傾向をもつ者は、何とかしてこのような承認を得ようと思い過ぎるあまりに、正常な人間関係を変質させる。一旦深刻なライフイベントが起きてそのような防御的な戦略が剝ぎ取られてしまうと、彼らは実際には愛されていないことを知り、うつ病が発症すると説明される。このような見方を支持する強力な証拠はないが、多くのセラピストたちが対処しようとしているのはこのような諸問題である。

対人関係療法は一般的に一五～二〇のセッション（治療面接）からなる比較的短い治療法である。対人関係療法では、対人関係そのものがうつ病を引き起こすとは仮定しないが、対人関係に関連した文脈の中でうつ病が発生することを前提としている。治療の目的は、患者がその対人関係に関連した文脈を理解し、人間関係により効果的に対処できるように患者を助けることによって、うつ病からの回復をもたらすことである。また、うつ病がありふれた病気の一種であり、予後は良好であることを患者に理解させることが治療に役立つ。

大うつ病患者の対人関係には一般的に四つの主要な問題領域があることが知られている。第一は異常な悲嘆反応、第二は他人とのトラブル、第三は不十分な社会的生存技術、そして第四は人生上の重大な出来事に関連して新しい役割を引き受けることの困難さである。彼らはキャリアの変更（転職）、学校や大学を卒業すること、または引退などに際して、しばしば困難を生じる。

対人関係療法における治療は、初期の精神分析のように過去の対人関係を問題にするのではなく、現在の対人関係に焦点を当てる。患者がうつ病を発症する直前と発症以後の社会との関わり方や人間関係の状況は全て重要であるが、患者の過去のうつ病の発症経験や当時の重要な人間関係のような過去のエピソードも考慮しなければならない。患者とセラピストは、初期評価の後、どのような分野に集中するかに関して協議し、同意する必要がある。過去のイベントや家族関係も評価する必要があるが、重点は過去ではなく現在にある。

前にあげた大うつ病患者の対人関係にみられる四つの問題領域は全て対処されなければならない。たとえば、死別に際しての異常な悲しみ反応がある場合は、喪のプロセスを容易にするために、喪失に関連する負と正の両方の感情を患者が表現できるようにする。患者が配偶者や親や職場の同僚たちとの対人関係の困難を抱えている場合は、それらに対処するために、うつ病を悪化させるような歪んだ認知や欠陥のある意思疎通のありかたを再検討するように患者に勧める。セラピストは患者の対人関係の処理能力を向上させるために、患者が他の人々に関係するときのよりよい接し方を教える。患者が実際に失ったものと、失ったと想像しているに過ぎないものを区別できるようにするために、役割転換法[5]が戦略的に用いられるほか、より現実的な目標をもつことが奨励される。たとえば、現実は患者が信じているほどには絶望的状態ではなく、新たな機会があることを患者に理解させる。

ベックの認知療法

うつ病の治療における主要な進歩の一つは、アーロン・ベック[6]の認知モデルからきている。ベックは否定的な考え方がうつ病の特徴であるだけでなく、うつ状態を維持するうえでも重要な役割を果たしているという信念を維持し続けた。認知療法は患者がもつ否定的な考え方を改変し、新しい健全な考え方をするよう教えることを目的としている。ベックの理論では、うつ病を経験した人々の思考には通常、三つの互いに関連した特徴が認められる。自己、世界、および未来のそれぞれに関して、自動的に否定的な考え方をすることである（訳注：「アーロン・ベックの「認知の三角形」、一七〇ページを参照のこと)。

この否定的自動思考は、患者が否定的な経験だけを選択的に思い出すといった思考の歪みが存在すること、および物事を全て良いか悪いかのどちらか一方であるとみる傾向があることが原因で持続すると信じられている。しかし、全てを否定的にみる思考が、うつ病の原因であるか結果であるかは全く不明である。「悪性の悲しみ」に関する私の考え方からすれば、異常な感情が先にあって、その影響として全てを否定する思考が生じると考えられる。

認知行動療法では、患者の思考パターンを変えることによって、行動や認知機能を変更してうつ病を治療しようとする。セラピストは、患者が以前に学習した経験がうつ病の原因であると仮定し、また、治療の目的は、この古い学習を消去し、より適応的な応答を提供することにより、苦痛や不要な行動を減らせると仮定する。したがって治療は、日常的な思考において無意識が処理する役割が広汎

(5)　役割転換(role-transition)とは、たとえば患者が自分以外の人間(たとえば自分の怒りの対象である親や職場の上司)になったと仮定して、その場合に、その人物がどのように考え、振る舞うかを考えさせる方法をいう。これがうまく働けば患者が自分の認知の歪みに自分から気づくことができ、このことは治療に役立つ。うつ病患者には、自らの苦悩の強さのあまり、他の人間の立場でものを考える余裕がなく、容易に他人を誤解し、邪推する傾向があり、ときに被害妄想まで抱く。役割転換法はこのような傾向を変える試みの一つである。ただし、重症のうつ病患者には精神的余裕がなく、この方法は使えない。

(6)　アーロン・ベックについては第8章冒頭の訳注(2)を参照。また、三つの否定的考え方に関しては、第8章図1アーロン・ベックの「認知の三角形」を参照されたい。

であり、これが感情に影響を与えることがあるという考え方を患者に受け入れさせることに基づいている。

日常的に使用される認知システムには二つの種類がある。一つは自動的に行われる認知であり、これには人々が気づいていない暗黙の記憶を使用するプロセスが含まれる。もう一つは我々が意識して行う認知であり、思い出すために努力を必要とし、アクセス可能な明示的な記憶を使用している。感情的反応はそれら両方の認知システムの影響を受けており、逆に両方の認知システムは感情によって影響される。

このように、意識的なプロセスによってはアクセスできないが、適切な環境刺激が存在するときに自動的に浮かび上がる知識が誰にもあると想定できる。したがって何か不快な出来事を思い出させるきっかけがあった場合、そのことが自動的に以前の感情、思考、および特定の方法で作動するインパルス（神経刺激）を起動させることがあり、これはたとえば人々が時々理由もなく悲しみや恐れを感じる理由を説明する。認知療法はこれらの有害な記憶が容易に活性化されることを制限しようとする。すなわち患者が、有害な応答に対処するための新しい技術を学習することにより、自分の人生に関する思い込みや仮定をみずから変化させることを目標としている。

認知療法の目的

うつ病の認知療法は、うつ病の原因となる誤った思い込みと否定的な考えを変えるように設計された、簡単で構造化された治療法である。一般的に治療は三～四カ月にわたり、二〇回程度か、または多分これより少ないセッションから構成されている。認知療法の特徴は、セラピストと患者が議論したことや、患者がセラピストに対して抱いていた任意の反応から引き出された任意の結論について、定期的にセラピストが患者に質問することにある。このことは、認知療法におけるセラピストと患者の関係が協調的な性質をもつことを強調している。精神分析療法では、精神分析家はセッション中に起こることに対する患者の反応をあらかじめ知っていることを前提としているが、認知療法にはそのような前提はない。精神分析療法のように精神分析家が患者の反応についての解釈を一方的に患者に押しつけるのではなく、セラピストは患者に直接それについて質問する。

認知療法のもう一つの特徴は通常、セッションの前に議題を設定することである。こうすることでセラピストと患者の議論を最も重要な問題に集中させることが可能になる。議題を設定することはまた、目標を明確にし、のちにセラピストから患者へ治療の責任を移管するための基礎を提供する。初期段階では、セラピストは患者に認知療法の理論的根拠を説明し、この方法をわかりやすく図式化して説明するために、患者自身の考えも取り入れる。たとえばセッションの前に、患者の気分が落ち込んでいて、「何の希望もない」と感じていた場合には、セラピストはどのような思考がそのときの感情と関連しているかを質問する。これらは否定的な思考と否定的な感情との深い結びつきを患者に理解させるために役立つ。

認知療法はまた、正の強化（フィードバック）法などの行動療法技術を利用する。たとえば行動のスケジュールを立てることは、活動性が低い患者に特に役に立つ。このようなスケジュールを立てることは、散歩に行くことや雑誌を読むといった比較的簡単な課題からはじまり、行動の詳細な計画を定めることを含む。一部のうつ病患者がこのような一見単純な課題でも実行するのに非常な困難を感じる場合があることを我々は過小評価してはならない。些細な活動の増加が患者に改善された気分をもたらすならば、これは患者にとって貴重な正のフィードバックの材料となる。たとえこれらの活動が改善につながらなくても、そのこと自体が次の議論や計画のための有用なフィードバックを提供する。

一部の患者は、彼らの活動計画のスケジュールを達成することから何の喜びも得られないと言うことがある。彼らは何をしても楽しみが感じられないために、何をすることも全く無意味であると信じている。このような患者に対しては、そのような考え方は自分の方から進んで病気に敗北しているようなものだと説得する必要がある。患者を助けるために、行動計画を一つひとつ実行することによって得られる喜びと成功の度合いを患者自身がモニターし、たとえば0から5の段階に採点するとよい。このような詳細な記録を毎日残すことによって、患者が「何の喜びも成果もなかった」と主張するときに、患者に実際にそれらの記録に基づいて過去を振り返らせ、過去を全否定することが誤りであることを理解させ、悲観的考え方を改善することができる。

認知療法において最も重要なことは、患者の「否定的自動思考」（Automatic Negative Thoughts、以下ANTSと略）を患者自身がモニターし、認知するように患者を教育することである。うつ病患者が気分の落ち込みを感じているときはいつでも、彼らの心の中をANTSが占めている。セラピストは患者に毎日の心の落ち込みを思考とそれに関連する感情に分けて評価し、記録するように仕向ける。ただし、一部の患者にとっては思考と感情を区別することが困難なことがある。――たとえば「自分はとても腹が立っている」は感情であるが、「私は働きたくない」は思考である。

セラピストはその後、患者にＡＮＴＳを処理する技法を教育する。この教育は、患者自身が彼らのネガティブ思考の全てについて、それらの考え方の妥当性の根拠を明らかにするように求めることが中心である。ときには実際にネガティブ思考に関する確かな根拠がある場合もあるが、ほとんどの場合、ネガティブ思考は常に誇張されており、そしてそれから導かれる将来の予測は常に非現実的なほど悲観的である。

もう一つのアプローチは、患者に「自分の状況を説明するための、もっとほかの解釈の方法はないのか？」と質問することである。患者の解釈とは異なる解釈が可能であることを示すために、複数の説明を提供することは、治療を継続することと希望をもち続けることの両方に役立つ。これと関連する有益な技術の一つは、患者とセラピストの両者が、重大な出来事に関する最良の解釈を共同で見つけることである。ひどく落ち込む状況を変えるために、患者自身が行動するように奨励することが重要である。患者が「誰も私のことを気にかけてくれない」と言うとき、患者が実際に拒否されたことが事実であれば、それを否定するのではなく認めるべきである。そして、患者の社会的スキルを訓練することによって、状況は絶望的でよりよい状況はありえないという患者の認識と予想を変えていくことに焦点を置かねばならない。

患者のネガティブ思考に対処することは、認知療法の中核である。認知療法では多くの技術が使用されるが、これらの技術には、直接質問、心的イメージの使用、ロールプレイ、日記をつけること、ネガティブ思考に迫るための強烈な感情の力の利用等が含まれる。認知療法の対話技術のいくつかの例を後で示すが、これらはブラックバーンとデビッドソンの著書『うつ病と不安の認知療法』（*Cognitive Therapy for Depression and Anxiety*）からの引用である。

多くのＡＮＴＳの根底には複数の思い込みのセットがあるので、セラピストの仕事の一つはこれらの思い込みを全て発見することである。一つの方法は、「あなたをそれほど落ち込ませている原因は何ですか？」と、心の根底にあるかもしれない誤った思い込みが明らかになるまで患者に問い続けることである。患者が彼らの否定的な考えに気づくことを支援するために、セラピストは次のような直接的な質問をすることができる。「今あなたの心にあることは何ですか？」。患者の一部は、このような質問に答えることができないこともあるが、その場合には、「案内つきの発見」に切り替える。これは、端的にいえば「誘導尋問」である。誘導尋問は、患者が実際に考えていたけれども表現できなかったことを再現させることを目的としている。以下にその例を示す。

認知療法における会話の事例

事例①

患者：私は昨日、仕事から帰ってきたとき、気分がひどく落ち込みました。しかしその理由がわかりません。

セラピスト（以下，セラと略）：そのときあなたの心にあったことは何でしたか？（直接質問）

患者：わかりません。特に何も特別なことはありませんでした。急に黒い雲が覆いかぶさってきたように感じただけです。

セラ：その気分は帰宅する前からありましたか，それとも，帰宅してから生まれたものですか？

患者：職場を離れる前から落ち込んでいたと思います。帰宅後に気分はますます悪化しました。

セラ：職場で何かあったのですか？

患者：何も覚えていません。とにかく普通で何もなかったと思います。

セラ：その「普通で何もない」とはどういう意味ですか？

患者：いつもの仕事をしていただけです。その日は担当する講義はなかったので，いくつかの論文をマークしていました。

セラ：気分が悪いと感じはじめたのは論文をマークしていたときですか？

患者：はい，そうです。

セラ：誰かがあなたのオフィスに来ましたか？

患者：いいえ，誰も来ませんでした。

セラ：電話の呼び出しのような，何らかの仕事の中断はありましたか？

患者：いや，全く何もありませんでした。

セラ：誰も来ないことや、電話もかかってこないことがあなたを不安にしましたか？
患者：いいえ、私は一度も中断されずに仕事に集中できたことにむしろホッとしていました。
セラ：あなたが論文をマークしている間、あなたは常にそれに集中できましたか？
患者：いいえ。テレビを見ているときにもそういうことがありますが、私は論文に集中していませんでした。
セラ：集中できないときにあなたの心を通過する思考やイメージが何かありましたか？
患者：はい、あったように思います。私は家に帰ることを考えていました。
セラ：さあ、まさにそこですね。あなたは机の前に座って家に帰る時間が近づいてきたと考えた、それがあなたの心を通過した考えですね？　そのときのあなたの家のイメージはどんなものでしたか？
（セラピストは患者に、具体的なイメージを作成させようとする）。
患者：うーん。うーん。
セラ：あなたの家についてのイメージがどんなものだったか教えてもらえますか？
患者：はい……家が寒くて誰もいないことを考えていました。自分がひとりぼっちで座って、無理に少しの夕食を食べます。電話一本かかってきません。（患者は泣きはじめる）。
セラ：ＯＫ――あなたはそのとき、心の中にひどく悲しいイメージを思い浮かべました。それがあなたに悲しみと気分の落ち込みを感じさせたのですね。あなたは自分を落ち込ませる非常に暗いイメージを描き続けているようですね。ところで、あなたは全く異なるイメージをもって家に帰ることもできたのではありませんか？　さあ、やってみましょう。たとえばあなたは、次のようにもイメージできたはずです。家に帰ると、あなたはまず暖炉に火をつけます。それからラジオを聴きながら素敵な夕食を作ります。そして、暖かい暖炉の前に座って、テレビでいい映画を見ながらその晩を過ごします。あるいは友人に電話して、楽しい会話をします。このような情景をイメージしたなら、どう感じたと思いますか？

患者：はい。非常に落ち込んだりはしなかったでしょうね。

セラ：そうです。私たちの心を通過し、感情に色づけするイメージを追跡することが困難な場合がありますが、あなたは今、自分の心の中に非常に暗い気分を発生させた原因が何であったかを追跡することに成功したと思います。あなたが昨日したことは、あなたの晩がどのようになるかを想像し、極端な結論にジャンプしてしまったことでした。あなたはなぜか自分自身を説得して、そのイメージが現実であると思い込んでしまったのだと思いますが、それがおわかりですか？

患者：はい、多分私はそんなイメージにとらわれていました。

セラ：では、誰もいない家に帰ることが、なぜあなたをそれほど落ち込ませるのかについて一緒に考えてみましょう……。

事例②

もう一つの技術では、以下のように、心的イメージを利用することを試みる。

セラ：水曜日の夜に一体何が起こったかを正確に再現してみてください。あなたはご主人と一緒に家にいました。それは夕食後のことで、あなたは子どもをベッドに寝かしつけたあと、リビングルームでテレビを見ており、あなたの夫は新聞を読んでいました。目を閉じて、あなたが座っていた部屋や、時間的経過のような状況をできるだけ多く、詳細に再現してみてください。
患者：（二分後に）ＯＫ。あなたは心にその情景を思い浮かべることができましたか？
セラ：はい、今それを思い浮かべています。私はソファのジョンの近くに座っていました。彼は新聞を読んでいましたが、しばらくして立ち上がってテレビのボリュームを少し絞り、私からかなり離れた別の場所に座りました。
患者：あなたは彼の行動に何か意味があると思いましたか？
セラ：はい、「彼は私が近くに座っていることに我慢できないのだ」と思いました。彼は私に飽き飽きしており、もはや私を愛していないと。
患者：よくわかりました。私たちは今、しばしば「ホットな認知」と呼ばれている重要なものを掴んでいます。今あなたがなぜとても絶望的で自暴自棄的な思いをしているのかおわかりですか？　あなたは夫のある行動に対して、かなり大胆な解釈をしました。彼の行動が、あなたと関係があるとあなたは思い込んだのですね。あなたは彼の行動を自分にあてつけた行動だと思い込み、そのことがあなたに対して非常に悪く反映しました。これらの思いが果たして現実のものであったかを調べるために、これらの考えをもう一度振り返ってみてみましょう。

重要なことは、セラピストが、患者が自分の否定的な考えの根拠を調べる手助けをすることである。以下にその例を示す。

事例③

セラ：さて、あなたはもう事態に対処できなくなると思い、自分が崩壊すると思って毎朝それらに不安を感じるのですね。あなたは自分が自宅待機を命じられることになると思うのですね？

患者：はい、毎朝それは同じです。目を覚ました瞬間から、胃の中に大きなかたまりがあるように感じます。出勤するためには自分で自分を強制する必要があります。

セラ：そのようなとき、どんな思いがあなたの心に浮かびますか？

患者：ああ……三〇人の手に負えない七歳児たち、激怒した女校長からの電話、十分に準備できていない、面白くない私の授業……。

セラ：OK、あなたが想像したり予測したたくさんの悲惨な出来事が起こりそうで、あなたはどうにも対処できなくなると感じているのですね？

患者：そうです。本当に、もう耐えられません。

セラ：これらの出来事のどれかが最近、実際に起こりましたか？

患者：はい。一年前から若い学年を教えるグループに移動させられて以来、そのままです。

セラ：あなたは今までに、事態に対処ができなくなって、自宅待機を命じられたことがありますか？

患者：いいえ、しかし数回はそれが起こりそうになりました。
セラ：それが起こりそうになったけれど、実際には起こらなかったのですね。実際には一度も起こらなかったことに注目することが重要です。だから、毎朝あなたの心に浮かぶイメージや、教室での現実に、あなたが耐えることができないとは、具体的にどういうことなのでしょうか？
患者：そうですね、不思議なことに、教室に立てば私はそれほど不安を感じることはありません。イメージは現実よりも悪いようです。
セラ：その通りです。あなたは、「私はこれ以上対処ができなくなる、私は崩壊する」と自分自身に言い聞かせます。しかし、私が正しく理解しているとすれば、困難な状況が発生して、あなたが家に送り返されたことはこれまでに一度もありません。だからあなたの予測は常に外れているのですが、何かの理由であなたはこの明白な証拠を無視しています。この理解で正しいですか？
患者：あなたは私が科学者としての訓練を受けていることを信じておられないのでしょうか？
セラ：そう、まさにそれがこの治療が実現しようとしていることです。あなた自身の人生の中であなたが科学者であり続けることに私が少しでもお役に立てれば、と思っているのです。
セラピストは、患者の解釈とは別の解釈を提案することができる。以下にその例を示す。

事例④

セラ：だから、今起こっていることは、あなたは現時点で多くの新しい状況に直面していて、これらがあなたを不安にしているということですね。この理解で正しいですか？

患者：全ては変化し続けていますが、その変化が好きではありません。

セラ：ＯＫ、あなたは新しい状況が好きではありませんが、新しい状況があっても大きな破綻もなく、去年一年を何とか切り抜けたわけですね？

患者：はい。

セラ：九カ月前と比べて、今の状況はそれほど悪くなってはいないのでは？

患者：はい、状況はより単純になっています。例の七歳児たちは、ほとんどの時間、それほど悪くはありません。

セラ：それはいいですね。そこであなたは朝、先ほどあなたが言ったことの代わりに別のことを考えたほうが、気分がよくなるのではありませんか？　たとえば次のように。「これはまだ私にとっては比較的新しい状況だが、私はそれに何とか対処している。私が恐れているような破綻はこれまで一度も発生したことはないし、新しいクラスと新しい校長にも少しずつ慣れてきたので、これから破綻が起こる可能性は低い。私はそれほどひどくなく、何とかやっている」というふうに考えてはどうですか？

異なるアプローチにもかかわらず、セラピストたちは患者それぞれのスタイルに対応している。たとえば、もし患者が個人的な人間関係に過度に関与していることがわかった場合、セラピストはしばしば対人関係療法の技術を使用する。一方、個人的な関係があまり明白でない場合、彼らは認知療法の技術を多く利用する。治療が成功したケースに共通する因子は、患者とセラピストの間に「治療同盟」と呼ばれる関係が形成された場合であると考えられている。治療の成功には、患者が「認知療法は治療に役立つ」と思い、「セラピストは自分が洞察を得るために何かを学ぶのを助けてくれている」と信じることが必要である。そのためにセラピストは必要と思えば患者に介入するし、患者の行動に応じて刻々と自分の考えを調整する。

現在、心理療法が患者にどのように役立っているかを説明する一つの見解は、「同化」(assimilation)として知られているプロセスである。このプロセスには四つの段階がある。患者は、①「望まない考えに全く気づかない状態」から、②「新しい考え方を認識し、苦痛をもってそれを経験する段階」を経て、③「それらがより気にならない、単に難解である状態」に徐々に変化する。そして最後に彼らは、④「最初は受け入れられなかった真実を正しく理解し、習得した段階」に達する。おそらく、心理療法は否定的な考えを捨て去ることによって、否定的な考えに駆動され、否定的な考えを再生産し続ける、「悲しみの強化フィードバック」の輪を破壊することによって機能すると考えられる。

しかし、心理療法は、薬物療法と比較して、より高い治療効果を上げることができるのであろうか?

第12章　うつ病には何が有効か？

私のうつ病と薬物療法

私のうつ病がまだ初期段階にあったときの話である。ある朝目を覚ますと、どうしても自殺しなければならないという圧倒的な欲求を感じた。私は半狂乱になって医師たちを電話で呼び出し、自分から志願して地元の病院の精神科病棟に入院した。未だに十分には理解できない理由から、とにかく回復するには入院することが不可欠であると思ったからだった。

ウイリアム・スタイロン（訳注：William Styron：一九二五－二〇〇六、米国の小説家・随筆家）がうつ病になったときも、入院することが彼にとってどんなに価値のあることだったかについて書いている。おそらく、うつ病患者たちは病院が提供する安全を必要としている。入院当初、私は自分の病棟から出ることを許されなかったが、それはそうするように私から医師たちを説得した結果であった。自分から志願して入院した患者には日中の自由な外出が許されることもあるが、私に自由な外出が許されると、本当に外出して自殺する恐れがあると思ったからであった。

私は当時すでに三環系抗うつ薬の服用を止めていた。それが不安をさらに強めるように思えたからだ。担当の精神科医はＳＳＲＩ系抗うつ薬プロザックの最初の同効薬であるセロザットを処方してくれた。なぜプロザックよりもセロザットがよいのかと精神科医に質問したところ、彼女は過去に自分の患者に投薬した経験から、セロザットのほうがよいと思ったからだと説明してくれた。

彼女はうつ病は自己限定的（訳注：時期がくれば自然に治癒すること）であり、私は必ず回復するだろうと、何度も繰り返し非常に強く説得してくれた。しかし私には、主治医の言うことが一言一句たりとも信じられなかった。自分が回復する可能性があるとか、再び働けるようになるとは想像もできなかった。私はもう絶対に治ることはないと確信し、数カ月先までの約束を全てキャンセルした。治癒することなく退院した後、毎日私の世話をすることになる妻と子どもたちに対して、強い罪悪感を抱いた。不安があまりにも強く、自分自身にとらわれた状態から片時も離れることができなかった。私が病院の窓から外を見たとき、そこから私が定期的にテニスをしていたテニスコートが見えたが、自分がそこで再びプレーする日は永久に来ないとの確信があり、絶望感を抱いてそれを見ていた。そのとき、自分の人生は寝たきりのゾンビーのままで終わると固く信じていた。

毎朝、家族の誰かが私を病院から連れ出し、夕方の五時頃に病院へ連れて帰ってくれた。担当医は「リラクゼーション運動」の方法を教えてくれた。それは少しは役に立った。目を閉じてベッドに横たわり、背中からはじまり顔の筋肉まで、順番に全ての筋肉の緊張を解くように教えられた。自分の呼吸に意識を集中できるときは、自分が美しい場所にいると想像するように言われていた。精神科医の一人は、私に認知療法を試みたが、その段階での認知療法は私には全く無意味だった。私は自分の考え方が極端に否定的であることに気づいてはいたが、そのときの状態ではそれは完全に合理的であると確信していた。与えられた薬が効くとは思えなかったため、私は自暴自棄となり、電気ショック療法を使用するように医者に求め続けた。

私は完全に否定的で、自分のこと以外には何も考えられなかった。感情も感覚もなく、泣くことすらできなかったが、気味の悪いユーモアの感覚を保持していた。喜びを感じられるようなものはこの世界に何一つなく、何かを決定しようとすれば、それがどんなに些細なことであっても、必ず強い不安を感じた。一日中ベッドで丸くなって寝ていたが、日中は飽き飽きするほど長く感じられた。それでも夕方になるとやや気分がもち直し、少しはテレビを見たり、読書することもできた。しかし夜はひどいものだった。普通に眠ることができなかったからである。病院のスタッフは非常に協力的で、私が夜を乗り切れるように睡眠薬を処方してくれた。しかし睡眠薬を飲んだ次の日は一日中眠かった。私は早朝に肌が熱くほてった状態で目を覚まし、もっと眠ろうと懸命になったが、午前三時以後は睡眠薬を禁止されていたため、それ以上は眠れなかった。私は毎朝、真っ暗な穴に戻るような気がした。古典的表現といわれるかもしれないが、私には何の慰めもない状態であった。

私の信じるところによれば、強い不安を感じてはいたが、それほど強い気分の落ち込みは感じていなかった（ただし医師たちは、説得的ではないものの、気分の落ち込みと不安は実際には非常に類似していると主張した）。その一方で私はパニック発作を繰り返していた。自分の不整脈がコントロール不能であり、おまけに非の打ちどころのない個人的な論理で自分はパーキンソン病になったと確信していた。

ティーカップを運ぼうとして、受け皿がガタガタ音を立てたので、自分はパーキンソン病だと結論したのだ。また、歩いているとき、足音がパタパタいうのが気になり、医者に相談したところ、彼は実際に私が昔、自転車事故を起こした結果、筋力低下症であると診断してくれた。私は自分の病気が絶望的であることを周囲の全ての人たちに納得させることがどうしても必要であると感じた。そして、彼らが私の言うことに同意しないと、急にイライラしたりした。私の思考プロセスはしばしば混乱し、自分がひどい状態にあること以外に何も考えられなくなった。記憶力がひどく落ちているのを感じ、ときには時間が停止してしまったように感じた。自分が発狂すると思い、私はひどく不安になった。自分が精神病棟に入院していることは自分にとって衝撃的であったが、その一方、それは慰めでもあった。他の年取った病人たちと一緒にいることに対して、時々自分は一体何のためにここにいるのだろうと疑問に思えた。また、これらの病人全員の中で、自分がおそらく最も重症であろうと思った。私はほとんどの時間、自殺を考えて過ごした。

それでも、数週間の紆余曲折を経て、私はゆっくりと快方に向かいはじめた。そして、自分の意思で病院の外に散歩に行くことができるようになった。まだ調子のいい日と悪い日があったが、重要なことは、その違いがわかるようになったことであった。私は退院を考えはじめた。しかし、まだ自宅で対処できるという自信がなく、不安を感じていた。自分の心臓の潜在的な不整脈が制御できなくなる事態を想像して何時間も費やした。その一方で、新しい薬を服用することを恐れていた。私は片手を常にもう一方の手の手首に置いていたが、それは、いつでも自分の脈を取るためであった。しかし、ある出来事によって私は退院を余儀なくされた。旧い友人が同じ病棟に入院することになり、驚くべき偶然によって、彼は私と同じ病室に入れられた。彼はチェーンソーのようないびきをかく人だった。私は予定を早めて直ちに退院した。

私が受けた認知療法

自宅で療養することは、妻に大きな負担をかけることになった。というのは、妻が外出して自分が一人でアパートに残されると、それがほんの短い時間、たとえば二〜三時間であったとしても、私の不安は耐え難いほど強くなったからであった。そこで私は外来患者として認知療法を受けはじめた。これは想像以上に役に立った。最初のセッションでは、私は新しい抗不整脈薬を服用することについてかなりヒステリックに不安を訴えた。理由の一つは、その薬の注意書きに、この薬を服用した人が直射日光にさらされた場合、皮膚が不可逆的に青色に変わることがあるとの警告が書かれていたからであった。セラピストは、私の心臓専門医に電話をして、それの服用をしばらく延期するための許可を取った。その新しい薬の服用がはじまったときは臆病にも、その次の日から、四月下旬のロンドンだというのに、外出するとき、日焼け止めクリームと長袖シャツで皮膚を覆った。

　セラピストは、緊張を緩めるための一組の新しい方法を紹介し、私が不安やパニックに襲われたときはいつでも、それを実行するように勧めてくれた。その方法とは全ての筋肉を一つずつ順番に緊張させたり、リラックスさせることから構成されていて、必要と思えば、一日中それをやりながら過ごしたこともあった。セラピストは私が決して発狂することはないと何度も断言して私を安心させてくれた。私にとって認知療法は非常に実践的であり、有り難いことに私が受けた精神分析療法とは全く異なっていた。私の経験によれば、精神分析家たちは驚くほど自信過剰であり、自分たちが信じていることが全能であると信じていた。――精神分析家は、私の精神の内部の働きを暴くために、私の内部の不幸な三人もの同居人（1）、エゴ、イド、スーパー・エゴの存在を証明しようとした。

これに比べ、認知療法は実用的で、患者の思考プロセスを変更して、否定的な思考法に永続的に対処することを目指していた。セラピストはまた、計りしれないほど貴重な入眠方法を教えてくれた。一度に一文字ずつ「黒い」文字を思い浮かべて、それを「白い」文字に変換する方法であった。眠れないときに羊を数える方法と少し似ているが、要は「自分とは無関係な問題で心を満たす技術」である。この方法は実に効果があった。他に素数を順に思い出すことも役に立つことがわかったが、自分で発見した最も優れた入眠方法は、大学のクラスに登録されていた全ての同級生たちの姓を頭文字のアルファベット順に思い出すことであった。この方法を使えば、めったに自分の名（W）に達することなく眠りに入ることができた。これら全てによって、数週間にわたって毎晩少しずつ慎重に睡眠薬を減量することに成功した。

認知療法はときに、常識の範囲から少し外れているようにみえるかもしれない。しかし、私は実際にそれを必要とし、それは私を助けてくれた。私はゆっくりと回復したので、病気になって以来欠席していた教授会への出席を再開することを検討しはじめた。そのときセラピストが私を助けるために勧めてくれた方法は、私が教授会に出席したときに起こるかもしれない、何か具合の悪い事態のそれぞれに対して、それらが現実に起こる可能性がどれぐらい高いかを想定してみることだった。悪いことが起こるとすれば、それは具体的にどんなことで、どのように悪いのか？　たとえば私が教授会に出席して、中途で退席せねばならないようなことが現実にありうるのか、たとえば、私の同僚は、私に対し非常に批判的だろうか？　これらの検討の後、私は出席を決断した。そして当日の午後、私は発病以来数カ月ぶりに自転車に乗って出かけた。教授会での私の出番はほとんどなかったが、会議を無事に乗り切ることができ、これは回復の大きな一歩となった。

仕事に復帰しはじめた頃に、妻のジルが「メディア治療」と呼んだものによっても助けられたかもしれない。ある晩、「The Today」というラジオ番組の担当者が電話をかけてきて、細胞のゲノムのＤＮＡ配列の完全な解読作業がはじめて完了したことに対しコメントしてもらえないかと尋ねてきた。私は承諾し、翌朝午前七時三〇分頃に彼らのラジオカーがやってきた。それは私が数カ月ぶりにまと

(1)　エゴ、イド、スーパー・エゴはフロイト心理学で扱う精神分析用語である。イド（id）は精神の奥底にある本能的衝動の源泉である本能的自我あるいは無意識的自我をいう。エゴ（ego）は通常の自我であり、イドの上位にあってこれを制御しているが、常に制御に成功するとは限らない。スーパー・エゴ（super-ego：超自我）は、エゴの上位にあって、常に道徳的、理想的であろうとする自我をいう。スーパー・エゴはエゴやイドと対立することがある。「同居人」という表現は、著者が発病後も失わなかったという「不気味なユーモア」のセンスによる皮肉と思われ、精神分析療法に用いられる用語に全く馴染めなかった彼の気持ちを表現している。

もに働いた最初の経験であった。そしてそのインタビューはうまくいった。

二〜三回の揺り戻しはあったが、私はゆっくりと仕事に復帰した。そして約一カ月かけて徐々に抗うつ薬と睡眠薬の両方を完全にやめることができた。

私は自分が正常に戻ったことを奇跡のように感じた。私は自分が死人から蘇生し、二度目の生きるチャンスを与えられたラザロ(2)であるかのように感じた。

あるいは私は、まだ完全には正常ではなかったかもしれない。しばらくの間私は躁病気味であり、少々向こう見ずであった。当然のことながら私は、うつ病のあらゆる側面に非常に強い興味を抱いていた。

間違いなく私のうつ病からの回復には抗うつ薬と認知療法の両方が不可欠であった。ただしこれは重症のうつ病から回復した、たった一人の患者の事例に過ぎない。他に何千もの患者がいる。私個人は薬物療法や認知療法が役に立ったと信じているが、それは本当だろうか？　何がうつ病に効果があるかを明らかにするための唯一の方法は、「科学的根拠に基づいた医療」(evidence-based medicine)である。

治療効果の判定のための臨床試験

医師たちはみな、大きな圧力下にあり、巨大な責任を負っている。精神病に限らず他の病気も、大抵は極めて複雑であり、診断も治療も困難である。医師たちはどのようにして新たな進歩の最先端に居続けることができるのだろうか？

任意の治療法を評価するための最も確実な方法は、その治療法のランダム化（無作為化）された臨床試験であり、望ましくは二重盲検法による臨床試験である。このような臨床試験では、被験薬は一部の患者群に投薬され、残りの患者群には投薬されない。この投薬されない群は対照群として役立つ。二重盲検法では患者も医師も、誰がどの治療を受けるかがわからないように、患者は各群にランダムに割り当てられる。どのグループに何が与えられているか医師または患者が知った場合、いろいろな理由から、そのことがかなり微妙に結果に影響することがあるため、臨床試験におけるこの匿名性は必須である。

このような試験の手順は、比較的最近になって確定したものである。ある医療が有効かどうかを客観的に明らかにするための臨床試験の方法は、一八三〇年代にピエール・ルイがパリで先駆的な仕事をするまでは事実上知られていなかった。彼は患者が特定の体液（ヒューモア）を過剰にもっているという古代からの信念に基づいて行われる瀉血療法が患者にとって有害であることをはじめて立証した。当時の医療専門家たちは、この結果に敵意をもって反応した。その根拠は、「このように一般化された結論は各患者の個性を無視したものであり、患者にとってある療法が有害か有益かは治療を行

（2）ラザロは新約聖書に登場する人物で、イエス・キリストの友人である。死んで埋葬されてから四日後、墓の前に立ったイエスに「出てきなさい」と呼びかけられて蘇生し、後にキプロスの初代主教になったといわれる。

う医師が患者ごとに別個に判断すべきことである」、というものであった。このような誤った総合的スタンスは、今日でも現代医学以外の代替医療の分野に典型的に生き残っている。

過去の多くの医療関係者は正しい臨床試験を実施することに失敗してきたが、賞賛すべき例外がある。ジェームズ・リンドの一七四七年の臨床試験である。彼は壊血病の標準的治療に用いられていた硫酸の薬効に関する臨床試験を行い、それが無効であることを証明した。しかしこの試験結果は少なくとも一五〇年間、無視され続けた。

現在の状況は非常に異なっている。過去五〇年間に医学の全ての分野で実施された無作為化された臨床試験の数はざっと数えただけで百万にも達するであろう。臨床医たちは、自分たちが気づいている以上に、はるかに多くの新しい重要な情報を必要としている。ある研究によれば、もし必要な情報が適切に医師に提供されていたならば、典型的な一日に最大八つもの意思決定が変わっていたかもしれないことが示された。彼らにとっての問題は、情報を検索している時間がないこと、教科書の内容があまりにもしばしば時代遅れであること、および医学雑誌があまりにもユーザーに優しくないことである。医師に再教育をすればよいと考える人がいるかもしれない。適切な再教育コースはそのような解決を提供できる。しかしその一方で、再教育講習がうまく機能しないことを示す無作為化され、比較対照群を置いた試験の成績も存在する。

うつ病の治療目的は、気分や全身状態を改善することだけではない。患者の社会的機能を改善し、再発を防止することが重要である。では誰に対してどのような療法が本当に有効なのだろうか？　最も重要な疑問は、様々な治療法のうちどれがほかより優れているか、すなわち相対的な効果の高さである。多数の抗うつ薬のどれが他の医薬品よりも効果が優れているのか？　どのような副作用があるのか？　特定の患者に合う医薬品をどのようにして選択すればよいのか？　薬物療法は心理療法よりも効果が高いのか？　答えは全て臨床試験にある。しかし、臨床試験は高価であり、非常に注意深く計画されなければならない。たとえば、与えられた被験薬がプラセボ（偽薬）であるか実薬であるかは、たとえ被験者に副作用がでたとしても、被験者にわからないようにする必要がある。また、うつ病の治療に成功したかどうかをどうやって判断すればよいのか？　治療の成功の判定は、特定の症状の消失によるべきか？　それとも、ベックやハミルトンのようなうつ病の診断基準のスコアを利用すべきか？　その場合でも、どれほどのスコアの減少を有意な改善とすることが適切であろうか？

うつ病の過程を説明するために、一般的に受け入れられている用語のセットを利用できる。たとえば本書では、患者が治療を受けて症状が改善することを以下、患者が治療に「応答」（responding）し、その結果「寛解」（remission）したと表現する。もしこの「寛解」が十分な期間続けば患者は「回復した」（recovered）とみなされる（この「十分な」の具体的期間は特定されていないが、一年であれば無理な見積もりではないであろう）。回復する前の、「寛解」の状態でうつ病が再度発症した場合は「再燃」[3]（relapse）と呼ばれる。この用語は、より長い回復後の期間を挟んだ、次のうつ病の発症を指す「再発」（recurrence）と区別するための用語である。「慢性」（chronic）のうつ病は、少なくとも二年間は症状が持続する場合をいう。これはうつ病患者の約一五パーセントに認められる。

うつ病の臨床試験の問題点

精神科医がうつ病の治療に「科学的根拠に基づいた医療」（ＥＢＭ）の原則を適用するならば、その医師はより証拠志向的な態度を採用することを意味する。そのためには、うつ病の治療に関連する情報をより積極的に求める努力が要求される。うつ病を治療する医師や心理療法士たちが治療法の有効性に関して何か言う場合、自分たちが治療していた少数の患者の成績に基づいて主張することがあまりにも多いが、それは全く受け入れられない主張である。なぜなら、信頼できる唯一の成績は、無処理対照群（コントロール群）を置いた比較臨床試験から得られた成績だけだからである。精神科医の通常の診療からは無処理対照患者の成績を得ることができない。たとえば朝食前に国歌を歌うことと風邪の治療成績との関係を考えてみよう。朝食前に国歌を歌った患者たちが最終的に圧倒的な回復率を示したという成績が得られたとしても、風邪の回復と国歌とは何の関係もないはずである。もし国歌の効果を言いたければ国歌を歌わなかった対照群を置くことが不可欠であるが、そのような対象群も同じような優れた回復率を示したかもしれない。

うつ病の治療においては、患者が自力で回復する割合（自然治癒率）を認識することが不可欠である。うつ病患者たちの約八〇パーセントは、一年あるいはそれ以上かかるかもしれないが、治療を全く受けなくても最終的に回復することがわかっている。プラセボ効果も驚くほど強力である。患者たちが服用している「ニセの薬剤」（プラセボ）は有効成分を含んでいないが、患者たちは与えられた「薬剤」が効くと信じており、患者のそのような信念が働いて見かけの有効率を上げている可能性がある。あるいは、臨床試験の過程で、患者が精神科医と話をする機会が何度もあり、そのこと自体がある程度の心理療法的な効果となり、好影響を与えていることも考えられる。しかし、プラセボが有効となる本当の原因はよくわかっていない。いずれにせよ臨床試験後の判定によれば、プラセボ群の患者の約三〇～四〇パーセントに、ニセの薬が有効であったという結果が得られる。臨床試験で測定されたプラセボ効果は、自然寛解、自然変動、あるいは真のプラセボ効果など、解明することが非常に困難ないくつかの要素から構成されている。

これらの試験にはほかにもまだ解釈を複雑にする多くの要因がある。その一つは、参加している志願者の三分の一もの多数が、臨床試験から脱落(4)するという問題である。

また別の問題に、患者のコンプライアンスの問題がある。すなわち患者がしばしば、与えられた薬剤を指示通りに服用しないという問題である。さらに、考慮すべきもう一つの問題は、臨床試験の結

（3）日本語では recurrence と relapse は明確に区別されずに、ともに「再発」と呼ばれることが多い。これは寛解と回復の間に、明確な定義上の線が引かれていないことが理由と思われる。

（4）脱落（ドロップアウト）とは臨床試験の途中で患者が試験に参加しなくなることをいう。うつ病の臨床試験における脱落率三分の一は、通常の臨床試験と比較すると異常に高いが、脱落の主な理由には二つある。一つは、抗うつ薬も心理療法も効果がすぐには現れないことである。実薬投与群は薬効の発現までには数週間以上かかるし、心理療法にはもともと即効性がない。脱落のもう一つの理由は、特に三環系抗うつ薬の実薬の場合、投薬開始直後からほぼ確実に重症の便秘などの副作用が出現することである。薬効が出ないうちに強烈な副作用だけ出れば、脱落する患者が増えるのは当然である。

果の解釈である。臨床試験の評価にはその試験がどれだけよく考えてデザインされていたかの評価も含まれる。試験はしばしば、特定の見解、たとえば特定の薬物あるいは特定の心理療法に都合のよい結果が出るようにデザインされる傾向がある。このことは、試験の実施者に都合のよい方向へと結果の解釈を歪める。

七〇以上の臨床試験をレビューした一九九三年の報告では、抗うつ薬を投与された患者の三分の二が応答した（症状が改善した）。ただし、プラセボを与えられた患者の三分の一も陽性に応答した。プラセボ投与がそれほど高い効果を示したことは、実薬を投与された患者の約三分の一が全く応答しなかった事実と合わせて、それら自体驚くべき結果である。また、有効であったと判定する基準は、治療の成功率に大きな影響を与える。たとえば、二カ月間抑うつ症状がないことを陽性判断基準に採用すると、有効率は三分の一以下に下がる。

心理療法を受けた患者は、結果的に薬物療法を受けた患者と同程度の有効率を示した。ただし、重症のうつ病の場合、最初のうちは薬物療法のほうが高い有効率を示した。

米国国立精神衛生研究所における比較臨床試験

うつ病を治療するための認知療法、対人関係療法、および薬物療法の有効性を比較した主要な研究プログラムに、米国の国立精神衛生研究所（ＮＩＭＨ）が実施した臨床試験がある。この試験は、この種の臨床試験では最も信頼度が高いとみなされている。試験は三つの研究拠点において実施され、中等度から重症のうつ病患者二三九人が参加した。これらの患者のうち、六〇パーセントは六カ月間以上うつ状態にあり、残りは発病してから間もない患者であった。

患者は認知療法群、対人関係療法群、三環系抗うつ薬（イミプラミン）群、およびプラセボ投与群の四群に無作為に割りつけられた。薬物治療群とプラセボ投与群の二つのグループは週に一度、二〇分間のミーティングに参加し、彼らに対する投薬や一般状態について説明を受け、ときに患者は医師にアドバイスを受けることもできた。したがってこれら両群の患者は（心理療法は受けていないが）最小限の心理療法的効果があった可能性は否定できない。心理療法群の患者に対する治療セッションは録音テープに記録され、治療が適切な心理療法の手順にしたがって行われたかどうかを確認するためにあらゆる努力が払われた。患者は治療期間の四カ月間は一カ月に一回治療効果の評価を受け、その後は、六、一二、および一八カ月後の時点で追跡評価を受けた。評価には標準化対策としてアーロン・ベックのうつ病インベントリ（判定基準）を使用した。

結果は毎週のミーティングに参加したプラセボ群を含む全ての群に、大幅な改善が認められた。ドロップアウト率はどの群でも約三分の一であった。一八カ月後の再発（relapse）率はいずれの群でも高いことがわかった。

「ドードー評決」

前記のＮＩＭＨ臨床試験においても、認知療法と対人関係療法の効果を比較した同様な別の臨床試験でも、これらの治療法は両方とも有効であったが、両群間に有効性の有意差が検出できなかった。わずか八回の治療セッションでも有効であったという証拠もいくつかあった。別の試験では、ときには薬物療法が精神療法よりもわずかに優れていたり、またはその逆の結果が得られた。また、あまり重症でないうつ病にはある療法が有効であり、重症のうつ病には別の療法がやや優れているという結果が得られたこともあった。しかし、全体としての圧倒的な印象は、ある精神科医がいみじくも引用した、物語『不思議の国のアリス』に出てくる「ドードー評決」[5]と同じようなものであった。ドードーはレースを見た後に次のように宣言した。「誰もが勝者だ。全員が賞品を受け取る権利がある！」。

全ての結果を考慮すると、薬物療法であろうと心理療法であろうと、副作用にはかなりの差があるものの、現在のうつ病治療法の有効性にはほとんど統計学的な有意な差はない、との結論を回避することは困難である。すなわち、三分の二は改善するが三分の一は改善しない。三分の一以上はプラセボを投与しても、または全く治療しなくても改善する。これは、一人の「治癒」を達成するために、三人の患者[6]に治療を施さなければならないことを意味する。

差し迫った深刻な問題は、現時点では、特定のうつ病患者に対してどの治療法を適用することが最も適切かを判断するための信頼性の高い方法がないことである。しかし、一般的にいえば、悲しみとマイナス思考が相互に強化し合う悪循環を断ち切るためには、抗うつ薬と心理療法の両方を用いることで効果が期待できる。

抗うつ薬は短期的には全ての重症度の抑うつ障害を軽減し、長期的には再発を減少させることは間違いない。ある患者は、次のようにコメントしている。

「私は抗うつ薬を飲み続けると、あまり気分の落ち込みを感じなくなりました。唯一の問題は、抗うつ薬の効果が出はじめるまでに数週間かかることでした。抗うつ薬は、私の気分を改善させるために、あたかも複数の段階を踏んでいるように感じさせます」。

しかし、利用可能な薬物が種々存在するにもかかわらず、多くの臨床試験は、それらの薬物の有効性に差があることを統計学的有意差によって証明できていない。ただし、奇妙なことに、それらの薬

(5)　うつ病の臨床試験の「ドードー評決」あるいは「ドードー・パラドクス」(equivalence paradox)とは、うつ病の各種の治療薬あるいは治療法間に効果の優劣がないことをいうために、米国の臨床心理学者ローゼンツヴァイク(Saul. Rosenzweig：一九〇七‐二〇〇四)が愛読書『不思議の国のアリス』から引用したたとえ話である。「ドードー」とは、かつてモーリシャス島に生息し、一七世紀末に絶滅したダチョウに似た巨大な飛べない鳥の名である。ルイス・キャロルの『不思議の国のアリス』(一八六五)に登場するこの鳥は、ずぶぬれになった様々な動物たちが身体を乾かす時間を競う競走の判定者であるが、全員の身体が乾いた頃にストップをかけて、「全員が勝った。だから全員が賞品をもらえる！」と宣言する。

(6)　臨床試験の解釈に慣れない読者には、改善率が三分の二、すなわち三人中二人が改善するにもかかわらず、「一人の治癒を達成するために、三人の患者に治療を施さなければならない」と書かれた理由がわかりにくいかもしれない。有効成分を含まないプラセボ(偽薬)投与群でも三分の一が改善するので、実薬を投与されて治癒した三分の二の患者群でも同じことが起こっているはずであり、原著者は見かけの有効率三分の二からこのプラセボ効果の三分の一を差し引いて、正味の薬効による改善率を三分の一、すなわち三人に一人と判断したのである。

物がそれぞれ異なる副作用をもつという結果が得られている。別の患者は、次のようにコメントした。

「私は副作用にひどく傷ついていました。疲労と眠気で私はまるでゾンビーになったかのようでした」。

臨床試験でのドロップアウト率から判断すると、患者たちには三環系抗うつ薬よりもSSRI抗うつ薬が受け入れやすい。SSRIは三環系よりも高価であるが、ドロップアウト率が低いことが両方の抗うつ薬の患者一人あたりのコストを同程度にすることに役立っている。モノアミンオキシダーゼ阻害剤は重症のうつ病にはあまり効果がないが、特別な場合に役立つことがある。セントジョンズワートは、軽度から中等度のうつ病に有効であり、副作用は他の薬物の半分以下である。

全ての薬物治療は、患者に集中的な教育をすることと、一般開業医が精神科医と緊密に協力することによって効果を高めることができる。実際、抗うつ薬と心理療法の組み合わせは非常に役に立つ。

重要な実用上の問題は、患者の循環血液中の抗うつ薬の濃度である。個々の患者の細胞には、薬物を分解する能力に大きなばらつきがあるために、血中薬物濃度には大きな個人差がある。血中薬物濃度が低すぎる場合は、貧弱な応答しか期待できず、反対に高すぎる場合には副作用が出現する。それにもかかわらず、この分野はあまり理解されておらず、SSRI抗うつ薬の血中濃度が患者の改善に関連している証拠はない(7)。

抗うつ薬への応答が現れるまでの時間は、典型的には、三環系とSSRIの場合は約三週間であるが、モノアミンオキシダーゼ阻害剤の場合は約六週間である。これらの数字には異論もあり、プラスの効果が一般的に考えられているよりももっと早く発現することもある。投薬によりうつ症状が消失するまでに要した平均投与期間は、約一三週間である。

成人に対しては有効性が示されたにもかかわらず、抗うつ薬、特に三環系薬剤が子どもたちに有効であるという証拠はほとんどない。ただしＳＳＲＩには、プラセボと比較して改善を示す応答につながったという報告もある。(8) 認知療法は対人関係療法と同様に、子どもたちに対して十分に肯定的な結果が得られている。

心理療法の効果と限界

心理療法もまた非常に有益であり、多くの患者に好まれている。ある患者は、次のように語ってい

(7)「ＳＳＲＩ抗うつ薬の血中濃度が患者の改善に関連している証拠はない」という表現は誤解を生むかもしれない。上記は「血中薬物濃度がゼロでも薬効がある」という意味ではなく、「血中薬物濃度の高さと治療効果との間に相関が認められなかった」という意味であろう。ある臨床試験において、薬効が低投与量から認められ、しかも各投与量間に薬効の統計学的有意差が検出できない場合、血中薬物濃度と薬効との間に相関が認められないことになるが、抗うつ薬の場合、このような結果はむしろ普通である。

(8) 第10章の訳注（4）で述べたように、青少年のＳＳＲＩに対する反応は成人の反応とは異なっている。その理由は不明であり、異論もあるが、最も重大な問題はＳＳＲＩが成人や老年者に対しては自殺のリスクを低下させるが、青少年に対しては反対に自殺リスクを高めるというデータである。

る。

「それは問題に対する対処戦略を教えてくれただけでなく、人生の状況を新しい、より建設的な視点からみることを教えてくれました。また、自分で自分に絶え間なく圧力をかけ続けることをやめるようにと教えてくれました」。

薬剤の副作用と比較して、心理療法の副作用はほとんどないと思われるが、場合によっては患者がこの治療を好きになれない場合がある。一人の患者は次のように語っている。

「私は最終的には、どの心理療法士も私の状況に全く合わないことがわかりました。彼らは、私が前にもっていたとは思わない複数の問題を残して、私から離れていきました――その問題とは「自分自身が達成しなければならない予言」です！」。

また、別の患者は次のように語っている。

「私は心理療法からそれほど大きな損害は受けませんでしたが、私はそれを処理することが非常に困難であると思いました。治療の過程で、過去に虐待を受けた経験がある私の記憶からあまりにも多くのことが一度に転がり出てきたため、一時間のセッションが終わるたびに、私は深刻な崩壊の感覚を味わいました」。

したがって、心理療法を六～八週間行っても応答しない患者は、おそらく薬物療法に切り替えるべきであり、また、重症のうつ病患者は、心理療法単独で治療すべきではない。患者の好みも重要な役割を果たすことがある。

認知療法や対人関係療法とは全く異なる種々の心理療法の技法の効果を評価する際にも、「等価パラドクス」として知られているパラドクスが浮上してくる。つまりそれらの評価も「ドードー評決」を支持しており、効果は認知療法や対人関係療法と等しい。患者とセラピストとの間の相互作用が類似していない治療法が、明らかに等しい程度に有効であるというパラドクスの解決は全く見当もつかない。(9)

この分野における研究の問題点の一つは心理療法が患者による積極的な参加を必要とすることである。ある心理療法士の技能が優れているかどうかは、特定の患者に対処するための最善の方法を見いだす能力にかかっている。治療に成功するためには、心理療法士がその能力を発揮して、患者との間に「治療同盟」と呼ばれる関係を確立させることが特に重要である。このような能力は、患者が心理

(9)　このように、うつ病の薬物療法や各種の心理療法に関する比較臨床試験の結果には、どの薬物もどの心理療法も効果が等しいという不可解な事実がある。著者はこれらの不可解な事実を、「ドードー評決」あるいは「等価パラドクス」と呼び、その解決は「全く見当もつかない」としている。これらが本当に解決不可能な謎なのかについては巻末の「訳者あとがき」において詳細に検討する。結論だけをここに記すと、これらの「謎」は全て説明可能であり、実際には「パラドクス」は存在しない。

療法とその他の各種の治療法との違いを混同しないように助けることによって、治療を成功させることにも役立つ。

心理療法に関する多くのセルフヘルプ本を勉強することが一部の患者に恩恵を与える証拠がある。しかし、いくつかの心理療法のアプローチ、特に精神分析の原理に基づいた療法は、まだ有効性が客観的に示されていない。ただし、非常に説得力があるとはいえないが、「研究が行われていないという理由だけで、これらが無効である証拠と解釈すべきではない」という反論がある。

躁うつ病とリチウム

躁うつ病患者には、リチウム治療が役に立っており、他の薬と同様にプラセボよりも約二〇～三〇パーセントよい治療成績が得られている。一人の患者は、次のようにコメントしている。

「私はリチウムで正気を保っています。したがって、〝役に立っている〟というのは控えめな表現です。リチウムを使うことは私に正気を与えてくれたからです」。

しかし、リチウムを摂取している患者が常に満足しているとは限らない。ある患者は次のようにコメントしている。

「私はリチウムが役に立ったと述べましたが、一方ではリチウムに捕われた感じがします。それは薬であり、私は薬が嫌いです。それは本当に私を助けてはいませんが、今の私は他の代替品がないので、やむをえずそれを飲む必要があります」。

躁うつ病患者は非常にしばしばその病的な高揚感を逃すことを惜しんで薬剤の服用を中止することがある。躁うつ病患者のうつ期には、患者は大うつ病性障害をもつ患者と同程度に抗うつ薬に反応する。躁うつ病に認知療法が役に立つというくつかの証拠もある。

私のうつ病の再発

うつ病になったことがあり、その後回復した人なら誰でも、うつ病が再発する可能性を常に意識している。それは大空のどこかにいつも黒雲があって、いつでも下降する準備ができている、といった感じである。私はその雲が戻ってくる兆しをいつも意識しているし、それがやってこないように常に何らかの努力を払っている。

うつ病の再発の恐怖は非常に恐ろしい場合がある。私の最初のうつ病発症から二年もしないうちに、私の妻はがんで死にかけていた。そのとき私たち二人のどちらも、実際にうつ状態ではなかったが、二人はいつも陽気でいようと申し合わせていた。そのために、定期的な運動、特にジョギングをすることが役に立ったと信じている。私のうつ病が再発したと感じたのは妻が死んだときだった。最初に感じたのはわずかな気分の変調に過ぎなかったが、それはあたかも歯痛のように、重度の不安に向かって私を方向づけた。私は少し躁状態であるかのように過度に自分を忙しくすることによって危険に対処しようとした。私の娘は特に、私が妻の死に対する通常の悲しみの感情と、うつ病の症状とを混同している、と指摘してくれることによって私を支えてくれた。それでもうつ病は再発した（訳注：

著者のうつ病の再発の記録は「再版の序」にも詳しい)。

再発(relapse または recurrence)の予防は、実際にうつ病患者の主要な関心事である。うつ病患者の約四分の一が一年以内に再発し、一〇年以内に再発する割合は約四分の三である。うつ病を経験した後、生涯にわたって二度と再発しないと期待できる人は、患者一〇人のうちわずか一人の割合である。再発という厄介な問題を考えると、たった一度のうつ病の発症でも、長期的観点からすれば、一般的に認識されているよりもはるかに深刻な問題であることを意味している。なぜならそれは、生涯の問題であるかもしれないからである。

多くの臨床試験の包括的なレビューによれば、短い期間の認知療法や対人関係療法により、その後しばらくの間有効性が継続すると結論できる。しかし、それらが長期的に再発を防止するかどうかについてはほとんどわかっていない。現時点では、再発防止の最良の方法は一年程度の長期の投薬であるが、投薬に心理療法を組み合わせるとさらに有効と思われる。

再発の確率は、最初のうつ病の発症がより重症であるほど、またそれまでにより多くの回数の再発を繰り返したあとほど高くなる。再発防止には、全ての抑うつ症状が消失するまで、あるいは少なくともそれらの大部分が消失するまで治療を継続することが賢明である。薬物療法や心理療法を中断した人では、再発率は二倍に高くなる。これらの結果は、重症のうつ病の薬物治療への最初の肯定的な応答の後、少なくとも六カ月間は投薬を継続することが賢明であるだけでなく、そうすることが必要であることを強調している。それは心理療法についても同様である。再発の危険性に加えて、そこには常に自殺の危険性も存在する。うつ病患者の約七人から一〇人に一人が最終的に自殺する。おそらくその二倍の患者が自殺未遂を経験する。

その他の治療法の有効性

治療が本当に適切であったかどうかには議論の余地があるが、約二〇パーセントもの多くの患者が、最も適切であると考えられた治療に反応しない。特に患者が異なる抗うつ薬を使用した連続する二つの治療コースで改善がみられなかった場合に、彼らは抵抗性うつ病をもつ患者に分類される。これは投薬量または投薬期間が不十分であったことを反映する場合がある。

治療が有効であったか否かを決定するために使用される基準の難しさもある。ある尺度では、ハミルトンのうつ病評価尺度において、スコアが半分に低下すれば効果があったと判定する。しかし、非常に深刻なうつ病患者の場合は、このような尺度による改善後でも、依然として彼らに深刻な症状が残っている場合がある。ときには投与する薬剤を変更することが役に立つこともある。三環系にもSSRIにも、どちらにも反応しない場合は、モノアミンオキシダーゼ阻害剤が有効かもしれない。二つの薬剤を組み合わせて同時に投与することは、それらの薬剤の相互作用による副作用を引き起こすリスクが増大するため好ましくない。リチウムも役に立つことがあり、抵抗性うつ病では主要な治療薬である。抗うつ薬を投与されている患者に対し、リチウムを追加して投与することは、患者の約半数例に有益であるが、効果が発現するまでに約六週間かかる。一部の例ではステロイドの投与が役に立つこともある。

非常に深刻なうつ病のケースでは、電気けいれん療法（ＥＣＴ）または精神外科療法が必要になることがある。電気けいれん療法につきまとっていた汚名は、少しは名誉挽回されている。これらの療法が抑うつ性気分障害および躁病の両方の緩和に効果があることは、二重盲検臨床試験によって確認されており、十分な数の文献もある。米国では一九九五年にこれらの療法により治療を受けた患者の数は約四万人と、冠動脈バイパス手術を受けた患者の数に匹敵していた。スウェーデンでは、物理療法は最小限の副作用をもつうつ病の治療法とみなされていて、外来診療所で日常的に使用されている。その欠点は、最初の応答が非常に早い反面、再発率が高いことである。

では、電気けいれん療法による治療を受ける必要があるのはどのような患者であろうか？　それは明らかに自殺思考の強い患者または非常に重症のうつ病患者に対し考慮すべき療法である。なぜなら、電気けいれん療法の最も優れた点はその即効性にあるからである。電気けいれん療法による最良の応答が予測される因子は、幻覚、妄想、適切に移動できないなどの重症の抑うつ症状の数が多いことである。電気けいれん療法の実施根拠は、「重症の患者を処置しないで放置しておくことが倫理的に間違っている」ことである。

精神外科を評価するうえでの主要な困難は、この療法には適切な対照群を設けた臨床試験が存在しないことである。これは未処理対照群を設けることが重症患者を治療せずに置くことを意味するため、倫理的に困難であることによる。また、精神外科の実施例数がまだ非常に少ないことも理由の一つである。うつ病患者に対する精神外科はまだ極端な状況でのみ考慮すべき状態にある。

エリザベス・ワルツェルにはプロザックの投与が非常に役立ったが、彼女は抗うつ薬の役割を個人的な視点から次のように痛切に表現した。

「時々思うのですが、私だけが知っていると思う秘密は、プロザックは本当にそれほど素晴らしい薬ではないことです。もちろん、プロザックは私の命を救った奇跡でした。それはフルタイムのうつ病だった私を、その状態から突然救い出して、再出発させてくれました。それはおそらく多くの人々がその薬を天国からの贈り物、マナ(10)であると考えるのに十分な理由でしょう。しかし、プロザックに依存して六年後の今、私はそれが終わりではなく始まりであることを知っています。死すべき存在である人間が発明できるどのような薬をも超えて、精神的健康は、はるかに複雑です」。

(10) マナ（Manna）とは、旧約聖書の「出エジプト記」第16章に登場する食物を指す。エジプトを脱出したイスラエルの民が荒野で飢えたとき、神がモーゼの祈りに応じて天から降らせたという。このとき人々は「これは何だろう」と口にしたことから、ヘブライ語の「これは何だろう」を意味する「マナ」と呼ばれるようになったという。なお、「私はそれが終わりではなく始まりであることを知っています」の意味は、プロザックに六年間依存しても彼女のうつ病は治癒しておらず、投薬を中断すれば再発すること、すなわち新たなうつ病の始まりを意味する、という意味であろう。

第13章　東洋への旅

なぜ東洋への旅を試みたか

第4章で説明したように、精神疾患に関する欧米の診断基準を、欧米の文化とは全く異なる伝統と思考様式をもつ多様な異文化に対して、そのまま当てはめようとする強い傾向が一貫して続いてきた。その一方で、医療人類学者たちは、欧米においては悲しみ、絶望感、罪悪感として経験されるうつ病が、他の文化においては主に頭痛や胃痛などの身体症状として経験されている、という見解を広く保持してきた。私はうつ病が人類に共通の生物学的基礎をもっていないとは信じられなかったので、自分で真相を確認するため、自分たちの文化とは非常に異なる文化に属する精神科医たちを訪ねて、話を聞く機会を設定した。私は彼らがうつ病は普遍的な経験であると考えているか、あるいはうつ病を治療するための方法が何かほかにあるかを知りたいと思った。

インドにおける経験

サクセナ教授はデリー医科大学の医学研究所に所属する大きな総合病院の精神科医である。この病院の医療サービスの負荷は非常に重く、その中心は毎日六〇〇〇人の外来患者を診察することである。患者は初診時にわずか一〇ルピー（約三〇円）を支払うだけで受診でき、貧しい人々は無料である。

サクセナ教授は外来患者の約四〇パーセントが何らかのかたちで抑うつ症状をもっていたと語った。皮膚の火照りまたは身体内部、特に胃の焼けるような感覚など、多くの身体化が認められるが、罪悪感は少ない。診断に使用される基準は西洋の基準と同じである。治療には抗うつ薬、特にイミプラミンのような三環系薬剤が使用され、これはよく効いているようであった。認知療法その他の心理療法は、ほとんど使用されていない。治療方針の指導は患者よりもむしろ家族に対してより多く行われ、指導の内容は社会的支援における家族の役割についての詳細な説明である。実際、患者が入院する必要がある場合には、家族の一員が常に付き添い、回復に必要な数週間、患者と共に病院に寝泊まりする習慣がある。このことは患者にとっては親身に世話をしてくれる人が常に側にいるという利点があるだけでなく、家族が患者と共に病気を理解することを学べるという利点をも合わせもっている。このように治療は即時に解決する必要がある問題、特に家族との関係も扱う。多くの場合、家族はうつ病の原因になることがある一方、治療にも役立つ。インドにも精神疾患に対する偏見があり、家族にうつ病患者がいることに恥や罪の意識を感じている。うつ病の原因として、家族問題のような慢性のライフイベントは、急性のライフイベントよりも重要である。インドでは死は西洋よりも受け入れられやすく、死別は大きな問題ではない。インドでは電気けいれん療法（ＥＣＴ）が安全とみなされており、薬物に応答せず自殺の意図をもつ患者に使用されている。自殺は治療を受けない患者の間で非常に一般的である。

また、多くの患者はアーユルヴェーダのようなインドの伝統的医療システムを利用している。この療法は薬草の使用を基本とし、信仰療法的な精神療法の背景をもつ開業医が実施している。西洋医学の精神科医は患者がこのような伝統的システムの治療法を使用することを尊重している。彼らはあまりにも科学的であることが患者の重要なニーズを無視することになるかもしれないと感じているようである。

インドの社会では宗教が重要な役割を果たしているので、宗教的信念が症状の現れ方に影響を与える。一部の患者は、神の意志によって苦しむことに「叙階」されたと感じる（訳注：叙階とは神から聖職者となることを命じられたことを意味する）。このような考え方は自らの状態について自分には責任がないこと、すなわち恥の意識や罪悪感をあまりもつ必要がないことを意味する。患者たちは「神」をなだめるために何か試みることがあるとの見通しをもつことにより、楽観的になれる。ヒンディー語にはうつ病を意味する単語がないが、もちろん悲しみや気力の減少を表す言葉はある。

バンガロールの精神衛生研究所のラグラム教授は、「うつ病は人間の普遍的な病気であり、西洋ではインドのような国では身体化が多いことが強調されるが、それは、西洋においてうつ病の身体化がいかに多いかが無視されていることを意味するに過ぎない」と確信していた。彼はうつ病が深刻な悲しみであるという観点から、インド古典文学の中にもこの深刻な悲しみの優れた記述がある、と指摘した。しかしインドでは、「重度の悲しみ」は一般的に西洋医学的治療を必要とする状態とはみなされておらず、多くの場合民間療法によって治療される。患者に提供される最初の説明は常に「運命」である。患者が重症化して全く無力になってしまった場合にだけ、最後に西洋医学の精神科医に診てもらうことに落ち着くことが多い。

一つの問題は、うつ病の発症が、常に再発の可能性を気にする不安という後遺症を患者に残すことである。この常に続く自己監視は、あまりにも注意深く再発の兆候を気にしすぎるあまりに、また家族も同様であるために、むしろ自らうつ病の再発を招いてしまう結果につながることがある。

インドにおけるうつ病の身体化と私自身の身体化の体験の間には多くの類似点があることに強く印象づけられた。これはペルーやトルコでも同様であった。たとえばペルーのリマの精神科医は、次のように語った。「典型的な患者は胃の痛みをもち、通常の医師や民間療法の施術者を含め、医者から医者へと渡り歩き、精神科医を受診するのはまれである。しかし、これらの患者が私の診察を受けに来たときには、たいていの場合、抗うつ剤によって彼らを助けることができるし、それで彼らの症状が消えてしまう」。また、トルコの患者も、インドの患者と同様に、彼らがうつ病であると診断されるのを好まないことがわかった。

ヨガの応用

バンガロールの国立高等研究所のカプール教授は、欧米の治療を真似するだけよりも、インドの豊かな文化がより多様なうつ病の治療手段を提供することができると確信していた。私は病院の近くの小さいながらも非常に快適な彼の家を訪問し、患者の治療にヨガが使用されていることを知って非常に驚いた。

母系社会から父系社会に移行しつつあるインドの農村部で精神科医として働いた経験があるカプール教授は、精神衛生面の安定性が重要であることを確信していた。また、読み書きができない村人たちが彼らの問題を非常に適切に表現することができ、また彼らは通常、起こりうる広い範囲の問題を扱うことができる地元の治療師と多くの問題点を共有していた。それらの問題には母牛が仔牛にミルクを与えない理由まで含まれていた。治療師はおそらく、うつ病の少なくとも半数例を扱っていた。カプール教授はインドではうつ病の身体症状はよく知られているが、うつ病の人たちの根底にある感情は世界中どこでも同じであると考えていた。彼は、ある個人をうつ病にする素因として、根本的な生物学的な原因があることを受け入れながら、患者を治療する場合に、この理論がほとんど役に立たないことを知っていた。

カプール教授は、臨床医として、ヨガがそれを実践する人たちにどのような意味があるのかを知ろうと決心した。そして彼はヨガを研究するために政府のインド医学研究評議会から一年間の研究助成金を得た。ほとんど全ての西洋社会では、このような研究への助成金は考えられないことである。

彼は心を平静に保つことの意味を知り、そしてそれがもっと他の有益なものを生み出すことを学んだ。ヨガを通じて彼は精神の動揺が少なくなり、よく眠り、少食になることを知った。彼は今やうつ病患者の治療にヨガを使用し、呼吸法の訓練が治療に有用であることを発見した。それは心にかかった雲を晴らす作用があるように思われた。瞑想は患者の不安を治療するための彼の好みの治療法となった。

日本における体験

東京の大野裕博士は、うつ病を引き起こす主要な特徴として、対人関係の消失があると考えている。彼の患者の約半数は身体症状を訴えており、頭痛と腹痛が一般的であった。彼は三環系抗うつ薬をためらわず使用する。プロザックとその関連薬は、彼の意見によればあまり成功しておらず、まだ少しか使用されていない。これは、日本では新薬の受け入れに慎重であることにも一部関係があるようだ。日本ではうつ病に関する新聞の解説記事がありふれたものになってはいるが、うつ病と診断されることは依然として患者の家族にとって恥ずべきこととみなされている。

日本におけるうつ病の臨床的治療法の主流ではないが、大野博士は臨床現場で仏教に基礎を置く一種の心理療法を使用している。彼の治療の特徴は禅仏教と心理療法を組み合わせたことである。彼は禅の手法を使用していることを特に患者に教えてはいない。彼は精神科医が患者と共に費やす時間が短いこと（多くの患者を診る義務があるため患者一人あたり一五分が一般的である）を切実な問題と意識しており、禅を導入したのはそのためである。目的は、感情的な経験を矯正するための治療と合わせて、患者に回復への積極的な期待を形成させることにある。大野博士の見解では鍵となる概念は「一期一会」である。これは日本の茶道に由来する概念であり、主人が客人をもてなすときに、これが人生の唯一の機会となると考えて最善を尽くすことを意味する。精神科医も同様に、患者との有意義な心理的相互作用を促進するために最善の努力をしなければならない。茶道と同様に、医師は次の患者を診る前に、今診終わった患者について静かに省察しなければならない、と彼は言う。

沈黙は禅仏教における重要な概念であるが、大野博士は患者との共感のために沈黙を使用する。それは簡単な概念ではない。「沈黙は非言語的交流を含む我々の意思疎通の媒体として過去から未来まで常に存在する」と彼は言う。自己を強化することを通じて絶望を自力で克服するという考え方は、禅では長い歴史をもっている。禅では先達は教えることはできない。患者が自力で学習するのを援助するだけである。セラピストはたとえば、「自分の受胎前に戻って、自分の母親への憧れを感じてみよう」などの課題を示唆することもある。セラピストはこのように、常に患者の気持ちを尊重し、決して患者の空想に対して解釈を提供したりはしない。患者の苦痛はその主張通り受け入れるべきである。大野医師は禅から取り入れたこれらのアイデアが、欧米の認知療法で使用される概念と非常に類似していることを十分に認識している。「このタイプの治療を一五分のセッションに適合させることは可能です。また、このような短いセッションは患者と医師の両方にとって経済的であるだけでなく、患者がセラピストとあまりにも強過ぎる関係を形成することを防ぐことにも役立ちます」と彼は言う。

私は英国あるいは米国のいずれかに一定期間以上滞在した経験がある数人の日本人の精神科医たちと話をしたが、東京の国立精神衛生研究所の北村教授はその一人であった。彼の経験では日本のうつ病には英国と比べて実質的な違いはなかった。すなわち、診断基準は基本的に同様であった。しかし彼は、「日本ではうつ病患者の九〇パーセント以上は、おそらくうつ病に伴う不名誉感から、医師の援助を求めようとしません」と語った。彼は、日本の一般開業医はたとえば統合失調症に比べ、抑うつ性障害に関する認識が不足していると考えていた。彼は次のように語った。

「戦時中にうつ病と自殺率が減少したことがありました。人々の心が戦争で占められていたからでしょう。しかし、戦争が終わるとうつ病のピークがありました。おそらく天皇はもはや神ではないという現実に関連していたのでしょう」。

森田療法

強い興味をそそられたのは森田療法(1)であった。この療法は日本で生まれ、主に強迫観念や不安障害を有する患者の治療に用いられてきたが、うつ病の治療にも使用されている。森田療法はうつ病の性質について患者を教育せず、患者自らに学習させる。森田療法は非常に厳格な体制で実施される。患者は合計一ないし二カ月間続く四つの過程を経験する。最初の段階では、患者は約一〇日間ベッドに留まる必要がある。彼らは誰とも話ができず、テレビを見ることも許されない。彼らはもちろん食事を摂り、トイレを使用することはできる。医師が患者に話しかけることはないが、メモを渡すことはある。患者の唯一の義務は、一日のうち一時間を自分の感情について書くために過ごすことである。

第二段階では、患者はベッドから離れることを許され、庭園での軽作業を許される。少しぐらいの会話は許されるが、病気について議論することは禁止されている。

その後彼らはさらに、一ないし二週間の農作業のような重労働を伴う第三段階に移行する。そして最後に、通常の職場に戻って周囲の人々と融和することを含むリハビリテーションの段階がはじまる。日本では森田療法は自然の摂理に従った療法であり、非常に治療成績がよい療法であると考えられている。

中国における体験

うつ病の人口あたりの発症率は、一般に東洋、たとえば台湾でも、西洋よりも有意に低い。香港のチェン教授の説明によれば、儒教思想をもつ中国人には、西洋人と比較して彼らの運命をより従順に受け入れる傾向がある。また中国の家族は西洋よりもはるかに強い相互援助の構造をもつので、結婚した息子が彼の両親と同居することはごく一般的である。中国では家族への依存は弱点とはみなされない。事実、うつ病の原因の一つは家族からの分離であり、治療は家族集団の中に患者を戻して共に

(1)　森田療法は一九一九年に森田正馬により創始された「神経質」に対する精神療法である。神経質とは神経衰弱、神経症、および不安障害と重なる部分が大きい精神障害であるが、近年ではこれらは広義のうつ病に含められている。森田正馬は薬を使わなかったが、現代では薬を併用することが多い。また、元来入院が基本であったが、最近では通院が中心になりつつあり、重症の患者や長期の患者は入院、軽度の患者は通院が基本になっている(http://www.mental-health.org/morita3.html　閲覧日2018年6月11日)。

暮させることを含む。ストレスの多いライフイベントはこのような最善の方法で即決的に処理される。プロザックなどの抗うつ薬は、彼が「非定型うつ病」と呼ぶ強い衝動的要素をもつ患者に限って使用される。電気けいれん療法は自殺企画をもつ患者に対して使用される。

中国ではうつ病よりも不安症の発生率が欧米よりも高い。これは家庭生活によって課せられたストレスを反映しているかもしれない。家族内にいることは通常は精神の安定の保障につながるが、その反面、一旦家族から離れると不安症の率が高くなる可能性がある。それは家族の中に緊張が存在し、それがあまりにも強い不安を生む場合も同様である。それにもかかわらずチェン教授の見解によれば、うつ病を防止するための最良の方法は中国の伝統的価値観に固執すること、すなわち家族と共に過ごすことである。

中国の母親も産後うつ病に苦しんでいる。ある母親は「次女に対しては全く愛情が湧きませんでした。私は広大な荒れた海で迷子になった一片の木切れのように、ただ浮いているだけでも苦労しました」と語った。

ただし欧米では産後うつ病の発症率は一〇パーセント前後といわれているのに対し、香港では約四パーセントに過ぎない。このように低い発症率は、豊富な社会的支援を実践的に母親に提供する中国の習慣を反映している。子どもが生まれた後に、「一カ月援助」の習慣がある。これは母親が出産後の一カ月間は全く家事をしなくてもよいという習慣である。ただしそのためには、一カ月間母親の家に入り込むことができる家族や友人を必要とする。

北京精神病院は北京から少し離れた郊外に心理学研究所をもつが、この病院に入院するためには通常、医師の紹介を必要とする。繁華街には外来診療部門もある。この病院の入院患者に提供されている諸施設を見学して、私は感銘を受けた。それらには品揃えの豊富な図書館、どのヘルスクラブも誇りに思うような近代的な設備の揃った体育室、治療の一部として患者に教えられる社交ダンスのための、ミラーを備えたダンスホールなどが含まれていたからである。

中国のうつ病患者は、標準的な欧米の教科書に概説されているような診断基準には適合していなかった。ほとんどのうつ病患者は背中の痛み、頭痛、食欲不振などの身体的な症状を訴えていた。西洋医学的な治療を受けるのはそのうちの五分の一未満であった。地元の精神科医たちは、うつ病患者たちの個人的な苦痛の発現が身体の痛みであるという、うつ病の身体化を主張する精神人類学者たちの見解を肯定していた。患者たちが身体症状について語るのは、中国人が感情について話をすることを嫌がることに原因があるかもしれない。実際、中国では感情について話をすることは失礼であり、頭痛や疲労について話す方がはるかに受け入れられやすい。このように中国社会では、感情的な問題を喜んで認めることはない。一般に男も女も、どう感じているかを同僚に尋ねたりはしない。

中国では三〇分のセッションを毎日行う鍼治療が、かなり熱心に支持されている。しかし米国においては、抗うつ薬の副作用を回避するためにこの中国型治療法を採用しようとした真剣な試みは、かなりの反発を受け、結局受け入れられなかった。ある精神科医は、うつ病を神経伝達物質の不均衡とみなし、鍼治療によってこの不均衡を修正することができると考えていた。仏教は大きな助けになるとはみなされていないが、道教はうつ病を予防するための手段を提供できると考えられている。道教は世界を異なる見方でみることにより、弁証法的スタンスを採り入れることを助けると考えられている。「熱いお茶で口をやけどしたとき、あなたは誰を責めるだろうか。自分自身だろうか、お茶だろうか？」。正解はもちろんどちらでもなく、それが冷えるまで待つことである。東洋では常に中道の方法が最高とみなされている。

私は中国において「合理的自殺」の考えを教えられたが、それは特に文化大革命によって生活が破壊された人々の自殺に関してであった。彼らの自殺はうつ病による自殺ではなく、恥や罪悪感、そして生活の基盤の完全な破壊を反映して合理的に選択された自殺であるとみなすことができる。また今日の中国の農村部における主要な問題は若い女性の自殺であるが、これらは極端に苦しい生活を反映したもので、しばしば衝動的な自殺のようにみえるが、これらの自殺はほとんど生きることよりも望ましい選択、あるいはほとんど合理的な選択の結果とみなされるものである。

東洋への旅を終えて

私の東洋への旅は、うつ病がほとんど常にたとえば金銭、人間関係、社会的地位、仕事、安全など、何らかの種類の損失や悲しみに関連しているという私の信念を強化させた。ただし、特定の誰かがうつ病を発症するかどうかは遺伝的素因によって影響されるかもしれない。うつ病がどのような症状を発症し、どのように治療されるかは、非常にしばしばその地域の支配的な文化の影響を受ける。これはたとえば、西洋以外の文化においては、はるかに多くのうつ病の身体化があるともいえるが、逆に、欧米では一般に認識されている以上に、身体化がもっとありふれたものであることを示唆しているかもしれない。また、他の文化におけるうつ病の治療から学ぶべき教訓があるかもしれない。「一カ月援助」の習慣によって、中国での産後うつ病の減少が顕著であることはその一例である。もう一つは、禅のような方法で医師と患者との間に特に良好な関係を促進することができること、またそうすることで認知型療法での短いセッションが有効である可能性もその例である。しかし、どれほど興味ある逸話的な事例があっても、それだけでは決して十分ではない。真に有効な治療法を見いだすための唯一の方法は、事例を裏づける証拠を得るための信頼性の高い研究を行うことである。

第14章　未　来

まとめと今後の課題

本書は、バートンの『メランコリーの解剖学』（*Anatomy of Melancholy*）と同様に、うつ病の性質を理解し、それをどのように治療し予防すればよいかを知るためにはじめた個人的な冒険の旅の記録である。この本には非常に多くの情報が含まれているが、それでうつ病が十分に理解できたといえば誤解を招くだろう。うつ病はライフイベントによって引き金を引かれることがあるが、うつ病に対する脆弱性は遺伝子と早期の個人的体験の両方によって決定される。うつ病の遺伝学がどれほど重要であるかを考えると、現段階ではそれに関していうべきことがほとんどなく、遺伝子の影響を忘れないように、というしかないのは非常に残念なことである。早期の体験やライフイベントに関しては、愛着理論、喪失、あるいは認知の歪みの観点から解釈することができる。しかし、抑うつ状態の性質を完全に理路整然と説明できる心理学的な理論はまだ存在しない。「悪性の悲しみ」のアイデアは、私の期待によればうつ病を進化の文脈で理解し、その病理学的および生物学的性質を強調するためのものである。またそれは同時に、感情と認知の間の悪性の強化フィードバックのループを強調している。

うつ病とはどのような状態かを、どのように説明すべきかについて、私自身まだ非常によくわかっているとはいえない。代母妖精（訳注：Good Fairy Godmother；人が困っているときに助けてくれる母のような妖精）にうつ病の性質についての質問を一つだけ許されるとすれば、最も重要な質問は何だろうか？ 一連の心理的プロセスは、脳内でも構造的な連鎖を形成しているだろうか？ 進むべき長い道のりが残っているが、この分野における進歩は大いに期待できる。少なくとも脳のいくつかの領域がうつ病に関与していることがすでに明らかにされており、扁桃体と脳の他の領域との相互作用は将来の重要な研究分野である。今や少なくとも動物では早期の経験が脳のプロセスを変化させ、長期的な影響を残すことがわかっている。神経伝達物質やホルモンのレベルは明白にうつ病と関係があることがわかっているが、これらは必ずしもうつ病の真の原因ではなく、うつ病に関連する一連の反応の連鎖のうちのいくつかの重要な要素に過ぎないかもしれない。類推だが、喫煙は肺がんを引き起こす可能性があるが、発がんによって開始される細胞プロセスが非常に複雑であるように、人生上の出来事は単なる引き金に過ぎず、それによって引き起こされる悪性の精神的プロセスの連鎖の性質には何の手がかりも与えないかもしれない。

それにもかかわらず、脳内で起こる化学的プロセスに関連した今後の研究は非常に期待できる分野であり、また、関係する神経細胞の正常な機能を回復するための新薬の開発もまた、非常に有望である。個々の抑うつ状態を診断し区別するために利用可能な確実な検査方法ができれば、それから画期的な進歩が生まれるだろう。

たとえば、ＤＳＭ-Ⅳに定められたうつ病の診断のための基準は現状でも役に立っているが、異なる医師が用いても診断に一貫性があるように改善する必要がある。またこの改善により、病気の進行を適切に監視することが可能になるだろう。適切な治療法を選択するための信頼できる手段をもつこと、たとえば多くの利用可能な抗うつ薬のうち、どれを処方すべきかに関する情報は、計りしれない価値をもつだろう。

うつ病遺伝子の解明

未来が特に約束されているのは遺伝学に関連した分野の進歩である。がんの理解の進展は遺伝学に非常に大きく依存しているが、うつ病の遺伝学はがんの場合よりもはるかに困難な研究分野となるであろう。なぜなら、個人のうつ病の発症にはいくつかの、いやおそらく多数の遺伝子が関与しているために、それらの特定が困難だからである。これらの遺伝子が同定されてはじめて、うつ病の基本的な機能のいくつかが明らかにされるであろう。関係する遺伝子の解明は簡単ではないと思われる。おそらく関係する遺伝子の解明よりも先に、特定の脳機能と心理的プロセスとの関係の適切な理解が必要になるかもしれない。しかしほかに方法はない。複数の遺伝子が同定された場合、動物を用いて適切な遺伝子を変化させることにより、うつ病の動物モデルを開発することが可能になり、その結果、新薬の開発が加速されるであろう。私は本書において新薬の開発にかなり重点を置いて説明してきたが、その理由は心理療法の分野においては、特に「治療同盟」の重要性の観点からみても、最近何か大きな進歩があったようにはみえないからである。しかし、詩人ポール・ヴァレリーの「我々は後ろ向きに未来に入っていく」という言葉を意識する必要がある。私はうつ病の研究の困難さについて、過度に悲観的なのかもしれない。

うつ病遺伝子が同定されたならば、遺伝子検査に関連して重大な倫理的問題が発生するのではないかと不安を抱く人々があるかもしれない。たとえば特定の個人がうつ病にかかりやすいかどうかを検査することが可能になるかもしれない。私はこれらの懸念は誇張されていると信じている。最近の研究では抑うつ性障害をもつ患者たちは一般的にそのような検査の可能性に対して前向きであることが示されている。たとえば躁うつ病の患者の大多数は、そのような遺伝子検査を活用するだろうと答えている。彼らがその主な利点は適切な治療法を求めることができるだろうと感じているからである。

うつ病発生率の低減

「代母妖精」に対してどうしても質問したいことの一つは、「どうすればうつ病の発生率を減らすことができますか?」である。いかなる手段であろうと、うつ病を防ぐことができればそれは巨大な進歩となる。なぜなら、うつ病は患者個人に莫大な負担を強いているだけでなく、治療の直接費用のほかに、患者たちの失われた労働日に起因する何十億ポンドもの膨大な国家的財政負担を生じさせているからである。何よりも重要なことは、軽症の患者を含むうつ病患者には心臓病、糖尿病あるいは関節炎などの慢性的な身体疾患をもつ人々よりも、はるかに強い能力的障害が起きているという認識をもつことである。米国では一九九〇年にうつ病の年間総コストは四四〇億ドルと見積もられている[1]。その四分の一が治療費であり、残りは長期欠勤や自殺による損害である。薬物治療は、うつ病の総治療費の約一〇パーセントを占めているに過ぎない。

慢性のうつ病は身体疾患に起因する障害を悪化させる可能性があることが知られている。うつ病の患者は自殺を除外して計算しても、平均寿命が短いことが知られている。心臓発作や脳卒中などの重篤な疾患をもつ患者がうつ病をもつ場合の死亡リスクは五倍に増加する。その理由はよくわかっていないが、一般にうつ病でない患者には病気と闘う姿勢があるが、うつ病患者にはそれが少ないことが寿命の短縮に関係しているかもしれない。うつ病で入院していた患者の一六年後の追跡調査によれば、死亡率は正常な集団の二倍であり、健康で生存していた人は五分の一未満しかいなかった。また、三分の一以上が不自然死を迎えていた。彼らは病院への再入院率が高く、ほぼ半数が重度の苦痛またはハンディキャップをもっていた。

(1)　このデータはやや古いので最新データを紹介すると、米国の二〇一四年の報告ではうつ病の総コストは約二一〇〇億ドル（約二二兆円）であり、急激に上昇しつつある（https://www.gatewaypsychiatric.com/depression-costs-us-200-billion-dollars-per-year/　閲覧日2018年6月12日）。

うつ病に対する理解の向上の必要性

私自身のうつ病経験から、うつ病にはまだかなりの偏見があることがわかった。私が自身のうつ病体験を公開したので、実に多くの人々が私に感謝し、私の勇敢さを賞賛してくれた。彼らが本当は何を言っているかといえば、私が非常に不名誉とされる病気をもつことを公開する覚悟をしたことに驚き、感動した、ということである。実際には、自分のうつ病体験について公の場で話すことは、私の大学での地位に何ら影響しないので、勇気など全く必要としなかった。また、私には自分の大学の学生と付き合う機会が多いが、うつ病の経験がある学生たちは、ほかの誰かに自分の状態を知らせることを全く望まないが、私が似たような経験をもつことを知った彼らは、私がうつ病に関して理解があることを知り、私とは話をしようとする、というよい面もあった。

それでも私はうつ病に関して心理学的説明よりも生物学的説明を好むので、全く偏見をもたない人間とはいえないことを認めざるをえない。大まかにいえば、この病気が一般大衆にほとんど理解されていないことはおそらく本当だろう。大衆はうつ病の性質と原因について実際に何を信じているだろうか？　たとえば、大衆は臨床心理学者とどの程度まで理論を共有できるのだろうか？　知っておくべき重要なことは、うつ病患者たちが自分のうつ病の原因についてもっている素人判断の信念が、彼らの治療方法の選択および治療に対する応答に影響を与える可能性があることである。たとえば、認知行動療法を受ける患者がうつ病の認知モデルを信じ、自ら治療に協力すれば、治療への応答が早くなり、長期的な予後にもある程度よい影響を与えるという証拠がある。

一般大衆は、うつ病の原因として、社会的孤立、対人関係の困難、外傷性経験、および負の自己イメージに高い優先順位を与える傾向がある。一般のうつ病患者たちも、うつ病の原因について種々の考え方をもっているが、うつ病患者とそうでない人は、信じていることにほとんど差はなかった。しかしながら、うつ病患者は、心理学的説明よりも生物学的な説明により大きな優先度を示す傾向がみられた。これはおそらく、心理的な原因よりも生物学的原因のほうが、自分には責任がないように思われることと、抗うつ薬の使用を正当化しやすいためであろう。うつ病患者たちはうつ病と悲惨な子ども時代の経験を自発的に結びつけようとはしない。しかし、大規模な調査でわかったことは、うつ病が生物学的基礎をもつと自分では信じているにもかかわらず、うつ病には薬物治療が必要であると回答した者は質問された者のうち五分の一に達しなかった。また、大部分の者が抗うつ薬は中毒を引き起こすと間違って信じていた。また、八〇パーセント以上の者が最も効果的な治療はカウンセリングであると答えた。うつ病に付きまとう汚名の理由の一部は、その人物が「バランスを欠いている」、または最も好意的な表現でも「神経質である」とみられることである。これらの種々の理由から、うつ病かもしれない多くの人々は、自分が医師に診てもらうとき、医師をイライラさせるか、困らせるかもしれないと思い、あるいは医療の助けを求めることを恥ずべきことと考えて、医師に診てもらおうとしない。結局、うつ病患者の約半数以上は実際には医者に相談しようとしない。

うつ病にまつわる不名誉感、うつ病患者が抱く恥と罪悪感は依然としてまだ強い。たとえば、産後うつ病に関連して、多くの女性はそれが恥ずかしい、あるいは屈辱的な経験であると感じ、それを忘れたいと願っている。そしてうつ病になったことに対して責任があると感じ、罪悪感を抱く。彼女らがうつ病や躁うつ病のいずれかに苦しんでいたとき、同僚たちから全く援助を受けられなかったことについては、彼女らだけでなく、医師からも多くの報告があった。

このように、多くの国であまりにも多くのうつ病に苦しむ人々に医療の援助が届いていない現状が認められていることは懸念すべきことではあるが、驚くに値しない。米国でも五〇パーセントものうつ病患者が医療を受けていないと報告されている。英国でも一般開業医を受診する外来患者たちの約三〇パーセントが抑うつ性障害に苦しんでいる。

右記の理由から英国の「精神科医ロイヤルカレッジ[2]」が五年間の「うつ病撲滅キャンペーン」を開始した。彼らの目的は、うつ病患者に対する一般大衆の態度を改善すること、およびうつ病に関する医師の診断や治療を改善することである。

うつ病に対する最適療法の選択

うつ病を診断する医師の失敗の理由の一つは、医師の研修時に精神医学の実習がほとんど無視されているために、診断能力が不十分なことにある。もう一つの問題は、一般開業医[3]が処方する抗うつ薬の投与量が低すぎることと、投与期間が短すぎることである。また多くの場合、高齢の患者は抗うつ薬による中毒を恐れて、処方された薬を指示通りに飲まないことも関係している。

英国ではうつ病の治療の約九〇パーセントはかかりつけの一般開業医によるものである。一般開業医を訪れる精神障害患者の大部分がうつ病、不安症、またはこの両者の混合状態の症状に苦しんでいる。しかし、精神的苦痛をオープンな気持ちで話す患者はほとんどいない。彼らはほとんどあらゆる種類の身体症状を訴えるのが普通である。患者らはうつ病を身体症状化して説明するが、このことが一般開業医による診断を困難にしている。英国内の一般開業医は一人あたり年間約五〇〇人もの抑うつ症あるいは不安症患者を診ている。それはすなわち、一年に百万人を超えるうつ病あるいは不安症患者たちが助けを求めていることを意味する。これは大きな問題である。結果的にごくわずかな割合の、最も重症のうつ病患者だけが大病院に送られる。精神病院のベッドは常に半分以下しか活用されていない。うつ病で苦しむ人々のうち医師によってうつ病と診断される者はおそらく約半数以下に限られ、しかも専門の精神科医の援助を得られる患者は一〇パーセントに満たないと考えられる。すな

（2）「精神科医ロイヤルカレッジ」（The Royal College of Psychiatrists）は英国の精神科医を主なメンバーとする職業集団で、会員数一万五〇〇〇人。活動目的は精神病治療の標準化と改善、精神衛生の推進、患者とその家族の支援、精神科医のキャリア支援等である。

（3）英国の医療制度と「一般開業医」の定義は日本と異なることは、第2章の訳注（6）に記載した。英国では精神障害で医師の診察を受ける場合でも、患者はまず、かかりつけの一般開業医を受診することになっており、その紹介を受けて精神科の専門医を受診できる。なお日本でも平成二八年四月から、緊急のやむをえない場合を除き、大病院（特定機能病院・一般病床五〇〇床以上の地域医療支援病院）では、紹介状なしで初診を受ける場合は五〇〇〇円（歯科の場合は三〇〇〇円）以上の特別料金を加算されることになり、英国の医療制度に似てきており、以下に書かれているうつ病に関する英国の医療事情は日本でもかなり当てはまる。

わち、英国ではうつ病患者の治療のほとんどが一般開業医によって行われている。このことは重要である。なぜなら単に一般開業医たちが患者たちをうつ病であると正しく認識するだけで結果が改善されるからである。しかし同時に、多忙な医師が診療中に行う患者との短い会話だけでは一部の患者は自分の問題が精神科の問題であることを受け入れることができず、このことが困難を増大させている。

ただし、医師が患者をうつ病と診断することにしばしば失敗するのは、患者と医師との暗黙の結託であるとみなすこともできる。なぜならそれは医師と患者の双方に利益をもたらすからである。患者にとっては自分の内部の深刻な問題と直面せずにすむし、またうつ病と診断されることによる恥と汚名を負わずにすむという利益がある。また、医師にとっては患者の詳細な履歴を聞き出し、患者の複雑な心理学的・社会的問題に対処しながら患者の状態を正確に診断し改善させるという面倒な困難とその手間を省くことができる。また、何よりもそれは、医師にとっての最も貴重な希少資源である「時間」の節約にもなる。

うつ病の最初の治療法として、医師が患者に心理療法を常に推奨しない理由は不可解である。ただし、患者が心理療法に応答することができないほど重症である場合は別である。数多くの臨床試験は、ほとんどの場合、心理療法と薬物療法との間に治療効果の統計学的有意差を検出することに失敗している（訳注：「訳者あとがき」参照）。

心理療法は、薬物治療と比較して、ほとんどの場合、同程度に有効であり、薬剤のような重い副作用がないことを考えると、なぜほとんどの患者は最適な医療として心理療法を与えられていないのだろうか？　これはおそらく、心理療法士の供給不足のため、セッション（面接治療）を引き受ける心理療法士を見つけることが難しいこと、およびこれと比べて抗うつ薬を投薬することがはるかに容易であることとの反映であろう。また、心理療法の有効性についての一般開業医の知識の不足、および心理療法の効果が出るまでに長い時間を要することに対する理解の不足も関係している。患者は常に忍耐強いわけではない。治療や介護産業への出資者は、常に費用対効果の高さを追求しているが、英国では最終的な経費の違いはおそらくあまり重要ではない。米国での主要な問題は、保険会社が心理療法のための支払いに積極的でないことにある。

うつ病患者に対する社会的支援

患者の状態が社会的条件や複雑な個人的人間関係に関連している場合に、医師は困難な問題に直面する。医師は抗うつ薬を提供すべきだろうか？　そうすべきでないと思う場合は患者個人の社会的な問題に対してどのように介入を開始すべきだろうか？　たとえば医師は患者の動きをとれなくしている人間関係を精算するように患者に勧めたり、あるいは心理療法が利用可能な場合はそうするように患者に助言すべきだろうか？　我々は全ての患者のうち約四〇パーセントが、全く治療を受けなくても、あるいは最低限の治療で改善することを心に留めておく必要がある。それにもかかわらず、うつ病患者の間では貧困、貧しい住宅、失業が非常に一般的であることを認識する必要がある。彼らに対してはソーシャルワーカーによる援助が有益かもしれない。デイケア施設の役割も非常に大きい。

うつ病患者のために役立つ多くの慈善団体がある。たとえば英国の「うつ病アライアンス」は約四万人の会員を有しており、毎年約五万件の情報提供の依頼を受信する。「ＳＡＮＥ（分別）のためのヘルプライン」は、一週間に約一〇〇〇の電話を受けるが、その八〇パーセント以上はうつ病に苦しむ人たちからの相談である。彼らや他の多くの組織では、貴重な情報と支援サービスを提供するとともに、うつ病の様々な側面に関する解説冊子のセットを提供しているが、これらは患者と介護人の双方に役立つ。これらの組織は、大衆を教育することによりうつ病の予防と治療の両方を支援することができると信じている。大衆が利用可能なうつ病のセルフヘルプのコースに関する多くの本もある。

産後うつ病に関連して、多くの女性は簡単にこのような自助グループの非専門家からの助けを求めることができる。これはうつ状態の女性と、似たような経験をもつ人々との接触を可能にする。女性は心理学者などの専門家が実施するグループ活動に参加することをあまり好まないが、助産師がケアを継続することによって社会的支援を提供することが産後うつ病の予防に特に有用になってきている。出産後の最初の年に母親がうつ病を発症した場合、その子どもたちが三歳になったときの調査で、知的発達が著しく低下していることが判明しており、このような援助は非常に重要である。人生の初期に応答性の低い母親との相互作用を経験した子どもたちは、認知機能の発達が低い状態が続くと予測されている。

まだ臨床試験による検証がなされていないが、うつ病患者の治療に効果があると思われる多くの治療法がある。これらには運動、ヨガ、瞑想、祈り、および支援グループの活動への参加を含んでいる。

ある患者は次のように語った。

「偏見と不名誉に反対している集団の声の中にいること自体が癒しになります。それは私の自主性を強化してくれます……。このような団体に関与していることで他の人や私自身を力づけ、癒やしてくれる動きが生まれるのを感じます」。

セロトニン合成の原料となる分子であるトリプトファンの量を食餌療法によって増加させることがうつ病になりやすい人々にとってうつ病の予防に役立つかもしれない。トリプトファンを多く含む食品には牛乳、七面鳥、大豆、カッテージチーズ、カボチャの種、豆腐、アーモンドなどが含まれる。

再発性うつ病は家族に深刻な負担を負わせる。英国ではパートナーのいずれかがうつ病になった場合、その四分の一が離婚する。家族はどのように患者を援助できるだろうか？　以前は家族が患者を援助することができるのは、患者が抗うつ薬をきちんと服用することを助けることぐらいしかないと信じられていたが、現在は家族が患者の病気のパターンを受け入れ、再発させる可能性のある要因を認識するように支援することも重要であると考えられている。うつ病についての無知は、患者の支援に対する主要な障害となる。最悪の見当違いは、患者に気晴らしを勧めることや、もっと努力するよう命令することが彼らの改善につながるという信念である。介護者がうつ病患者を批判することは状況をさらに悪化させ、むしろ再発の原因となる。この知識は介護者にさらに大きな負担をかけることがある。医療専門家、家族およびパートナーは、再発に先行する症状に常に注意することによって、うつ病の再発を避けるうえで主要な役割を果たすことができる。再発の前兆となる症状には、不眠や早朝覚醒、神経の過敏さの増加などがある。
すでに医療専門家に診てもらっている患者の中からも、悲惨なほど多くの自殺者が発生している。一度自殺を試みて失敗した人がその後の一年間に自殺に成功する危険性は一般集団の一〇〇倍にもなる。自殺の兆候を発見して実行を防止する方法を工夫する必要がある。「サマリア人たち」あるいは「SANEのためのヘルプライン」のような組織は、いくつかの支援方法を提供し、毎年数千人の潜在的な自殺に関連した電話相談を受ける。

メンタルヘルスリテラシーとは、各種精神障害およびそれらの診断と治療についての知識や信念をいうが、あまりにも多くの大衆は精神障害を正しく認識しておらず、多くはうつ病の身体症状化を理解していない。うつ病の生物学的因子は、環境的あるいは社会的な因子に比べて過小評価されている。「ナフィールド生命倫理評議会」（訳注：生物学と医学における倫理的問題の調査研究を行う英国の民間独立団体）でさえ、患者は全体としてみられるべきであり、したがって、遺伝的影響は環境の影響から切り離すべきではないと、誤った主張をしている。自助（セルフヘルプ）は多くの人々に最も有用な方法とみなされているが、これも誤った考え方である。運動と認知療法はある程度の大衆の支持を得ているが、薬物療法は非常にマイナスにみられ、抗うつ薬には重篤な副作用があり、また依存性をもたらすと誤って信じられている。大衆にはビタミンのような自然療法が、はるかに好まれている。これらの全てはうつ病患者が医学的援助を受けるための妨げとなっている。全体として、うつ病患者のうちの約三分の一は、実際に症状があったとしても、自分で気づいている心理的な問題について医師に開示しようとしないと報告されている。これは自分が神経症やうつ病と診断されることを恐れるからである。一般大衆は精神科医と精神分析家とを自信をもって区別できない。彼らはまた、精神分析療法と認知療法の違いを理解していない。メディアは精神疾患や精神科医全てをあまりにも頻繁に否定的に報道するので、ほとんど患者の助けになっていない。

うつ病に関する公的教育は、重要な建設的方法を提供するかもしれない。建設的方法であるかどうかを知るための唯一の方法はそれを試してみることである。それは正に親が子どもを治療する方法に影響を及ぼす可能性があり、子どもにとってのリスク要因が認識できるかもしれない。米国では、リスクがあると考えられる一〇～一三歳の子どもたちのうつ病を防ぐために設計されたプログラムが開発されている。リスクのある子どもたちは、すでにいくつかの抑うつ症状だけでなく、行動上の問題や学校での成績の低下を示している。子どもたちは彼らの問題に対処するために認知技術を教えられており、予備的な結果は非常に有望である。もう一つの前向きの方法は学校での保健または関連の授業で、うつ病の性質とそれをどのように認識するかについて、全ての子どもたちに教えることかもしれない。

結局、生徒のほぼ一〇人に一人は、一生の間に重度のうつ病を経験することになる。アメリカの私立学校では、精神的な病気に関する授業後の典型的な質問で、「両親が君たちの年齢だった頃と比べて、自殺が増加した理由は何か?」といった問題に四〇語以内で意見を書かせたり、うつ病に関する「それは大人だけにみられる」といった複数の選択肢から正しい解答を選ばせたりしている。このような教育がうつ病の予防に役立ったかどうかはわかっていないが、それは少なくともうつ病になったときに必要な援助を得るために、より積極的な姿勢を取るように生徒を導くことができた。英国では中学校の生徒に対する短いワークショップ教育が、精神衛生上の問題をもつ人々に対してより積極的な姿勢をもたらしている。

うつ病になった人やそのパートナーに私からアドバイスをするならば、何がよいだろうか？　それは以下の三つである。「それが深刻な病気であると認識すべきこと」、しかし「それを恥と思う必要はないこと」、そして「うつ病を扱い慣れた専門家に相談すること」。

うつ病患者の介護者やパートナーは、問題を最小限にしようとして、患者の問題を自分たちだけで解決しようとしてはならない。好ましい治療法として心理療法を試すとよい。認知療法は賢明な選択と思われる。それが有効でない場合、またはうつ病があまりにも重症である場合は、認知治療が可能になるまで抗うつ薬を服用すべきであろう。治療に関する情報を提供してくれる誰に対してもいつも正しい質問ができるように、うつ病に関してできる限り多くを学ぶ必要がある。うつ病患者たちは最終的には、自分の状態に自分で責任を取らなければならない。そのためには、できるだけうつ病について多くを理解する必要がある。可能ならば、バートンの著書『メランコリーの解剖学』（*Anatomy of Melancholy*）の最後に掲載されている次の助言を採用するとよい。

「怠惰であってはならない。」

文　献

ほとんどの話題は、「一般書」として挙げた本にカバーされている。より専門的、あるいはより最近の話題に関する文献は、各章の見出しのもとに挙げてある。

一般書

Checkley, S. (ed.) (1998), *The management of depression*. Blackwell Science, Oxford.

Hammer, C. (1997), *Depression*. Psychology Press, Hove.

Honig, A., and van Praag, H. M. (eds.) (1997), *Depression : neurobiological, psychopathological and therapeutic approaches*. Wiley, Chichester.

Paykel, E. S. (ed.) (1992), *Handbook of affective disorders*. Churchill Livingstone, Edinburgh.

序

Burton, R. (1651), *The Anatomy of melancholy*. Ed. T. C. Faulkner et al. 1989-94. Clarendon Press, Oxford.

第1章

Gotlib, I. H. and Hammen, C. I. (eds.) (2002), *Handbook of depression*. Guildford Press, New York.

Jackson, S. W. (1986), *Melancholia and depression : from Hippocratic times to modern times*. Yale University, New Haven.

Porter, R. (ed.) (1991), *The Faber book of madness*. Faber, London.

Solomon, A (1998), 'Anatomy of melancholy.' *The New Yorker,* 12 January, 46-61.
Styron, W. (1991), *Darkness visible.* Picador, London.
Wong, M.-L. and Licinio, J. (2001), 'Research and approaches to depression.' *Nature Reviews : Neuroscience* 2, 343-351.

第2章

Diagnostic and Statistical Manual of Mental Disorders (DSM-IV), 4th edn., American Psychiatric Association, Washington.
Goodyer, I. (1993), 'Depression among pupils at school.' *British Journal of Special Education* 20, 51-4.

第3章

Jamison, K. R. (1995), *An unquiet mind.* Picador, London.
Winokour, G. (1991), *Mania and depression. A classification of syndrome and disease.* John Hopkins University Press, Baltimore.

第4章

Jadhav, S. (1996), 'The cultural origins of Western depression.' *International Journal of Social Psychiatry,* 42, 269-86.
Kleinman, A. (1988), *Rethinking psychiatry : from cultural category to personal experience.* Free Press, New York.
Kleinman, A., and Cohen, A. (1997), 'Psychiatry's global challenge.' *Scientific American,* May, 74-7.
Kleinman, A., and Good, B. (eds.) (1985), *Culture and depression.* University of California Press, Berkeley.
Littlewood, R., and Lipsedge, M. (1997), *Aliens and Alienists : ethnic minorities and psychiatry.* Unwin Hyman, London.
Raguram, R. et al. (1996), 'Stigma, depression and somatization in South India.' *American Journal of Psychiatry* 153, 1043-9.
Weiss, M. G. et al. (1995), 'Cultural dimensions of psychiatric diagnosis.' *British Journal of Psychiatry* 166, 353-9.

第5章

Bland, R. C. (1997), 'Epidemiology of affective disorders.' *Canadian Journal of Psychiatry* 42, 367-77.

Caspi, et al. (2003), 'Influence of life stress on depression: moderation by a polymorphism in the 5-HTT gene.' *Science* 301, 386-389.

Cooper, P. J., and Murray, L., 'Postnatal depression.' *British Medical Journal* 316, 1884-6.

Faraone, S. U., and Biederman, J. (1998), 'Depression: a family affair.' *Lancet* 351, 158.

Fombonne, E. (1994), 'Increased rates of depression: update of epidemiological findings and analytical problems.' *Acta Psychiatrica Scandinavica* 1994, 1-12.

Harris, T., and Brown, G. W. (1996), 'Social causes of depression.' *Current Opinions in Psychiatry* 9, 3-10.

Katona, C. et. al. (2005), 'Pain symptoms in depression: definition and clinical significance.' *Clinical Medicine* 5, 390-395.

Kessler, R. C. et al. (1997), 'Prevalence, correlates, and course of minor depression and major depression in the national comorbidity survey.' *Journal of Affective Disorders* 45, 19-30.

Kessler, R. C., and Magee, W. J. (1993), 'Childhood adversities and adult depression: basic patterns of association in a US national survey.' *Psychological Medicine* 23, 679-90.

Kleinman, A. (1996), 'China: The Epidemiology of Mental Illness.' *British Journal of Psychiatry* 169, 129-30.

Lepin, J.-P. et al. (1997), 'Depression in the community: the first pan-European study.' *International Clinical Psychopharmacology* 12, 19-20.

McGuffin, P. et al. (1996), 'A hospital-based twin register of the heritability of DSM-IV unipolar depression.' *Archives General Psychiatry* 53, 129-36.

Paykel, E. S. (1991), 'Depression in woman.' *British Journal of Psychiatry* 158, (suppl.) 22-9.
Robertson, M. M., and Katona, C. L. E. (eds.) (1997), *Depression and Physical Illness.* Wiley, Chichester.
Weissman, M. M., and Olfson, M. (1995), 'Depression in women: implications for health care research.' *Science* 269, 799-801.
Wittchen, H.-A. et al. (1994), 'Lifetime risk of depression.' *British Journal of Psychiatry* 165 (suppl. 26), 16-22.
Wurtman, R. J., and Wurtman, J. J. (1989), 'Carbohydrates and depression.' *Scientific American,* January, 50-7.

第6章

Alvarez, A. (1971), *The Savage God. A study of suicide.* Penguin, London.
Brown, P. (1997), 'No way out.' *New Scientist,* 22 March, 34-7.
Holden, C. (1992), 'New discipline probes suicide's multiple causes.' *Science* 256, 1761-2.
Jamison, K. R. (1999), *Night falls fast : Understanding suicide.* Picador, London.
Takahashi, Y. (1997), 'Culture and suicide: from a Japanese psychiatrist's perspective.' *Suicide and Life Threatening Behaviour* 27, 137-45.

第7章

Izard, C. E. (1991), *The psychology of emotions.* Plenum, London.
Jamison, K. R. (1994), *Touched with fire. Manic depressive illness and the artistic temperament.* Free Press, New York.
Keller, M. C., and Nesse, R. M. (2005), 'Is low mood an adaptation? Evidene for subtypes with symptoms that match precipitants.' *Journal of Affective Disorders* 86, 27-35.
Nesse, R. M., and Williams, G. C. (1995), *Evolution and healing.* Weidenfeld and Nicolson, London.
Pinker, S. (1997), *How the mind works.* Allen Lane. The Penguin Press, London.

Price, J. et al. (1994), 'The social competition hypothesis of depression.' *British Journal of Psychiatry* 164, 309-15.

Watson, P., and Andrews, P. (2002), 'Toward a revised evolutionary adaptationist analysis of depression: the social navigation hypothesis.' *Journal of Affective Disorders* 72, 1-14.

第8章

Beck, A. (1991), 'Cognitive therapy: a 30-year retrospective.' *American Psychology* 46, 368-75.

Bowlby, J. (1981), *Attachment and loss.* Volume III: *Loss : sadness and depression.* Penguin, London.

Brenner, C. (1991), 'A psychoanalytic perspective on depression.' *Journal of the American Psychoanalytic Association* 39, 25-42.

Brewin, C. R. (1996), 'Theoretical foundation of cognitive behaviour therapy for anxiety and depression.' *Annual Re-view of Psychology* 47, 33-57.

Brewin, C. R. (1996), 'Cognitive processing of adverse experiences.' *International Review of Psychiatry* 8, 333-9.

Ekman, P. (1992), 'An argument for basic emotion.' *Cognition and Emotion* 6, 109-200.

Ellis, H. D. et al. (1996), 'Delusional misidentification of inanimate objects.' Cognitive Neuropsychiatry 1, 27-40.

Goldman, D. (1996), 'High anxiety.' *Science* 274, 1483.

Holmes, J. (1993), *John Bowlby and Attachment Theory.* Routledge, London.

Kristeva, J. (1989), *Black Sun.* Columbia University Press.

Parkes, C. M. (1996), *Bereavement. Studies of grief in adult life.* Routledge, London.

Parkes, C. M. et al. (1996), *Cross-cultural studies of death and bereavement.* Routledge, London.

Peterson, C. et al. (1993), *Learned helplessness.* Oxford University Press, Oxford.

Rutter, M. (1995), 'Clinical implications of attachment concepts: retrospect and prospect.' *Journal of Child Psychology and Psychiatry* 36, 549–71.

Sanders, C. M. (1989), *Grief: The Mourning After*. Wiley, New York.

Steele, H., and Steele, M. (1998), 'Attachment and psychoanalysis: time for a reunion.' *Social Development* 7, 92–118.

Suomi, S. J. (1997), 'Early determinants of behaviour: evidence from primate studies.' *British Medical Bulletin* 53, 170–84.

Williams, J. M. G. (1992), 'Autobiographical memory and emotional disorders.' In S. A. Christianson (ed.), *Handbook of Emotion and Memory*. Erblaum, New Jersey.

第9章

Damasio, A. R. (1997), 'Towards a neuropathology of emotion and mood.' *Nature* 386, 769–70.

Drevets, W. C. (1998), 'Functional neuro imaging studies of depression.' *Annual Review of Medicine* 49. 341–61.

Fink, G. et al. (1998), 'Sex, hormones, your mood and memory.' *Clinical and Experimental Pharmacology and Physiology* 25, 764–75.

Goodyer, I. M. et al. (1998), 'Adrenal steroid secretion and major depression in 8-to-16-year-olds.' *Psychological Medicine* 28, 265–73.

Herbert, J. (1997), 'Stress, the brain and mental illness.' *British Medical Journal* 318, 530–5.

Hyman, S. E. (1998), 'A new image for fear and emotion.' *Nature* 393, 417–18.

Kramer, M. S. et al. (1998), 'Distinct mechanism for antidepressant activity by blockade of central substance P receptors.' *Science* 281, 1640–5.

Knutson, B. et al. (1998), 'Selective alteration of personality and social behaviour by serotonergic intervention.' *American Journal of Psychiatry* 15, 373–9.

Le Doux, J. (1998), *The emotional brain.* Weidenfeld and Nicolson, London.

Mlot, C. (1998), 'Probing the biology of emotion.' *Science* 280, 1005-7.

Nemeroff, C. B. (1998), 'The neurobiology of depression.' *Scientific American,* June 1998, 28-35.

Öngür, D. et al. (1998), 'Glial reduction in the sub-genual prefrontal cortex in mood disorders.' *Proceedings of the National Academy of Science* 95, 13290-5.

Sapolsky, R. M. (1997), 'The importance of the well-groomed child.' *Science* 277, 1620-1.

Schiepers, O. J., Wichers, M. C., and Maes, M. (2005), 'Cytokines and major depression.' *Prog Neuropsychopharmacol Biol Psychiatry* 29, 201-17.

第10章

Briley, M., and Montgomery, S. (eds.) (1998), *Antidepressant therapy at the dawn of the third millennium.* Martin Dunitz, London.

Brown, G. K. et al. (2005), 'Cognitive therapy for the prevention of suicide attempts: a randomized controlled trial.' *JAMA* 294, 563-70.

Cipriani, A., Barbui, B., and Geddes, J. R. (2005), 'Suicide, depression and antidepressants.' *British Medical Journal* 330, 373-374.

Frank, L. R. (1978), *The history of shock treatment.* Frank Leroy: San Francisco.

Freeman, C. P. (ed.) (1995), *The ECT handbook.* Royal College of Psychiatrists, London.

Healy, D. (1997), *The antidepressant era.* Harvard University Press, Cambridge.

Mayberg, H. et al. (2005), 'Deep brain stimulation for treatment-resistant depression.' *Neuron* 45, 651-60.

Thase, M. E. et al. (2005), 'Remission rates following antidepressant therapy with bupropion or selective serotonin

reuptake inhibitors : a meta-analysis of original data from 7 randomized controlled trials.' *Journal of Clinical Psychiatry* 66, 6974-81.
Wurtzel, E. (1994), *Prozac Nation.* Riverhead, New York.

第11章

Blackburn, I. D. M, and Davidson, K. (1995), *Cognitive therapy for depression and anxiety.* Blackwell Science, Oxford.
Paykel, E. S. (1994), 'Psychological therapies.' *Acta Psychiatrica Scandinavica* 89, (suppl.) 383, 35-41.
Shapiro, D. (1995), 'Finding out how psychotherapists help people change.' *Psychotherapy Results* 5, 1-21.

第12章

Antonuccio, D. et. al. (1997), 'Depression : psychotherapy is the best medicine.' *The Therapist* 4, 30-40.
Brown, W. A. (1998), 'The placebo effect.' *Scientific American,* January, 68-73.
Geddes, J. R. (1999), 'Depressive disorders in adults.' *Clinical Evidence,* 1, 45-55, BMJ Publishing Group, London.
Horgan, J. (1996), 'Why Freud isn't dead.' *Scientific American,* December, 74-9.
Knowing Our Minds. A survey of how people in emotional distress take control of their lives. (1997), Mental Health Foundation, London.
Roth, A., and Fonagy, P. (1996), *What works and for whom ? A critical review of psychotherapy research.* Guildford, New York.

第13章

Chen, C.-E. (1995), 'Anxiety and depression : east and west.' *International Medical Journal* 3, 3-5.
Ono, Y., and Berger, D. (1995), 'Zen and the art of psychotherapy.' *Journal of Practical Psychology and Behavioural Health,* November, 203-10.

第14章

Eisenberg, L. (1992), 'Treating depression and anxiety in primary care. Closing the gap between knowledge and practice.' *New England Journal of Medicine* 326, 1080-3.

Jaycox, L. H. et al. (1994), 'Prevention of depressive symptoms in school children.' *Behav. Res. Ther.* 32, 801-16.

Jorm, A. F. (2000), 'Mental health literacy.' *British Journal of Psychiatry* 177, 396-401.

Kuyken, W. et al. (1992), 'Causal beliefs about depression in depressed patients, clinical psychologists and lay persons.' *British Journal of Medical Psychology* 65, 257-68.

Paykel, E. S. et al. (1997), 'The Defeat Depression Campaign: psychiatry in the public arena.' *American Journal of Psychiatry* 154, 59-65.

Pinfold, V. et al. (2003), 'Reducing psychiatric stigma and discrimination: evaluation of educational interventions in UK secondary schools.' *British Journal of Psychiatry* 182, 342-346.

'Stigma of Mental Illness.' (1999), *Lancet* 352, 1048-1059.

Trippitelli, C. L. (1998), 'Pilot study on patients' and spouses' attitudes towards potential genetic testing for bipolar disorders.' *American Journal of Psychiatry* 155, 899-904.

訳者あとがき――未解決問題の検討

本書について

本書は英国の著名な発生生物学者であり、ロンドン大学名誉教授であるルイス・ウォルパートが、重症のうつ病を自身で経験した後、この病気をより深く理解する目的で集めたうつ病に関する広範な情報をまとめたものである。

本書にはうつ病に関する膨大な情報が含まれているが、何といっても最大の特徴は本書が重症のうつ病を体験した高名な生物学者本人によって書かれたことである。このため本書は、うつ病になるとはどういうことかに関して、体験者にしか書けないと思われる真に迫った描写に成功している。ウォルパートは、自身のうつ病の発症と再発の過程を克明に記録しているだけでなく、うつ病の歴史、うつ病の診断と治療、うつ病の生物学的および心理学的説明、世界の歴史・地理・文化とうつ病の症状との関連に至るまで克明に記述している。さらに彼は古今東西の世界の文学者や詩人が、自らのうつ病や躁うつ病について表現した文章や詩を多数引用しており、これらはうつ病や躁うつ病に関する我々の理解を深めてくれるだけでなく、本書に文学的な彩りを添えている。これらの特徴から、本書はうつ病とは何かを理解するための最良の教科書であるといえよう。

世界保健機関（ＷＨＯ）が発表した最新の情報によれば、二〇一七年現在、世界でうつ病に苦しむ人々の数は三億二二〇〇万人（世界人口の約四パーセント）以上と推定されている。一〇年前と比較すると一八パーセントも増加しており、日本でも五〇六万人の患者がこの病気に苦しんでいるという（二〇一七年二月二六日『日経新聞』朝刊）。しかも、社会的偏見等の理由から、うつ病は表に出ないことも多く、実際の患者数はもっと多いと考えられる。

うつ病とは扱われなかったうつ病の例として、二〇一五年のクリスマスの早朝に起きた痛ましい事件を取り上げる。大手広告代理店の新入社員のTさんが都内の独身寮から飛び降り自殺した事件である。彼女が母子家庭に育ち、東京大学出身であったこと、本人が残したツイッターの内容から過労死が疑われたことから事件が大きくなり、労働基準法違反容疑による会社の強制捜査や社長の辞任という事態にまで発展した。このような悲劇はなぜ起こったのだろうか。

過労になれば、休暇を取り、健康を回復してから職場復帰する方法もあったはずである。独身寮に住む彼女の場合は、二時間もあれば帰れる郷里静岡の母親のもとに帰省することが最善策であったと考えられる。しかし彼女は、自殺の前夜に母親と電話で会話しただけで、翌朝自ら命を絶った。

このような悲劇はなぜ起こったのか？　本書にはこの問いに対する明確な解答が用意されている。彼女は過労が原因で「うつ病」を発症していたと考えられる。ウォルパートによれば、重症のうつ病患者は「深い悲しみ」にとらわれた状態にある。本書の原タイトルの *Malignant Sadness*（『悪性の悲しみ』）はウォルパートが自身の体験から、うつ病患者の感情の最大の特徴が極度の「悲しみ」であると捉えたことによる。この状態では患者に一種の「認知の歪み」が生じ、全てを悲観的に考えるようになり、「自分の将来には何の希望もない」という誤った確信を抱く。そして絶望のあまり自ら命を断つのである。

ウォルパートはうつ病患者がもつ「悲しみ」の致命的な悪性度を強調するために、それを「がん」にたとえて、うつ病を「悪性の悲しみ」と呼んだ。このような捉え方は自ら重症のうつ病を体験した者でなければできないと思われる（ただし「悪性の悲しみ」というタイトルからは、読者は何について書かれた本なのか判断できないと思われるので、翻訳では内容がわかるタイトルに変更した）。

訳者（以下、私）がこのウォルパートの原著 *Malignant Sadness* に巡り合い、翻訳を決意したのは「STAP細胞事件」のおかげである。二〇一四年、英国の科学雑誌 *Nature* に発表された「STAP細胞」は、もし実在すれば発生生物学の常識を完全に覆す、ノーベル賞クラスの大発見であった。私は大学院で発生生物学を専攻していたので、STAP細胞に強い関心をもった。しかし別の研究分野に進んでいた私は、この問題を考えるためには発生生物学の知識を更新する必要があった。そこで学生だった頃に世界の最先端の研究をしていた英国のウォルパートの名前を思い出し、彼がその後どのように研究を発展させたかを知ろうとして彼の業績を検索していた。そして全く偶然に彼が自分のうつ病体験を *Malignant Sadness* というタイトルの本にしていたことを知った。つまり、「STAP細胞事件」がなければ、私と本書との出会いはなかった。STAP事件ではデータの捏造を疑われ、事件後うつ病で入院していた責任者のS氏が自殺したが、この自殺に強い衝撃を受けたこともあり、私は尊敬する高名な発生生物学者が書いたうつ病の体験記に強い興味をもち、早速本書を買い求めて読みはじめたが、期待に違わず極めて興味ある内容であった。

世間にはうつ病になることは恥ずべきことであり、隠すべきことであるという常識がある。したがって、自分のうつ病体験をあからさまに書いた本は極めて貴重である。この本が広く日本の読者に読まれることはうつ病患者やその周辺の人々のうつ病に対する理解を深めることに役立ち、またうつ病に関する世間の偏見を少なくすることに役立つはずである。そこで私は本書の翻訳を決心した。

本書は極めて優れた内容の書物であるが、本書に限界がないわけではない。これは著者自身が第14章の冒頭に、「この本には非常に多くの情報が含まれているが、これでうつ病が十分に理解できたといえば誤解を招くだろう」と正直に書いているとおりである。もちろんこれは著者の責任ではない。うつ病は心の病であるが、人類はまだ「心とは何か」をほとんど解明していないからである。

ウォルパートは、大変正直な人である。このことは、たとえば本書の序に、本書に対する批評の中に「著者は自分自身についてあまり書いていない」と批判されたと書いていることでよくわかる。彼は自分のうつ病の症状に関しては十分に克明に書いているので、この批判は一見当を得ていないようにみえる。しかし、たとえば彼はうつ病の再発を何度も繰り返しているが、その原因についても何も語っていない。また本書には、「ドードー評決」など、いくつかの問題が未解決のまま残されている。これらの点に関して、批評家や訳者と同様に、読者は何となく物足りなさを感じるかもしれない。そこでこの「訳者あとがき」では、読者がこれらの問題についてさらに考察される際の参考にしていただくために、本書に残された未解決問題の中から三つを選び、訳者の考え方を以下に記しておくことにした。

ウォルパートはなぜうつ病の再発を繰り返すのか？

ウォルパートはうつ病に関する膨大な知識を本書に展開している。それにもかかわらず、彼はうつ病を何度も再発させている。彼は最初のうつ病から回復した後に本書の初版を出版したが、それが再版されるまでの二年間に一回、再版から改訂版の発行までの五年間に三回と、少なくとも合計四回の再発を経験している。つまり彼のうつ病に関する膨大な知識は、彼自身のうつ病の再発を防止するために少しも役に立っていないようにみえる。

人が初めてうつ病になったときは、自分がなぜうつ病になったかがわからなくても仕方がない。しかし、再発はそうではない。うつ病を体験し、この病気に関するほとんどあらゆる知識をもつウォルパートが、うつ病の再発の繰り返しを防げなかったのはなぜだろうか？　彼は再発を防ぐためにジョギングをしたことを書いているが、それでも再発を防げなかったのは、何かほかに原因があったのではないだろうか？　これは極めて重要な疑問である。なぜなら、もしうつ病の再発の原因がわかれば、うつ病の再発を防ぐことが可能になり、うつ病の体験者やその周辺の人々にとって、計りしれない恩恵をもたらすからである。

ウォルパートはうつ病の再発の繰り返しについては、「私のうつ病は実に慢性的であった」と書いているだけである（改訂版の序）。この説明は再発の原因の説明にはなっていない。そこで、再発時の状況が詳細に書かれている「再版の序」からその一部を以下に引用し、彼がうつ病の再発を繰り返した原因を探ってみることにする。

「（前略）旅行から帰ってきたとき、私は多くの予定を抱えていた。九月にポーランドのクラコウに旅行し、現地で気分が悪くなり、不安に襲われた。（中略）当時たくさんの旅行をしたが、その結果私は徐々に消耗させられた。（中略）七〇歳の誕生日を祝う大きなパーティーを自分で計画していたが、その当日の朝にも彼女（訳注：以前に診てもらったことがある認知療法士）に診てもらった。その次の日に私は講義のためにオランダに旅行し、数日後に疲労困憊して帰国した。（中略）一一月、一二月には、いくつもの重要な会合が待ち受けていた。まずドイツで重要な講義が予定されていた。また、自分が副オーガナイザーを務めるロンドン王立協会での集会があり、その後ブラジルで五回の講義をするために小旅行をすることになっていた。（中略）私は全ての約束をキャンセルした。こうして当時多くの人々を裏切ってしまったことに対し、私は今なお申し訳なく思っている」。

これらから客観的にわかることは、彼が七〇歳を超える高齢でありながら、世界中を頻繁に旅行して講義し、また各種の重要な役職を引き受け、それらの重要な会合に出席していたことである。また、ここには書かれていないが、彼はこの間にテレビやラジオに出演し、著書をいくつも書いている。

これらの記録で特に注目すべき点は、彼がそれらの活動で「疲労困憊」を繰り返していた点である。

結論からいえば、ウォルパートのうつ病の再発の原因の一つは、疲労困憊の繰り返し、すなわち「過労」であったと考えられる。

日本人ならば、先のTさんの例を引くまでもなく、「過労」がうつ病の引き金となり、そして極端な場合には過労が「過労死」という名の「うつ病死」を招くことも知っている。日本における「過労からのうつ病の発症」や、「過労死」の多さは国際的にもよく知られており、「karoshi」（過労死）という日本語は「オックスフォードオンライン英語辞典」（*Oxford English Dictionary Online*）に新しい英単語として登録された。その意味は「*death brought on by overwork or job-related exhaustion – a reflection of the strains imposed by Japan's strong work ethic.*」（過労あるいは労働による極度の疲労に関連した死亡。日本の過重な労働倫理によって課せられた重圧の反映である）と説明されている。さらに、二〇一三年には国連人権委員会（Commission on Human Rights：UNCHR）が日本に対し、過労死の防止対策の必要性を勧告し、これに答えて二〇一四年には「過労死等防止対策推進法」が成立している。その第二条に、「過労死」が次のように定義されている。

「この法律において「過労死等」とは、業務における過重な負荷による脳血管疾患若しくは心臓疾患を原因とする死亡若しくは業務における強い心理的負荷による精神障害を原因とする自殺による死亡又はこれらの脳血管疾患若しくは心臓疾患若しくは精神障害をいう。」（下線は訳者による）。

右の下線部から明らかなように、「過労」は精神障害、特にうつ病の原因になりうる。前記ウォルパートの過密スケジュールと疲労困憊の連続は、彼のうつ病の再発の少なくとも一部の原因が「過労」であることを強く示唆している。またこのことは、うつ病の再発を防ぐためには、過労を防ぐことが有効である可能性を示唆している。

ところで、ウォルパートのうつ病の再発は一回だけではなく、彼は再発を繰り返している。彼のうつ病の再発の原因が過労だとすれば、次の疑問は、なぜ彼は過労を繰り返してしまうのか、である。その原因は彼の性格とそれから派生する彼のものの考え方や生き方に関係していると考えられる。

ウォルパートは第5章の後半に「うつ病になりやすい性格」について論じており、「人間関係に過度に依存し、常に他人からの励ましや支援を必要とし、ストレスに対処できない人たち」をあげている（九六ページ）。この情報の出所は書かれていないが、これらの性格はウォルパートのように優れた能力に恵まれ、社会的に活躍する人物の性格とは無関係である。

一方、「うつ病になりやすい性格」として一群の性格が一般によく知られており、このキーワードでネット検索すると多数の文献が得られる。国内だけでなく「Personality as a vulnerability to depression」（うつ病になりやすい性格）で検索すれば、海外の文献も同様に多数ヒットする。

一般にうつ病になりやすい性格としてしばしばあげられているのは、「真面目、几帳面、努力家、完璧主義、神経質、些細なことへの執着、プライドが高い、他人の評価を気にする」などである（詳細は、たとえば下記を参照：http://seseragi-mentalclinic.com/depcausepersonality/#i　閲覧日2018年6月10日）。

前掲の「序」の引用から、ウォルパートの性格を考察すると、彼は明らかにこれらの「うつ病になりやすい性格」のほとんど全てを満たしている。たとえば彼は七〇歳を超える高齢でありながら、世界中を頻繁に旅行して講義をし、各種の政府委員会の委員など、重要な役職をいくつも抱え、国内外の各種学会や会合に出席し、テレビやラジオに出演し、本を書いている。彼がこれらの業務を余裕をもって対応しているのであれば問題はないが、彼は超過密スケジュールにより疲労困憊しながら最後まで約束を果たそうと努力し、ついには何度もうつ病の再発に至る。これらから彼の性格が真面目、几帳面、努力家であることがわかる。しかも彼が自分の七〇歳の誕生日の祝賀会まで自分で仕切ろうとしたことから、彼の性格が神経質で、他人に仕事を任せられない完璧屋であると想像できる。また彼は発病による海外での講義のキャンセルに対して、何年経ってもいまだに「強い自責の念」を抱き続けていることから、彼が物事にこだわり、プライドが高く、他人の評価を気にする性格であることもわかる。要するに彼は、前記の「うつ病になりやすい性格」をほとんど完璧に揃えているのである。

では「真面目、几帳面、努力家、完璧主義等々」の性格の人々は、なぜうつ病になりやすいのであろうか? 一つの可能性は、このような性格の人は平凡な人よりも高い人生上の理想や目的を抱き、その実現のために人一倍努力する傾向が強いと考えられる。そして自己に厳しく、仕事と関係しない休息や個人的な楽しみを追求する度合いが少ないと考えられる。また、強い使命感から自分の能力を超えると思われる仕事でも無理をして引き受け、自分の能力の限界を超えて努力をする傾向が強いと考えられる。結果としてこのような人は過労を繰り返しやすく、極度の過労がうつ病の発症や再発の繰り返しにつながると考えられる。

前記のような性格の人たちがうつ病になりやすいことは、フロイト心理学によっても説明できる。フロイト心理学では、自我を理想的自我（スーパー・エゴ）、通常の自我（エゴ）、および本能的自我（イド）から構成されると考える（第12章、二七七ページ）。前記のような性格の人々はスーパー・エゴが強過ぎると考えられる。スーパー・エゴが強過ぎると、エゴに対し高過ぎる理想や道徳的規律を暴君的に強制し、ひたすら努力を要求する傾向が強いと考えられる。また、このようなスーパー・エゴやそれに支配されるエゴは、楽しみや気晴らしを求めるイド（本能的自我）の自然な欲求を過度に抑圧する傾向が強いと考えられる。これらの精神的強制や抑圧の結果、スーパー・エゴ、エゴ、およびイドの間の無意識の葛藤を常に抱えることになる。この葛藤が限界を超えると、これら三者の間の均衡が破れ、うつ病やその身体化である心気症などの精神障害の発症につながると説明できる。

以上の考察から、ウォルパートがうつ病の再発を繰り返す原因の少なくとも一部は過労であり、そして過労を繰り返す原因には、彼の「うつ病になりやすい性格」と、それに起因する無意識の葛藤が関係していると考えられる。この仮説が正しければ、うつ病の再発を防止するには、自らが「うつ病になりやすい性格」であることを強く自覚し、業務量を適正な範囲に制限すること、また、自らの能力を超えると思われる業務は無理に引き受けないなど、過労に陥らないための十分な注意が特に重要であると考えられる。また、仕事を控えめにする一方で、意識的に適度な休息を取り、気晴らしを欠かさないことも重要であると考えられる。

「等価パラドクス」は、実はパラドクスではない

うつ病の治療法に関する臨床試験の結果には、不可解な点がある。各種の抗うつ薬、各種の心理療法、あるいは薬物療法と心理療法間の効果を比較する臨床試験において、各種抗うつ薬間、各種心理療法間、あるいは薬物療法と心理療法との間に有効率の統計学的有意差が検出できないことである。すなわち、どの薬物もどの心理療法も有効率に違いがないという不思議な結果が得られることである。ウォルパートはこの事実を「ドードー評決」あるいは「等価パラドクス」と呼び、その理由は「全く見当もつかない」としている（詳細は第12章を参照）。しかし、長年新薬開発に携わってきた訳者にとっては、この問題はデータの統計学的解釈の問題であり、合理的に説明可能であると考えている。以下、「等価パラドクス」とそれに関連する「謎」について説明しよう。

まず、最も信頼性が高いといわれる米国ＮＩＭＨによる比較臨床試験（第12章、二八四ページ）の結果を統計学的観点から正確に表現すると以下のようになる。

「認知療法、対人関係療法、および三環系薬物療法の、三つの異なるうつ病の治療法の間に有効率の差があるかどうかを検証するための比較臨床試験を実施した。その結果、認知療法群、対人関係療法群、および薬物療法群はいずれもプラセボ投与群に対して有意に高い有効率を示した。しかし、三つの治療群の間には、有効率に統計学的有意差が検出されなかった」。

さらに第12章に引用された、ＮＩＭＨ試験以外の各種の比較臨床試験の結果と合わせて「等価パラドクス」を具体的に表現すれば、以下の三つになる。

① 各種の抗うつ薬が、薬理作用や副作用が異なるにもかかわらず、これらの抗うつ薬に有効率の有意差が認められないのはなぜか？

② 各種の心理療法間の比較でも、セラピストと患者との相互作用の内容が異なるにもかかわらず、有効率に有意差が認められないのはなぜか？

③ 薬物療法と各種の心理療法の間でも、治療の手法が全く異質であるにもかかわらず、療法間に効果の有意差が認められないのはなぜか？

また、これらに関連する付随的疑問として、以下の三つの問題点がある。

④ 最も信頼できる臨床試験において、プラセボ（偽薬）投与群が三〇～四〇パーセントもの高い有効率を示すのはなぜか？

⑤ 薬物療法、心理療法の違いを問わず、うつ病の再発率が高いのはなぜか？

⑥ 臨床試験の初期だけは薬物療法が心理療法よりも有効率が高い（すなわち、この場合だけ有効率に有意差が検出される）のはなぜか？（二八四ページ）

まず①～③の「等価パラドクス」について考察する。もともと薬理作用や副作用が異なる薬物間で効果の差が全くないとは考えにくい。ましてや、治療の方法が全く異質な薬物療法と心理療法の間で効果の差が全くないとはなおさら考えにくい（事実、問題点⑥は、試験の初期だけは有意差があることを示す）。したがって「効果に差がない」のではなく、「効果に差があっても、統計学的有意差が検出できないのはなぜか」を考えるべきである。問題をこのように置き換えれば、あとは臨床試験のデータの統計学的解釈の問題となる。

一般に統計解析において有意差が検出できない原因には以下の三つの場合が考えられる。第一は各群間に実際に有効性の差が全くない場合、第二は比較の対象（この場合は治療効果）のデータの誤差が大きすぎる場合、第三は誤差の中に比較の対象（この場合は、異なる療法の有効性）の誤差以外に大きな変動要因が隠れていて、両者の誤差が加算されて合計の誤差が大きくなっている場合である。結論からいえば、「等価パラドクス」のケースは、主に第三の理由による。

実はウォルパートは、本書の複数箇所で、この「等価パラドクス」が生まれる原因である「隠れた変動要因」に関し、有力なヒントを提供している。それは、うつ病が「自己限定的」であることである。このことは第12章の最初の方に登場するが（二七二ページ）、その意味は「うつ病には時期がくれば自然に回復する性質がある」ことをいう。たとえば本書の第2章には、次のように書かれている。

「一旦大うつ病が確立すると、もし治療しないでおくと、典型的な場合は通常、六カ月あるいはそれ以上症状が続く。（中略）大部分の症例では完全に正常な状態への回復が認められるので、この六カ月という期間は患者にとっては拷問に等しい苦しい期間ではあるが、うつ病の症状（エピソード）は時がくれば自然に終わる性質をもっている。（四〇‐四一ページ、下線は訳者による）。

また、第12章の中頃にも次の記載がある。

「うつ病の治療においては、患者が自力で回復する割合（自然治癒率）を認識することが不可欠である。うつ病患者たちの約八〇パーセントは、一年あるいはそれ以上かかるかもしれないが、治療を全く受けなくても最終的に回復することがわかっている」（二八二ページ、下線は訳者による）。

この自然治癒率が高いという事実は重大である。各種抗うつ薬間や、各種心理療法間、あるいは薬物療法と心理療法との間で有効率を比較する目的で実施される比較臨床試験が、治療効果だけを比較しているつもりでも、実際には時期によっては治療効果よりもはるかに高い、八〇パーセントにも達する「自然治癒効果」が混在した状態で各療法の治療効果を比較していたことを意味するからである。

この「高い自然治癒率」の存在を考慮に入れて比較臨床試験の結果を統計学的に解釈すれば、「等価パラドクス」に関する①〜⑥の疑問は全てあっけなく氷解する。すなわち訳者は、以下の仮説によって「等価パラドクス」を説明できると考えている。

「うつ病の比較臨床試験における高い有効率は、実はそのかなりの部分が自然治癒効果の寄与の結果である。この自然治癒効果はうつ病の自己限定性、すなわち時期がくれば自然に回復する性質に起因する。この自然治癒率は臨床試験期間の初期には小さいが、時間の経過とともに次第に大きくなり、一年後には約八〇パーセントにも達する。統計解析ではこの大きな自然治癒効果という隠れた変動要因が誤差として含まれたまま各療法の有効率を解析している。この自然治癒効果という変動要因は時間の経過とともに増大するため、評価の時期が後になるほど各薬物間や療法間の有効率の統計学的有意差が検出できなくなる」。

この仮説によって、①〜③の「等価パラドクス」の謎に関する説明はすでに終わっている。また残りの付随的問題点も以下のように説明できる。

問題点④：プラセボ群が高い有効率を示す理由

比較臨床試験の結果の評価時点は、NIMH試験を例に取ると、四カ月後から一年半の間に広がるが、仮に評価時期の平均が半年後だとすれば、自然治癒率が一年時点の約八〇パーセントの半分、すなわち、約四〇パーセント前後であっても不思議ではない。この四〇パーセント前後という数字は、プラセボ（偽薬）群が示す三〇～四〇パーセントの有効率とほぼ一致している。すなわち、プラセボ群の高い有効率は主に評価時点における自然治癒率を反映していると説明できる。

問題点⑤：薬物療法、心理療法の違いを問わず、うつ病の再発率が高い理由

もともと臨床試験の観察期間の終わり頃（半年あるいは一年後）では、回復率の主力は自然治癒である。同様に、再発もまた自然再発によると考えられる。すなわち薬物や療法の種類を問わず再発率が高いのは、各療法による再発防止効果よりも自然再発の寄与分のほうが相対的に大きいためであり、また群間に統計学的有意差がつかない理由は、薬物や療法の再発防止効果の誤差に自然再発率の誤差が加算されて合計誤差が大きくなったからであると考えられる。

問題点⑥：臨床試験の初期だけ薬物療法の有効率が有意に高い理由

比較臨床試験の初期だけ薬物療法が心理療法よりも有意に有効率が高い理由は、治療の初期には自然治癒の寄与分がほとんどないために、薬効が自然治癒効果の誤差に隠されることなく現れたからであると説明できる。

以上のように「等価パラドクス」および関連する問題点①～⑥はうつ病の「自然治癒率の高さ」を考慮した前記仮説によって全て説明可能である。したがって「等価パラドクス」は存在しない。なお、前記の仮説は、統計学の専門家に自然治癒率の高さを考慮に入れたシミュレーションを依頼して、仮説として成立することを確認済みである。

うつ病はなぜ自然に治るのか？

本書中に提供されている情報の中で最も驚くべく情報の一つは、「うつ病の自然治癒率の高さ」である。前記2で検討したように、うつ病の自然治癒率は、一年後には八〇パーセントに達するほど高い。うつ病の自然治癒率はなぜこれほど高いのだろうか。切り傷が自然に回復するように、うつ病も自然に回復する性質をもつから回復するのである、と説明できるが、「自然に回復する性質をもっているから回復する」という説明は同義反復であり、何の説明にもなっていない。実は訳者は、うつ病が高い自然治癒率を示す理由として、うつ病自体がもつ性質のほかに、もう一つ理由があると考えている。

著者は本書中で、うつ病の発症原因は、常に患者の社会環境や人間関係の文脈（コンテキスト）の中で考察されなければならないと強調しており、そのような作業を行う認知療法の有効性を強調している。もしこの指摘が正しいなら、うつ病の自然治癒の原因も、患者の社会環境や人間関係と関係しているはずである。結論からいえば、うつ病の自然治癒には、発病からの時間経過による「患者の社会的・人間関係的な環境」の変化が関係している可能性が高い。以下その根拠を説明する。

重症のうつ病は通常、その状態が数カ月間続く。患者はその間、通常の生活や労働ができないために、入院治療や自宅療養に専念せざるをえない。その結果患者は、うつ病発症の原因となった可能性が高い、発病当時の職場環境や人間関係から遮断される。たとえば先のTさんの場合なら、もし彼女が母親のもとに帰省するなり、入院するなりしておれば、彼女は上司から隔離される。この上司は新入社員の彼女に能力をはるかに超える過大な業務を与え、彼女を自殺寸前にまで追いつめながら彼女の精神状態に全く気づきもせず、長時間の残業を強制し続けた。患者を隔離すれば、患者が受け続けていた耐え難いストレスは遮断される。また、発病当時患者を苦しめていた状況はこの隔離中に次々に消失する。患者が抱えていた業務が会社にとって重要な業務であれば、他の者が肩代わりするであろうし、また全ての業務は単純に締切りが過ぎることによって消失する。また、発病に対応して、職場での配置転換や業務内容の変更など人事的な対応が行われる可能性が高く、患者本人の職場環境は大きく変化する。これらの結果、半年か一年後には、発病時に患者を苦しめていた問題のほとんどは事実上解決あるいは消失している。これらは患者にとってはストレスの減少あるいは消失を意味し、患者の回復に大きく寄与するはずである。すなわち、うつ病患者の自然治癒率が時間とともに増大する理由は、うつ病自体の性質のほかに時間の経過とともにうつ病の原因となった患者への社会的・人間関係的な状況の変化によるストレスの減少・消失の寄与が大きいと考えられる。

いずれにせよ、うつ病の自然治癒率がこれほど高いことは、極めて重要な事実であり、もっと強調されるべき事実であろう。なぜなら重症のうつ病患者はしばしば、「自分のうつ病が回復することは絶対にない」と確信しているからである。したがってこの自然回復性の高さは、患者よりもむしろ患者周辺の人々がよく理解しておくべきことであり、患者が信じようとしなくても、周囲の者が根気よくこの事実を患者に伝える必要がある。

うつ病の自然治癒率が高いことは、各種うつ病の治療法の価値が低いことを意味しない。うつ病の自然治癒性がいくら高いといっても、自然治癒には数カ月あるいはそれ以上の時間が必要である。患者が現実に非常に苦しんでいる状態を放置し、いたずらに自然治癒を待つことは患者自身の耐え難い苦しみを引き伸ばす点で非人道的であり、その間の社会的損失も大きい。著者が書いているように、うつ病患者の大半はうつ病の治療を受けることを不名誉と考えて、治療を受けようとしないという現実がある。行政や医療機関は、患者がもっと気軽にうつ病の治療を受けられるように啓蒙する必要がある。また、薬物療法、心理療法、あるいは森田療法のようなその他の治療法の有効率の一層の改善が望まれる。

以上、原著では未解決に終わっていた三つの問題に対する訳者の考え方を仮説として記した。読者の方々がこれらの問題を考察される際の参考にしていただければ幸いである。

なお末筆ながら、本書の翻訳出版に際しまして、献身的にご尽力いただきましたミネルヴァ書房編集部の丸山碧氏および関係者の方々に深く感謝いたします。

ヒトはなぜうつ病になるのか
——世界的発生生物学者のうつ病体験——

2018年12月10日　初版第1刷発行　〈検印省略〉

定価はカバーに
表示しています

訳者　白上純一
発行者　杉田啓三
印刷者　江戸孝典

発行所　株式会社　ミネルヴァ書房
607-8494　京都市山科区日ノ岡堤谷町1
電話代表（075）581-5191
振替口座　01020-0-8076

共同印刷工業・清水製本

ISBN978-4-623-08419-7
Printed in Japan

〈著者紹介〉

Lewis Wolpert（ルイス　ウォルパート）

1929年生まれ。ロンドン大学名誉教授。

世界的に有名な発生生物学者（彼の名のつくテキストが日本語版でも刊行されている；『ウォルパート発生生物学』メディカル・サイエンス・インターナショナル，2012年）。英国ではテレビ・ラジオ番組にも出演してきた。

〈訳者紹介〉

白上純一（しらかみ　じゅんいち）

生　　年：1940年広島県生まれ

最終学歴：京都大学大学院理学研究科修士課程修了（発生生物学専攻）

学　　位：京都大学理学博士，京都大学医学博士

職　　歴：京都大学理学部動物学教室助手，京都大学医学部解剖学教室助教授を経て製薬企業の薬剤安全性研究所等に勤務

主　　著：『日本人と英語』（薬事日報社，2016年）『医薬品 GLP と毒性試験の基礎知識・第 2 版』（薬事日報社，2016年）『誰でも書ける英文報告書・英語論文』（薬事日報社，2008年）他に分担執筆著書及び論文多数。

（訳者名はペンネーム）

索　引

（＊は人名，太字は冒頭の序にある語）

あ　行

さ 行

な　行

は　行

ま　行

や　行

ら　行

わ　行

欧　文